# La depresión:
# El monólogo del diablo

Donadelli, Ytalo
  La depresión: El monólogo del diablo. - 1ª ed. Buenos Aires: Deauno.com, 2012.
  300 p.; 21 x 15 cm.

  ISBN 978-987-680-060-0

  1. Narrativa venezolana. I. Título.

  CDD V863

Queda rigurosamente prohibida, sin la autorización escrita de los titulares del copyright, bajo las sanciones establecidas por las leyes, la reproducción total o parcial de esta obra por cualquier medio o procedimiento, comprendidos la fotocopia y el tratamiento informático.

© 2012, Ytalo Donadelli
© 2012, Deauno.com (de Elaleph.com S.R.L.)

contacto@elaleph.com
http://www.elaleph.com

Para comunicarse con el autor: *ytalodonadelli06@yahoo.com*

Primera edición

ISBN 978-987-680-060-0

Hecho el depósito que marca la Ley 11.723

Ytalo Donadelli

# La depresión:
# El monólogo del diablo

*deauno.com*

*"Lo constante y seguro en una persona que padece depresión, son los cambios repentinos".*

YTALO DONADELLI

## Prólogo

Son casi veintidós años de convivir con el autor, pienso que describirlo y dictaminar sobre su tercera obra, La depresión: El monólogo del diablo, me va a resultar en cierta forma complicada. A finales del año mil novecientos noventa y uno, estando en un aula universitaria, alguien tocó a mi espalda, como quien toca suavemente una puerta y me hizo una pregunta, desde ese día hasta hoy no me he separado de él. Transcurridos unos meses, una amiga me comentó: "Ese hombre debe ser difícil de sobrellevar", para ese entonces sus palabras no hicieron mella en mí, pero por supuesto que las fijé. De cuando en cuando las recuerdo como si el tiempo no hubiese pasado. No fue sino quizás dieciocho años más tarde cuando me di cuenta que ella tenía razón. Cualquiera pensaría que se debía a su mal carácter, no, no se trata de eso, son un sinfín de características que lo hacen como es, único, inteligente, decidido, resuelto, voluble, sociable, experimentado, sarcástico, sincero, de los que no tienen pelos en la lengua, muy perspicaz, buen conversador, pero por sobre todo Ytalo Donadelli es un hombre en extremo analítico, lo que para mi, lo ha llevado a pensar de la humanidad como piensa, planteamiento que podrán descubrir en el desarrollo de la obra y probablemente muchos de ustedes estarán de acuerdo o no con él en su punto de vista. Todos sabemos algo de la complejidad del ser humano, aunque creo que pocos nos hemos dedicado a analizar pormenorizadamente al hombre como lo ha hecho el autor; él se percata de una minúscula mirada hasta una gran reacción sin perder detalle, dándole tal característica el poder definir a una persona y emitir un juicio que por lo general es acertado. A veces hasta miedo provoca cuando expresa su criterio sobre alguien o algo y caso de haber estado supuestamente seguro de nuestro propio criterio, sus basamentos lo hacen quebrantar y como dije antes generalmente el tiene la razón.

Son años los que lleva la ciencia tratando de develar el misterio de los problemas mentales y hasta la fecha es muy poco lo que se sabe de ellos aunque constantemente hacen alarde de sus logros. Si sus avances no pasan de recetar pastillas para mantener a los enfermos como muñecos todo el día y en el peor de los casos, durmiendo, ¿acaso se le puede llamar a esto buena de calidad de vida? Medicamentos van y vienen pero una salida definitiva no se ha podido encontrar, es por lo que el libro La Depresión: El Monologo del Diablo, a mi entender podría servir de ayuda a muchos investigadores que de buena fe tratan de encontrar una mejor manera de enfrentar este tipo de enfermedades. Es un libro en que el autor narra en forma minuciosa, puntual y consciente de cada palabra lo que realmente siente y padece en los episodios de depresión que le han sobrevenido; por ser de carácter analítico se ha dado a la tarea de buscar la mejor definición a cada uno de los sentimientos que le embargan cada vez que las ráfagas de la penumbrosa enfermedad le atacan como saetas. Son muchos los depresivos que han pasado o están en este mundo, pero estoy segura que muy pocos son los que se han dedicado durante tantos años a escribir lo que esta dolencia implica.

Al principio me decía: "¿A qué se debe que éste hombre es tan negativo, nada le alienta? Lo que al común de la gente le causa dicha, como son los hijos, títulos obtenidos, logros en el trabajo, bienes materiales, la familia extendida, los amigos, para mi amado deprimido esto no vale nada, todo significa un problema". Razonablemente ustedes dirán que es lo que todo el mundo quisiera poseer, pero él piensa que los hijos sólo traen mortificaciones, angustias y mucho sufrimiento; los títulos, puede que sirvan para algo; los logros en el trabajo sólo traen envidia y descontento por parte de los compañeros quienes nunca estarán jubilosos de corazón por tus éxitos; los bienes materiales no les llenan; ¿y la familia? He aquí un verdadero problema y cuando se logran reunir por cualquier motivo la cuestión es peor porque lo ve como un nido de chismes, mentiras, secretos, inconformidades, enfermedades, todo un enredo por lo que a su parecer es mejor estar bien lejos de ella. Con el tiempo llegas a entender tan radical posición y la respetas, aunque tengamos un criterio totalmente opuesto.

La obra es persistente en demostrar lo determinante y básico que supone el ambiente que rodea a un depresivo, familiares, amigos, condiciones de habitabilidad, para sobreponerse a cada ciclo de la enfermedad. Normalmente ese entorno es deficiente y existe mucha desinformación respecto a los síntomas y las características de la enfermedad, lo primero que la gente suelta es "ese o esa lo que está es triste, ya se le pasara" y en consecuencia actúan, desconociendo los desenlaces desastrosos que pudiesen estar involucrados, desde intentos de suicidios o su materialización hasta ocasionar una tragedia. Razones por demás de extrema importancia para que las familias y amigos que aprecian a las víctimas de esta terrible enfermedad- que yo muchas veces pienso es peor que un cáncer-, se informen y aprendan a sobrellevar junto con el enfermo sus sinsabores y desdichas. Entiendo que muchas veces nos agotamos ante tantas cosas negativas, lúgubres y *desmotivadoras que a menudo invaden la mente y luego las palabras del deprimido. Sentirse abrumada, que se acabaron las palabras de aliento, que ya no puedes más con la situación, y que poco te vale lo que ocurra, que sientes que esos mismos sentimientos te embargan, que tu vida también es así, que nada bueno te espera, y si no te percatas a tiempo te arrastrará al mismo abismo, pero lo tuyo ya no será por enfermedad sino por que te has dejado llevar por el ambiente, entonces ¿de que le puedes servir al enfermo en ese estado? Viviendo en San Antonio, Texas, salía del trabajo en horas de la tarde, ya en la autopista que me conducía a mi casa, llamé a mi hermana que vive en Miami, y comencé a hablar con ella de la situación de mi amado depresivo y a pocos minutos de la conversación despegué a llorar, con un sentimiento profundo, del alma, de mis entrañas, en el que privaba una enorme impotencia, un atar de manos que te deja sin herramientas, sientes que tus palabras de nada sirven, que ya tu apoyo no es efectivo, que no le eres útil en nada y entonces le dije" quisiera tener un gran poder en mis manos para tocarlo y que todo esto pasara ya, quisiera tener el poder de ayudar y cambiar su vida". Como estos momentos pudiera contar muchos ocurridos a lo largo de veinte años. Pero de algo estoy segura que por el aprecio o el amor que se tiene por un ser querido que atraviesa estos trances, empiezas a reflexionar que no es su culpa, no actúa de esa absurda manera porque quiere, no es el típico negativo que ve la vida sin colores ni brillo, no, esto es otra cosa, es una enfermedad, y todo el estado de animo es involuntario, escapa de sus manos, es por lo que la familia con toda la disposición que tenga debe ir en su rescate ya que nunca se sabe cuando la idea del suicido se apodere de él y sea demasiado tarde para ayudarle. Cuando amas a una persona que sufre de depresión siempre renacen las fuerzas y con ellas el deseo de sostenerlo, protegerlo, adquieres paciencia y sobretodo aprendes a escucharlo, sacas de lugares recónditos dentro de tu ser palabras que le den aliento para seguir adelante y esperanzas de que algún día todo pasará.*

*La depresión como otras enfermedades mentales no se puede vivir ni sobrellevar a solas, se necesita de alguien que por lo menos escuche, con quien pueda desahogarse, contar penas, amarguras, dolencias, malestar con el prójimo y con el mundo en general. Por eso es que insisto en que la familia es crucial para mantener con vida a un deprimido, convencida estoy que las familias que están viviendo o que alguna vez vivieron semejante pesadilla, no les faltarán experiencias para contar como la de que en muchas ocasiones esperaron encontrarse con el cuerpo sin vida de su ser querido, quizás colgado del techo, con un frasco de pastillas vacio al lado, con un disparo en alguna parte vital del cuerpo y que mientras vienes en camino tu mente* no cesa de pensar en el peor de los escenario y que si tus pensamientos son acertados, te empiezas a martirizar con la idea que todo esto es culpa tuya, que no fuiste lo suficientemente diligente como para evitar el trágico final. Por otro lado, cuando se habla de depresión muy poco se piensa en lo que la familia sufre, en que la familia también es una víctima y que merece ser considerada, porque también para ella hay momentos muy difíciles que la llevan a la desesperación y al agotamiento, es una enfermedad que como una epidemia ataca al núcleo familiar, no todos sufren de igual manera, pero al final se ven afectados. Al leer esto cualquiera diría, ¡pero esto es un laberinto aquí todos estamos perdidos!, pues les digo que no, sólo se requiere de disposición y de mucho amor, además cuando el depresivo esta en sus días buenos puedes pasarla muy bien, puedes hacer planes y lograr llevarlos a cabo, puedes reír, disfrutar, sostener conversaciones placenteras, en general pasarla bien, aunque con la zozobra que la rueda no se detiene, que en cualquier momento viene el tiempo malo, hasta aprendes a detectarlo, se te desarrolla el olfato y casi hueles cuando está cerca y así pasan los años entre verdes y maduras. Así que debemos aprovechar al máximo los tiempos gratos y favorables, vivirlos con intensidad, vale la pena, nos revitaliza y prepara para el próximo combate. Quizás algunos de nosotros nos veamos reflejados en la obra, puede que encontremos en ella una manera de paliar la situación ante una crisis depresiva por la que estés atravesando o alguna persona a la que amas. Hay que mantener la vista puesta sobre algo a lo que puedas aferrarte, que nos mantenga firmes, no se desvanezca ante las tribulaciones y para mi ha sido y es Dios. A todas las víctimas les deseo que encuentren la mejor manera de sobrellevar la situación y cada día sea para ustedes un nuevo amanecer, un nuevo comienzo y que le demuestren a la depresión que ustedes son más fuertes que ella.

María Donadelli
Esposa del autor

## Capítulo I

Éste libro no es un tratado sobre la depresión ni pretendo que lo sea, ya hay suficientes; mucho menos hacer un estudio científico sobre la enfermedad porque no soy un especialista, médico o investigador, solamente soy una persona que ha padecido el mal desde hace cerca de cuarenta años lo que me otorga cierta autoridad para opinar respecto a ésta dolencia conocida como depresión y la cual todavía hoy no es considerada como enfermedad en el sentido clínico debido a que sus síntomas no son homogéneos en todas las personas. En tanto y parte el propósito de mis escritos es tratar de llamar la atención, descubrir la sarta de mentiras, engaños, estafas de que somos víctimas quienes padecemos algún trastorno mental, correr el velo y en lo posible derrumbar mitos que se han tejido sobre tan terrible afección. Me gustaría decir que también me induce a descargar frustraciones mediante el proceso de catarsis, pero ya he comprobado, al igual que varias investigaciones al respecto, lo inútil e improbable que tal cosa suceda en provecho de quien lo practica. Abrir la boca y espetar a voz en cuello lo que creemos está mal o no nos gusta, puede traernos serios inconvenientes en lugar de beneficios.

Al relatar ciertas etapas de mi vida busco hacer ver que el ambiente geográfico en el cual nacemos, crecemos, vivimos y morimos es determinante en conformar nuestro carácter, forjar nuestro destino. Tierra, ríos, mares, montañas, llanos, regiones áridas, música, alimentos, van a marcarnos con indeleble tinta hasta el momento de nuestra muerte. Ese ambiente natural carece de sentimientos, de pecados, de acción, está allí para servirnos de sostén. Muy distinto es el ambiente social, familiar, de la escuela, de los grupos a los que pertenecemos el cual está cargado de sentimientos buenos, de vicios, maldades, pecados, es el que nos trastorna. La manera como fuimos amados, acariciados, golpeados, tratados, cuando éramos niños, afectará nuestra vida futura. Se nos obliga a pertenecer a él, fijarnos a sus costumbres y modos de vida sin importar para nada nuestra opinión, simplemente nos atan inconsultamente a pertenecer a grupos, fijar nexos y vínculos con ellos que casi siempre traen desgracias e inconformidades. Pocas son las personas que conozco que se sientan cómodos, orgullosos de su origen familiar, de sus parientes e incluso de sus propios hijos. Es posible que al escribir éste libro descargo muchas de mis penas, dolores, frustraciones, sufrimientos que marcaron mi vida y siguen fijando el paso de mis actos. Denuncio, fustigo, hasta puedo ofender a personas o sus memorias que pienso me hicieron daño, se aprovecharon de mi juventud, mi falta de experiencia o simplemente porque no les caía en gracia. No siento culpa ni vergüenza por hacerlo público. Asumo en cualquier terreno las consecuencias que mí atrevimiento pueda tener. Prefiero eso a morir atragantado por no revelar mi repugnancia por esas personas con las cuales compartí una malhadada época de mi vida. Parece insólito que prejuzgar a alguien sea práctica tan común en nuestras vidas sin importar raza, color o país, basta con ser humanos para con solo ver una vez a una persona nos formemos una opinión de ella, casi siempre errada, pero es la que vale para nosotros y va a prevalecer. Lo peor es que actuamos respecto de esa persona basándonos en esa primera imagen maltrecha, distorsionada y falsa. No quiero mencionar los miles de matrimonios fracasados que se guiaron por el "amor a primera vista". Sé que los juicios, opiniones o descripciones que haga de alguien puede generar escozor, sentirse aludido, ofendida, inconforme, mal tratada o no resultaren de su agrado, tiene el pleno derecho de rebatirme públicamente. Por mi parte, sacaré valor, entereza y pruebas para soportar mis dichos.

En otro sentido puedo asegurar que el contenido todo de ésta obra es el resultado de escribir, compilar notas personales, vivencias, a partir del año mil novecientos setenta y tres o sea tres años después de presentarse los primeros síntomas alarmantes de la enfermedad como el ataque de pánico o lo que fuese que me ocurrió en Madrid en aquel tiempo. El trabajo de plasmar las vivencias lo hacía sin miras de difusión, enseñanza, moraleja o consejo, solo deseaba escribir mis experiencias porque descubrí que haciéndolo lograba confesar, revelar, vomitar mis angustias, frustraciones y problemas existenciales. Entrado 1981 me daba la impresión de venir de vuelta por un terrible e inútil recorrido de clínicas, salas psiquiátricas, sacerdotes, brujos, consejeros, curanderos, de leer libros sagrados, diabólicos, científicos, panfletos, buscando alguna explicación, una cura o un alivio a mi trastorno. Nada obtuve de provecho, ¡todos son basura! Los libros referidos a la autoestima, el desarrollo personal, la autorrealización, búsqueda de la paz interior y demás infundios, no me sirvieron de nada; otro tanto ocurrió con mis consejeros religiosos, guías, terapeutas. Al final los vi tan confundidos o atribulados como yo. Hoy cuando me decido a publicar estas notas sueltas y trabajosamente ordenadas, escritas en un periodo mayor de treinta años, lo hago sin ánimos ni intención alguna de ayudar a otros o de que sirva de alguna utilidad para quienes andan en búsqueda de mejores caminos. No pretendo encender luces amigas que alumbren sus vidas ni asegurares como conseguir la paz o la felicidad. No me impulsan deseos filantrópicos, religiosos, humanitarios, filosóficos, ni mucho menos económicos, de hacerme rico. Si alguien se arriesga a comprarlo y le saca algún provecho, lo felicito, pero no es mi propósito. Es un libro loco, vesánico, escrito en parte en estado casi de demencia, ocasionalmente en momentos de serenidad, de cordura, de alegría, confuso en partes, contradictorio en otras pero siempre muy real. Páginas escritas en momentos de crisis, euforia o tristeza, una mezcla de acciones y reacciones inexplicables una veces, repetidas otras, definibles la mayoría. No contiene mentiras, inventos ni falacias. Es comprobable en cada una de sus líneas. La obra en sí constituye un simple y crudo relato de una vida larga, simplona, inútil, mediocre, sin propósito alguno. Poco bien y mucho mal cometido, ambos sin intención, solo estaba en el camino, debía hacerlo; al aparecer la existencia del ser humano solo consiste en eso: Hacer cosas que simultáneamente dañan a unos mientras benefician a otros. Por mucha conciencia que se adquiera, que nos empeñemos en ser nobles, puros, solo se cometen errores o actos lesivos contra otros. Somos un gran recipiente de bajas pasiones, envidia, odio, maldad, egoísmo, vanidad, crueldad, orgullo, mentiras, traiciones. Los llamados buenos sentimientos, bellas pasiones no existen. Basta con analizar el amor puro y sublime que sentimos en cierto momento por alguien llámese madre, hijo, esposa y lo fácil que en un tris se transforme en odio por motivos nimios, tontos.

 Hoy estoy cerca de cumplir los sesenta y un años de edad; para cuando salga publicado ya los habré sobrepasado si es que la muerte no llega antes; quiere decir que desde los veinte fui marcado con la enfermedad, le he plantado frente pero sin lograr victoria, solo he acumulado heridas. No es un manual o un libro técnico sobre la depresión., es algo distinto, quizás mejor o posiblemente solo basura. Son páginas fácilmente comprobables, muchas de las personas a las que hago referencia aún viven por lo que desde el momento que la obra salga de mis manos, caiga en las del editor y pase a la imprenta, me sentaré a la vera del camino para cosechar tempestades. Positivamente concluyente sé que va a generar escozor, criticas, ataques, elogios, de muchas personas allegadas o no. No lo puedo cambiar, saldrá con errores de todo tipo menos que atenten contra la verdad, no tengo intenciones de corregirlo a fondo, quizás algo en su forma, la cronología, eliminar una que otra frase que pudiese ser ofensiva en extremo, el resto va como lo juzgué conveniente. Es probable que en determinados momentos me considerara víctima de la vida. No me avergüenza reconocerlo ya que la naturaleza o los dioses no me dotaron de esa fuerza especial que otros dicen poseer para recibir cantazos y salir corriendo a dar gracias al creador por ello. No entro en ese grupo, me rebelo, no me resigno a aceptar la vida que llevé y la que llevo hoy. Me parece insulso venir a ocupar un espacio vital en la tierra, que bien pudo hacerlo un animal noble, para no hacer algo importante, cumplir una buena misión; solo vine a procrear hijos, hacer daño, comer y cagar. ¡Vaya vida!

Hacer acopio de material tan diverso, escrito en un periodo de tiempo de cuarenta años, azotado por mis trastornos mentales, conflictos existenciales, vida promiscua, desastres financieros, viajes, más otras vicisitudes propias o no de la vida desastrosa que he llevado, no es una tarea fácil. Es la obra que me ha exigido mayor cantidad de horas de trabajo y aunque gran parte estaba en borrador, me ha hecho llorar intensamente, me ha producido miedo y debo ahora enfrentar los riesgos, ataques que de seguro vendrán. Asumo los primeros y enfrentaré los segundos. Por ser amante de la lectura de todo tipo, además preocupado como pocos por saber sobre la etiología y tratamiento del mal que me aqueja, puedo decir, modestia aparte, que pocos han leído tanto respecto del tema como yo. Me fui hasta los libros más antiguos que hacen referencia a la enfermedad. Toqué la Biblia, pasando por los griegos, romanos, árabes, buscando cualquier referencia o personajes que lo padecieron o médico que la tratara. Me encontré con personajes como el Rey Saúl, uno de los que sufrió la enfermedad en forma aguda y que lo condujo al suicidio, Job que imploró a Dios por su intenso dolor. Moisés, David, Jonás, Rossini, Goya, Newton, Ernest Hemingway, Charles Dickens, Leo Tolstoi, Víctor Hugo, Edgar Allan Poe, Vincent van Gogh, sin nombrar a los miles de épocas recientes; todos ellos estuvieron signados por esa maldición y a varios condujo al sepulcro por trágicas vías. Aparte de esto investigué obras de especialistas, folletos, revistas médicas de diferentes países, asistí a conferencias, terapias, cursos, hipnotizadores, brujos. He acudido a consultas especializadas en cuatro países de dos continentes. He sido tratado clínicamente por hombres médicos, mujeres médicos y médicos gay. Cada uno de ellos hizo un historial médico completo. Creo haber bebido más cantidad de pastillas antidepresivas, ansiolíticas, sedantes, tranquilizantes, que cualquier ser viviente. Conozco sus propiedades, beneficios y efectos colaterales perfectamente desde el Largactil hasta Cymablta, pasando por Valium, Tranxene, Prozac, Tafil, Librium, Lexotanil y otros. Algunos de ellos simultáneamente con medicamentos antihipertensivos, vasodilatadores, inhibidores como Reserpina, Captopril, Lisinopril, Quinapril, Aldomet, Capoten, Acupril etc. He pasado en las salas de los psiquiatras, acostado en su famoso sofá buena parte de mi vida, en el he llorado, dormido, hablado y unas cuantas veces me he meado. He asistido solo, con mi pareja, con hijos, hermanos, con mi madre, con amigos que han sido amables en trasladarme a una clínica ante una crisis bestial. He padecido tanto los rigores de tan maldita enfermedad que no hay día o noche que no pida morir porque veo la muerte como la vía de salir de una vez por todas de éste infierno. Y no me refiero a los problemas económicos, familiares o existenciales que cada uno de nosotros sufre por su karma o su mala leche. Son trastornos, dolores, sufrimientos sin causa ni origen definidos, que están allí dentro para recordarnos que no somos otra cosa sino simple basura.

Mujeres, amantes, parejas estables, he tenido seis y once hijos repartidos en cinco países. Mujeres de compartir días o semanas pasan de cien. Casi todas han soportado mi condición depresiva, incluso me atrevería a afirmar que algunas lo han hecho con agrado, probablemente porque en la vida del enfermo son tantos los altibajos que la monotonía no es frecuente; a las mujeres no les gusta el aburrimiento, por su naturaleza son dadas a la novedad, a los cambios y en eso los enfermos de depresión pecamos por exceso. Hubo unas pocas que no lo soportaron y ante los primeros episodios o crisis, desaparecieron, no sin antes protagonizar alguna escena dramática. El afecto, las pasiones, los sentimientos violentos, son ingredientes indispensables en la relación con quien sufre este tipo de enfermedad. Mencionar la palabra amor como condición humana en las distintas acepciones que cada quien le da me parece que es abordar un tema demasiado espinoso. ¿No sentir amor por nada o nadie, será acaso un síntoma de la depresión?, ¿sentirlo, sufrir por su causa puede llevarnos a la depresión? Hay quienes hablan del amor platónico al estilo Romeo y Julieta, del amor melodramático, del romántico Becqueriano, del moderno y de muchos otros tipos. El que me parece más idiota de todos es el de nuestra época que lo considera como una gran fuerza espiritual que nos lleva a acometer empresas loables a favor de un prójimo cercano o lejano, conocido o no, incluso anónimo; el que se manifiesta en un regocijo saltador, emotivo, por el solo hecho de que la persona amada exista en nuestro mundo, la que despierta en nosotros el mayor interés por su bienestar, a la que le concedemos extrema libertad, al punto de permitirle su egoísmo, traición, infidelidad, malos tratos, a cambio de nuestra callada aceptación, absoluta resignación. Esa clase de amor me parece absurdo y cosa de pendejos. Lo que no indica que no lo haya sentido en algún momento junto con mis trastornos mentales. Me da miedo hablar del amor hacia alguien, llámese madre, esposa, hijos, amantes, amigos, porque he visto como en cosa de segundos puede transformarse en odio visceral hacia quien hace poco amábamos y jurábamos fidelidad eterna. No creo en el amor de largo tiempo mucho menos en el inmortal, tampoco en el amor puro, desinteresado, divino. Son todas patrañas. Por ratos creo amar a mi madre por otros la repudio y condeno. Mujeres, esposas, amantes caen en la misma condición. Las amé en un tiempo pero algo se rompió que lo transformó en odio, desprecio, al punto de no querer saber de ellas, de borrar sus recuerdos. Muchas son las veces que me pregunto: ¿Cómo pude amar a ésta mujer? ¿Por qué razón me uní a ella? El amor puede actuar como un desencadenante depresivo. Resulta increíble e ilógico que un sentimiento tan puro y bello como el amor, la pasión, pueda conducir a quien lo siente o a quien adolece de él hasta un cuadro depresivo grave, incluso hasta la muerte. "Morir por amor" no es una frase vacía, cobra sentido y relevancia a la luz de los hechos. Amar a una mujer aún siendo correspondido genera duda y dolor, amar a un hijo causa temor, miedo ante su enfermedad, accidente, muerte, y por ende se sufre. ¿Cuáles son los componentes del amor? Todos son explosivos: Pasión, entrega, duda, desconfianza, odio, infidelidad, traición. Estoy de acuerdo en que no hay nada comparable al coito con la persona amada, el extremo de la pasión, la entrega total; como también es cierto el odio que se derrocha y aflora entre quienes fueron grandes amantes a la hora del divorcio o la separación. En el ejercicio como abogado tuve muchas ocasiones de comprobar que las peleas, los litigios más encarnizados se producen entre los que una vez fueron amantes parejas. La raya divisoria entre el amor y el odio es muy delicada y tan fina que prácticamente se hace invisible. Trato en lo posible de no utilizar las palabras amor sincero, amor eterno, felicidad, porque simplemente creo que nada de eso existe. La vida está hecha de momentos a los que les damos una connotación de acuerdo a nuestra cultura, circunstancia o estado de ánimo. La muerte de la madre de una persona supone para ella y los suyos una tragedia, un dolor, pero para otros no significa nada. Otro tanto ocurre con un viaje de placer, una conquista amorosa, adquirir un bien, salir de una enfermedad. Puede ser bien para mí y mal para otros. En eso consiste la vida. Pretender ver el lado bueno a la vida es tarea muy difícil porque el propio lado que creemos bueno trae su parte negativa.

## Capítulo II

Por los lados del Museo del Prado en Madrid, se encuentra una gran mole de ladrillo rojizo, obra de los arquitectos Cabrero y Aburto, de varios pisos de alto y que para comienzos de los setenta servía de sede a los Sindicatos y a la Falange Española, además de otros organismos del régimen del Generalísimo Francisco Franco. En sus altos funcionaba una bien dotada y moderna biblioteca de temas sociales, que visitaba con frecuencia. En la misma planta estaba la cafetería, grande, espaciosa, donde un cocinero gallego preparaba sus famosos bocadillos de calamares y una exquisita ensaladilla rusa, que a la hora del almuerzo ponía el local de bote en bote. Recuerdo que ese día, después de varias horas de consulta sentía hambre, pero mi escuálido bolsillo de estudiante ya no soportaba otro gasto extra por lo que decidí marcharme a comer a mi apartamento en la calle Fuente del Berro el cual compartía con otros tres amigos.

¿La hora? Cerca de las dos de la tarde, de un frío día de Enero, ¿mi edad? Faltaban cuatro meses para cumplir los veinte. ¿mi salud? Excelente hasta ese momento. Abandoné el recinto de la biblioteca, caminé por un largo pasillo con reluciente piso de granito buscando la puerta del ascensor. Esa tarde no me sentía alterado y hasta gozaba de buen humor. Pero de repente, como cuando una gran ola se nos viene encima, una terrible sensación de miedo me invadió, se me hacía imposible dar un paso, percibía un peligro inminente y las paredes se me venían encima aplastándome. Palpitaciones, sudor frío, calambres, respiración entrecortada, boca reseca, dolor en la boca del estómago, músculos tensos, mandíbulas apretadas, mareos, nauseas, nerviosidad e inquietud en aumento. Quería gritar, anunciándoles a las demás personas que el edificio estaba por derrumbarse, pero tampoco me salía la voz. Me encontraba en una situación desesperada, nueva, ante un desconocido enemigo que me rebasaba, no sabía qué hacer, si correr, gritar, llorar. Era algo verdaderamente espantoso. No sé cómo pero en un momento me encontré dentro del ascensor repleto de gentes hablando a gritos, según mi parecer. Mi cuerpo temblaba, los oídos me zumbaban, la vista nublada, sudaba, pero parecía que las personas no se daban cuenta de mi presencia, de mi angustia, del riesgo que corrían. Por fin, después de quizás dos paradas llegamos al vestíbulo. Todavía, presa del pánico logré alcanzar la calle y alejarme, huir del lugar, que estaba a punto del desplome y ocasionar una tragedia; al menos eso era lo que ocupaba mi mente. Creo que desde el momento en que comenzó la crisis de pánico hasta luego de caminar varias calles con el viento gélido golpeándome la cara, recuperé mi estado normal, debieron transcurrir algunos cinco minutos que fueron para mí una desgraciada eternidad. Estaba impactado cuando llegué esa tarde a mi casa, perdí el apetito, preocupado me acosté. Debí quedar agotado porque dormí de un tirón más de diez y ocho horas. Poco tiempo después del terrible episodio frente a unas cervezas en una tasca cercana a la boca del metro Moncloa, comenté lo sucedido a ciertos amigos estudiantes de medicina en la Complutense quienes me recomendaron un médico psiquiatra, catedrático de la Universidad que tenía su consulta privada por los lados del barrio de Atocha y concedía descuentos especiales a los estudiantes. Era la primera vez que pisaba las puertas de un consultorio, mi primer contacto con quienes a partir de ese momento compartirían el resto de mis días: Los especialistas de la mente, los loqueros, como mejor se les conocen. Recuerdo que no lo hice como dicen por allí por "miedo al miedo". Nunca sentí temor de que el episodio se repitiera. No. Lo hice porque fue tanto el pánico, la tensión y el sufrimiento que padecí en tan corto periodo de tiempo que necesitada conocer la causa.

Es lamentable reconocerlo, pero cuarenta años después de este episodio nunca logré averiguarlo por mucho empeño que puse en la empresa. Es más, nadie lo sabe. Ni siquiera existe una explicación científica, razonable, convincente, para ese mal. En la época en que me ocurrió el percance por estar cerca el período de exámenes el médico solo me recetó un suave sedante en caso de presentarse síntomas de ansiedad, miedo o nerviosismo. Es importante señalar que era joven, soltero, sin problemas de responsabilidad ni preocupaciones de ninguna naturaleza, gozaba de un agradable entorno, buen humor, éxito con las mujeres, amplia vida social, buen apetito, salud de hierro. En fin, una persona sana en el extenso sentido de la palabra. Nadie podía predecir que en breve yo pasaría a integrar el nutrido grupo de los desquiciados mentales. Pasó el tiempo y me olvidé del asunto hasta que en 1974, ya en mi país, casado, con una hija, diplomado y con un buen trabajo, detenido con mi carro esperando el cambio de luz, sufrí otro ataque. Presentía que en breve se produciría una horrible tragedia. Un gran camión sin control se estrellaba contra mí, arrollándome. Tanto fue el miedo que no esperé la luz verde, a todo riesgo crucé la calle yendo a detenerme en un recodo. Miraba hacia los lados esperando ver aparecer la máquina asesina, sentía horribles deseos de correr, de escapar del maldito lugar, de esconderme, ocultarme bajo la tierra. Bajé del auto víctima de la desesperación, respiré profundo varias veces, hasta poco a poco, recobrar la calma. Los síntomas fueron los mismos que los de la primera vez en España, solo que ahora estuvieron acompañados de otros malestares físicos: dolor en el pecho, como punzadas, mareos, temblores, un agudo estado de ansiedad y nerviosismo. He comparado lo que para mí han sido ataques de pánico con otras versiones o episodios ajenos. Las diferencias son notorias.

Conocí a una señora que atendía una pequeña venta de comida en una calle del populoso y emblemático barrio de la ciudad de * Como su comida era muy buena la visitaba con frecuencia y entramos en confianza. Me contó que había sufrido varios ataques de pánico que la hicieron abandonar un excelente empleo en el gigantesco aeropuerto de la capital. Me habló de sus síntomas y el terrible estado de nervios que los acompañaban. Eran tan severos que paró en un sanatorio mental por varias semanas. Lo que no me contó la muy pícara, pero sí lo hizo su vecina, fueron las causas de su mal. Resultó ser que estando un día trabajando en labores de limpieza en el aeropuerto, al entrar a uno de los baños, la mujer se topó con un maletín de mano repleto de dólares olvidado por algún viajero despistado, tan común ver hoy en esos lugares. Con premura escondió el botín y dando una justificación al patrono, abandonó sus tareas regulares. No era mujer de malas mañas, pero consideró que la suerte tocaba su puerta. Y la abrió de par en par. Con prisa se marchó a su humilde casa en un cerro de un barrio muy pobre, por el camino hizo algunas compras de delicateses, comidas, varias botellas de vino y con sus pertrechos en mano tomó un taxi que la condujo hasta la puerta. Ocultó convenientemente el bolso con el dinero y se dispuso a preparar una buena cena a su familia que veían sorprendidos sacar un manjar tras otro de las pesadas bolsas. Esa noche cenaron como reyes, luego prosiguieron la celebración con vino y música de mariachis. Tarde se fueron a la cama. El famoso ataque de pánico le sobrevino en las primeras horas de la mañana siguiente cuando golpearon con insistencia su puerta. Al abrir no estaba la suerte sino un grupo de policías, los dueños del maletín, su jefe y otros compañeros de trabajo. Sin mucho esfuerzo ante la amenazadora presencia de la autoridad reveló toda la verdad. Devolvió el bolso con lo que quedaba del dinero a la pareja de sudamericanos paletos, que aparte de incautos, prefirieron cambiar tan grande suma en efectivo, en lugar de tener cheques de viajeros y para colmo olvidar el bolso en un urinario. Pero el milagro se produjo: se consiguió al culpable, se recuperó el dinero y los policías no se robaron nada. ¡Aleluya! La ladrona pasó unos días en la cárcel, la corrieron del trabajo y desde esa época cada vez que ve un bolso solitario o a un policía entra en pánico. Como este caso puedo contarles varios, pero ninguno se parece al mío porque todos tienen causas conocidas. Todavía no he logrado descubrir ni con ayuda de los especialistas las causas de mis crisis de pánico, si es acaso esa afección que se ha presentado entre distantes periodos.

Por segunda vez acudí al médico que resultó ser una persona tan extraña en su actuar que temí estaba en peor condición mental que la mía. Utilizaba como enfermera a su esposa, una alta y gruesa española que imponía respeto. Hombre alto, fornido, de unos cincuenta y tantos años. Yo tendría acaso unos veinticuatro la tarde que ingresé a su consulta: sala oscura, atestada de cortinas de colores intensos, mesas de pesada madera, floreros de porcelana barata con ramilletes de flores de papel o azúcar, dos o tres butacas grandes que en los buenos tiempos debieron estar en su hogar. Escribió, creo, mis datos personales en un cuaderno escolar, indagó algo sobre el propósito de mi visita. Yo, mosqueado, confuso, logré balbucear no sé qué cosa en cuestión de minutos. Ajustó sus lentes arrellanándose en el viejo sillón, tomó la palabra y no paró de hablar por largo tiempo. ¡Insólito! Hasta hoy me cuesta creerlo.

La consulta fue un fiasco. Durante más de dos horas serví de consuelo a sus pesares, porque eso fue lo que hizo: Hablar de su vida y sus problemas. Cesó en su cantaleta justo porque hizo entrada la esposa quien susurró algo al oído que lo distrajo por momentos, cuando sus ojos se posaron de nuevo sobre mi estúpida cara, sonrió levemente, extrajo una libreta de una gaveta en donde escribió el nombre de algunos medicamentos, se levantó en señal de despedida, tendió su gruesa mano de obrero gallego y me dijo secamente: –Por favor, páguele a la enfermera al salir. Como mi cabeza no andaba bien, pagué la cantidad que me dijo abandonando el edificio peor de cómo había entrado, triste, confundido y con menos dinero en la bolsa. Juro que si hoy me ocurriese algo parecido, armaría tal escándalo, no pagaría ni un centavo y mandaría al psiquiatra muy largo a la mierda. Salí de allí recargado de penas y pesares, con unas recetas en la mano que nunca compré, iba con la firme determinación de no volver a tocar jamás las puertas de una clínica psiquiátrica. Yo, enfermo como estaba serví de "paño de lágrimas", hice el papel de médico, él, de paciente. Su mujer debía saberlo. Aquel hombre tenía tantos problemas, traumas, decepciones, desarreglos en su vida que su esposa ya estaría harta de oírlo, soportarlo y veía en algún que otro paciente incauto la posibilidad de aprovecharlo como confesor. ¡Eso lo viví yo! Mi condición física y mental iba de mal en peor; estaba siempre irritable, malhumorado, violento, dormía poco y mal, el mínimo detalle o ruido me hacía saltar de la cama. Mi vida familiar ya trastornada era otro agravante a mi lamentable condición. Ahora aparecieron los celos, las dudas enfermizas hacia mi pareja, de golpe se me venían imágenes de ella siéndome infiel, burlándose de mí. Mi familia, empeñada en separarnos se encargaba de corroborar con chismes y comentarios las visiones que padecía. Por primera vez pasó por mi mente la idea del suicidio, nunca pensé que la dorada vida dispuesta por Dios o por el demonio para mí fuera aquel desastre. Pero allí estaba, me sentía tan desdichado, tan desgraciado, que veía en la muerte una salida, la única solución.

Hace algunos días atrás tratando días de recordar el último episodio de pánico, me ocurrió hace bastantes años, quizás veinte y eso que durante tan largo tiempo he vivido, experimentado circunstancias difíciles, peligrosas, estresantes. Pude controlarlo sin llegar a mayores y lo consulté con especialistas, la respuesta siempre cae en la ambigüedad, la duda o el desconocimiento: Que si la madurez adquirida, la experiencia, el cambio de patrones de conducta, mayor control de mi vida. Yo creo más bien que se debió a mi rotundo cambio de actitud, a que nada me importa, a que comprendí que poco en esta vida vale la pena, que todo es basura, que las preocupaciones, las tensiones del día a día no son sino una manera equivocada de vivir. Tarde, muy tarde he comprendido tan enorme verdad. Cuesta mucho desechar el sinnúmeros de malos hábitos que se nos inculcan desde niños, "valores" que no tienen valor alguno, orientaciones que desorientan, consejos que te conducen al despeñadero, tontas oraciones inútiles, libros anacrónicos, directrices fuera de época, desacopladas. En fin, con demora me di cuenta que era necesario desechar el noventa por ciento de las cosas que me inculcaron, me enseñaron y las que aprendí por cuenta propia. Se requiere de un esfuerzo inmenso para comprender que todo es lastre del que debemos desprendernos antes que nos arrastre al fondo. Muy difícil es tomar tamaña decisión, se busca la manera de engañarnos, de retardar el momento, excusas, sentimientos familiares, cultura, costumbre, pero por encima de todo es falta de valor, temor al cambio. Somos semejantes a quienes padecen el llamado "Síndrome de Diógenes" o "acumuladores" de trastes viejos, de cosas inútiles, de basura. Misión difícil la de hacerle comprender a quien padece este problema que debe desprenderse de todo ese material inútil que lo amarra, que no lo deja moverse, aunque para ellos sean las cosas más preciadas del universo, las aman, no se ven viviendo sin ellas.

Sentimos un miedo terrible de quedarnos sin esa "base" apisonada, endurecida por años tras años de repetírnoslas en el hogar, por boca de nuestros padres, familiares, amigos; en la escuela por los maestros repetidores, ignorantes, carentes de criterio propio, en la universidad por profesores, decanos que llegaron allí sin saber cómo, porqué ni para qué. La familia nos lo hace porque a ellos también se lo hicieron en su momento, los maestros porque lo obligan programas emanados de un estado agónico, anacrónico, vetusto y los decanos porque consideran que por haber leído unos cuantos libracos, obtener un máster o un doctorado en cualquier universidad medianamente reconocida, ya tienen el máximo cúmulo de conocimientos, son poseedores de verdades absolutas e inamovibles. ¡Pobres idiotas! Pero de algo deben comer.

Me retuerzo de rabia y muerdo mis dedos con encono al solo pensar que he perdido, tirado por la borda más de veinticinco años de mi existencia buscando obtener conocimientos que hoy, cuando los evaluó en su justa dimensión, no sirven para nada, carecen de cualquier tipo de utilidad, salvo para conversar en la barra de un bar, intercambiar opiniones con otros estúpidos, carear nuestros conocimientos con algún imbécil, deslumbrar a alguna belleza tonta, ser uno "pico de plata", hablar demasiado, decir pendejadas. A eso se ha circunscrito todo lo que he aprendido. Y la gente me considera culto. ¡Qué ironía! Pienso que si por muy corto tiempo nuestra sociedad llegara a carecer de energía eléctrica, agua potable, satélites en el espacio, gasolina, yo seguro sería de los primeros en morir de hambre o de cualquier tonta circunstancia por el solo hecho de que lo aprendido no me ha enseñado a saber vivir, sobrevivir, sino solamente a creer y preservar valores, conocimientos inútiles, obsoletos, que por desgracia son la base en que descansa toda la cultura, la sociedad de nuestra época. ¡Menuda base!

## Capítulo III

Es posible confundir algunos síntomas de la preocupación con los de la depresión. Existen infinidad de libros, revistas, documentos que hablan sobre cómo evitar la preocupación, suprimirla y los daños que ocasiona. También hay miles de libros sobre la depresión. ¿Será una causa de la otra?, ¿son acaso males interdependientes?, ¿pueden mezclarse? ¿la preocupación causa depresión? ¿o la depresión causa preocupación? Como se ve el asunto es bastante confuso. Yo considero que al igual que todas las afecciones de carácter mental tienden a presentar muchas semejanzas. A la preocupación se le considera como un componente de la ansiedad sin llegar a tener carácter patológico, sino más bien como un intento de enfrentar dificultades que puedan estar amenazándonos en un momento dado. Puede en este caso ser considerada como buena porque nos ayuda a hacer un plan de acción. La cuestión cambia cuando hay ansiedad constante y la persona se preocupa ante sucesos que es probable que nunca sucedan. Pedirle al hombre de la calle, al común, que difiera entre lo probable y lo posible me parece una sandez. Otros hablan de la ley de los promedios para aplicarlo a la preocupación y demostrar que la mayoría de los sucesos por los cuales nos preocupamos hoy, jamás sucederán. Es posible que un buen día nos parta un rayo, pero las probabilidades de que suceda son bastante lejanas, incluso sentándonos debajo de una tormenta eléctrica. Sin embargo el enfermo de preocupación no ve ni cree en cálculos optimistas, vive la realidad de los sucesos trágicos por venir que su mente le trae. Quien sufre de ansiedad crónica no teme a nada en específico pero teme a cualquier cosa por suceder, a muchas cosas simultáneamente, lo que la hace fácil presa de la preocupación y nunca se agota la fuente de los sucesos por lo que siempre habrá algo de que preocuparse. Al final vendrán los trastornos físicos y mentales. No lo puede evitar. La incertidumbre aparece para rematar el cuadro. No tener certeza de lo que está por venir nos sume en un círculo vicioso: ¿Conseguiré pareja?, ¿me casaré?, ¿seré feliz?, ¿y si me enfermo?, ¿y si muero en pecado?, ¿habrá otra vida? Hay quienes aconsejan la meta- cognición para enfrentar la preocupación porque permite tener un conocimiento mejor organizado para desarrollar planes efectivos lo que se traduciría en menos probabilidades de caer en una preocupación patológica, a no sentirme preocupado por mi preocupación lo que a su vez me puede conducir al estrés, una dolencia física o mandarme al manicomio. Particularmente esto de la meta cognición me parece en extremo difícil porque se requiere que la persona sepa plenamente su nivel de conocimientos, sus capacidades y limitaciones para enfrentar situaciones o experiencias adversas. Supone un control de la personalidad, del carácter, que una persona víctima de la preocupación no posee. Para cualquier individuo normal no es fácil adquirir tal tipo o grado de "conciencia especial" para estar razonablemente al tanto de sus capacidades como persona, saber las estrategias y su uso, conocer e identificar el problema personal o la dolencia que le aqueja e implementar un plan de acción. Por citar un ejemplo hay quienes se han impuesto un horario para dejar de preocuparse limitándolo a las primeras horas de la mañana. De las personas que conozco ninguna ha logrado cumplirlo ni un solo día. No es lo mismo imponerse una dieta de carbohidratos que imponerse dejar de pensar a toda hora en la vida chueca que hace el hijo adolescente, la falta de dinero o la llegada a deshora de mi esposa. Y pensar en establecer un "plan de acción" coherente y legal, ¡jamás!

La gran mayoría de las personas carecemos de esas aptitudes y cualidades especiales. Quienes dicen haberlas obtenido a través de la práctica perseverante casi siempre están a punto de olvidarlas o mandarlas al carajo. Los que nacieron con ellas no se ven como humanos normales, son muy contados, casi desconocidos y viven en lugares de muy difícil acceso. A los que veo por allí en las calles como "idos", de caminar pausado como no queriendo tocar el suelo, lo más probable es que estén drogados o algo tarambanas.

He comprobado que hay individuos que se preocupan por todo, otros por las cosas que lo ameritan y hay los perfectos despreocupados que nada les importa, estos últimos son casi siempre holgazanes empedernidos, chalados o idiotas. Me cuido de estar muy lejos de aquel que orgullosamente promulga a voz en cuello: "Yo no me preocupo por nada". Cuando estoy en su desagradable compañía me preocupo.

Cada persona tiene su propia escala de valores y son esas cosas las que importan en la vida: la pareja, los hijos, padres y ciertos parientes, el trabajo, su ambiente y las relaciones en él, la salud, los problemas de la sociedad en que nos movemos como la inseguridad, falta de autoridad, de justicia, persecuciones, criminalidad, problemas de vivienda, inflación. Cuando alguno de ellos se nos presenta como dificultades reales aparece la preocupación.

Particularmente yo funciono mal o bien de acuerdo a la convivencia con mi pareja, no importa si tenga comida, salud, casa, hijos, viva en un barrio rodeado de delincuentes o esté desempleado, basta que esté a gusto con ella para sentirme en la gloria. Sé que es un grave error poner la vida de uno en manos de una mujer, pero no he podido evitarlo ni superarlo, nací con ese defecto. Y mire que me han traído preocupaciones. Que hayan sido reales o infundadas es otro asunto.

Caso contrario de andar en guerra con la mujer que amo reniego y maldigo de todo, veo problemas hasta en el paraíso, los hijos, la familia, los amigos, el trabajo me causan hastío y repulsión. Por ello cuando alguien me pregunta cuál es la dificultad más grande en la vida de un ser humano, sin vacilar respondo: la escogencia de la pareja. Y la segunda? Escoger la profesión correcta. Fallar en una de ellas es dar los primeros pasos firmes hacia preocupación, la enfermedad, la depresión y acercarnos inevitablemente a vivir un infierno en la tierra.

El médico puede "dorarnos la píldora" y asegurarnos que con esfuerzo propio podemos superar los miedos a que suceda lo que tememos, que debemos vivir el ahora y el aquí.

Lo de adquirir la famosa conciencia plena de nosotros y nuestros actos es un camelo. Las técnicas que propugnan son tan difíciles y complicadas que requerirían de años de práctica para aprender por ejemplo a meditar.

Responder interrogantes ante alguna desavenencia o amenaza no me ha servido de gran cosa. ¿Qué es lo peor que puede ocurrirme ante el error o la omisión cometida? Por mucho que lo escriba y repase no salgo de la preocupación y eso me impide tomar cartas en resolver el problema. Ante los pensamientos negativos y el temor futuro poco o nada me han servido las oraciones o practicas espirituales, la contemplación, la meditación, el contacto con la naturaleza, las técnicas de mantenerme ocupado, restarle importancia a los acontecimientos, cooperar con lo que venga, ejercitarme, dormir bien. Con una extrema tensión muscular ningún ser viviente logra conciliar un sueño placentero y recuperador. Nos conformamos con dar vueltas en la cama, mirar el techo y maldecir nuestra desgraciada condición.

La depresión cuando nos toca puede darse según los entendidos de tres maneras que varían según el individuo, la gravedad y su duración. Además puede ser considerada como grave, moderada o leve. Se habla entonces del trastorno depresivo mayor que se caracteriza generalmente por ánimo triste, pesimismo persistente, sensación de vacío, de inutilidad, desesperanza acompañada de sentimientos de culpa, perdida de interés por cosas que antes importaban, fatiga, insomnio, irritabilidad extrema, reducción de la actividad sexual, trastornos digestivos, pensamientos suicidas recurrentes y otros que varían según el individuo. En segundo lugar está el trastorno distimico que es una depresión menos severa cuya característica principal tiene que ver con el ánimo abatido mientras se está despierto lo que afecta grandemente el funcionamiento en la vida del individuo. Es la triste y oscura figura que vemos deambular por los corredores cuando visitamos el hogar de algún amigo o sentados en una banca del parque con las manos entre las piernas y la mirada perdida. El trastorno bipolar es otro tipo de depresión no tan frecuente como los otros y se caracteriza por cambios cíclicos en el estado de ánimo, periodos de euforia saltarina, hiperactividad, logorrea, derroche de energía, fantasear, tomar decisiones absurdas, iniciar grandes proyectos que arruinan, vivir románticas aventuras, son las llamadas manías, para caer luego en una total tristeza o depresión. La frase la oirán repetidamente cuando visiten al psiquiatra: Usted padece de una enfermedad maniaco-depresiva. Con pronunciar tan confusa sentencia para nosotros ya ganaron su buen dinero. Encuadrar nuestra dolencia en alguna de los tipos de depresión señalados como ejercicio de auto conocimiento no esta mal. Pero es el especialista quien puede lograrlo si hace un estudio muy preciso, responsable y prolongado del paciente. No siempre lo consiguen debido a falta de conocimientos, de ética, de responsabilidad y terminan haciendo diagnósticos totalmente equivocados que ocasionan graves daños a la persona. La mayoría de las veces salen bien librados de sus errores por no existir una legislación apropiada que los castiguen, aparte que en el gremio de los médicos hay mucha complicidad a la hora de encubrir mala praxis entre ellos. También eso preocupa. Queda entonces por hacernos la siguiente pregunta: ¿Puede una preocupación grave devenir en un estado depresivo severo? Yo pienso que sí.

## Capítulo IV

Puedo decir que por naturaleza me considero un hombre de familia; me gusta su calor, sus valores culturales, la integración, los niños. Creo amar o apreciar intensamente a mis padres, hermanos, me gustan las relaciones familiares, la unión, el afecto. Disfrutaba de ellos, de todos, de cada uno en particular, sufría inmensamente al verlos enfermos, con problemas o al separarme aunque fuera por poco tiempo. Rogaba a dios para que sus dolores me fueran impuestos a mí. Pero mis padres, parecían sentir o buscar lo contrario. Con la sempiterna y estúpida excusa de una mejor educación, a los ocho años me internaron en un colegio de curas italianos, bastante alejado de mi casa para salir de allí cuatro años después. Sufrí horrores por la separación de mis hermanos en especial durante el primer año. Sé que en ese tiempo se rompieron muchas cosas dentro de mí, perdí seguridad y lloraba con frecuencia lo que me hacia víctima fácil para que otros compañeros me golpearan o se burlaran de mi. El valor que siempre tuve, mi fuerza física y espiritual se desmoronó; mucho me costó recuperar en algo mi posición en la vida por no tener cerca a mis padres, hermanos y parientes que me defendieran, orientaran o infundieran valor. Se está solo ante unas circunstancias desconocidas, sin recursos como enfrentarlas, se aprende con golpes, cayendo y levantándose. Los sacerdotes, maestros, guías, vigilantes nocturnos, cumplieron su función de alimentarnos, educarnos y protegernos. Era lo menos que podían hacer para justificar la elevada cantidad de dinero que se les pagaba. Pero incluso bajo una extrema vigilancia los niños somos inevitablemente crueles en nuestras relaciones. Bastaba con un mínimo descuido, un parpadear de quién nos vigilaba, para que se sufriera un golpe, una afrenta, o una herida que nos marcaría profundamente. Con el tiempo fui superando mis miedos, aprendí a hacer maldades, vengarme de quienes trataban de hacerme daño, para ello usaba mi inteligencia, calculaba mis actos con sus consecuencias; tal proceder hizo que me temieran, me gustaba sentir ese poder. Llegué a tener enfrentamientos físicos de cierta magnitud como incrustarle la punta de un afilado lápiz en la espalda de un compañero. En los cuatro años que pasé interno endurecí mis sentimientos y fui preparándome a mi manera para enfrentar la vida que se abría delante. Cuando retorné a casa mucho del afecto familiar renació y conviví con ellos tres fantásticos e inolvidables años, estudiando en un colegio de régimen libre donde culminé el bachillerato. Vieron mis padres que era tiempo de volver a despegarme de ellos enviándome a Europa. Casi cinco años anduve lejos. Mucho tiempo, más cuando se está entrando en el mundo de los adultos lo que supone grandes y profundos cambios en nuestras vidas.

Sucedió que al tiempo de volvernos a reunir como familia las cosas habían dejado de ser las mismas. Mis hermanos y parientes cercanos tenían vidas propias, mi padre andaba por otros rumbos con otras mujeres y yo, "el genio", había cometido el gravísimo e imperdonable error de casarme con una mujer cubana mayor que yo varios años. Y para poner la guinda al pavo la embaracé a las primeras y ya era padre de una preciosa niña. Parecerá una tontería decirlo pero una cosa es cierta: No es lo mismo una familia integrada por miembros solteros, que al estar estos casados; pretender sumar un miembro extraño al grupo familiar es una tarea casi imposible. Por mucho que se hable de la familia extendida o ampliada, ensalzándola, elogiándola, es pura mentira. Los brollos, discusiones, peleas, son más graves y frecuentes. Y no me diga si las parejas están formadas con extranjeros, de raza o religiones diferentes. Todo contribuye al distanciamiento, a la ruptura de los vínculos familiares que una vez los unió. Y este punto no es negociable, no hay medias tintas. Corre por allí un viejo proverbio que dice: "De la tierra, la mujer y el caballo". Por desgracia dicha sentencia cayó en mis manos muy tarde.

Tan pronto mi mujer se bajó del avión cometí otro grave error al llevarla a vivir con mi familia. Quería la unión, la hermandad, la felicidad que produce una familia numerosa, el placer de reunirse ante una bien servida mesa. ¡Pura mierda! Mientras más numeroso es el grupo, mayor la cantidad de platos, más intensa es la batalla, hay más cosas para lanzarse a la cara entre los comensales. Creo que el mismísimo primer día, todavía con los olores encima de la Madre Patria, mi mujer entro en discordia con mi madre y con mis hermanos. Desde ese momento se desataron todas las fuerzas del infierno. A los días ya se peleaba con todos, de frente, soterrado, guerra fría, tibia, caliente, utilizaban todas las armas a la mano. Quien mejor le plantó cara fue mi madre todavía joven con un carácter de los mil demonios. En el mero centro de la batallas, ¿saben quien estaba? ¡Correcto! Yo. No es pues de extrañar, que las peores y más graves heridas me tocara sufrirlas. La fortaleza de mi esposa era tal, que luego de librar una terrible batalla con mi madre, debía recomenzar otra conmigo. Frases hirientes de parte y parte, golpes, arañazos. Muchas veces, como locos, terminábamos desnudos, haciendo el amor con una pasión desenfrenada. Otras, cuando un entrometido vecino alarmado por los ruidos llamaba al número de emergencia, íbamos a parar a la Comandancia de Policía. Sabía que tal comportamiento no era normal. Con el tiempo descubrí que eso de tener sexo luego de propinarle una paliza a la mujer, era una práctica común entre parejas. Parece que esa conducta despierta, excita la libido. Masoquismo le llaman unos, otros, instintos atávicos, salvajes, de cuando éramos trogloditas y hacíamos el amor arrastrando a la mujer por los cabellos, darle un par de mazazos y penetrarla. Etapas por lo visto no superadas. No dejo de considerarme el hombre más certero, poseedor del mejor tino en todo el universo a la hora de escoger un demonio de mujer como pareja. Conocía a cientos de muchachas bonitas, de buena familia, de conducta intachable, inteligentes, pero las deseché a todas. Escogí a una desconocida como mi primera esposa. Di en la diana y gané el premio mayor. En el sorteo matrimonial siempre se gana. Si tuviste buena suerte te llevas el gordo. Si te tocó la mala suerte, te llevas la gorda de maldiciones, problemas y pesares. Juro ante los dioses de universo que jamás pretendería dar a alguien un consejo al respecto, pero les aseguro que tanto al hombre como a la mujer, se le va la vida en el momento de escoger su pareja. Óigase bien: El ser humano se juega la vida cuando decide unirse a otra persona. Hay menos riesgos en jugar la ruleta rusa con un Mágnum que en escoger nuestra posible pareja. Son altísimas las probabilidades que fracase, se separen, se hastíen de la relación o la mantengan con el pretexto de los hijos, pero sufriendo horas, días, años en amargura al tratar de soportar a alguien a quien no se ama, incluso se odie. Allí está la fuente de todos los males, enfermedades, pecados, tragedias, trastornos mentales, suicidio, de miles de personas hoy en día.

Casi me resulta insólito pensar que mi primera esposa en varios años de trato con mis familiares no logró conseguir un solo punto de coincidencia. Pero yo la amaba., era lo grave del asunto. Con todos se peleó, pudo ganarse el odio, una repulsión visceral que todavía hoy, con todo y que han transcurrido casi cuarenta años, subsiste. Simplemente no pueden verse. Cambian de calzada si han de toparse en la calle. Y se siembran cizaña entre ellos cada vez que pueden. Puedo contarles que el quince de Agosto del 2010, cuando escribo estas páginas, viviendo en la ciudad de Tampa a miles de kilómetros de distancia, llegó por boca de quien fue mi primera mujer la terrible noticia de que mi madre acababa de sufrir un accidente cerebro-vascular. Mi actual esposa fue quien recibió la noticia; para no alarmarme, temiendo sufriera una desagradable impresión, trató de indagar primero sobre la veracidad del cuento y para su sorpresa mi madre se encontraba en su casa, gozando de muy bien de salud, disfrutando de una suculenta sopa de pollo. ¿Qué les parece?. ¿qué perversas intenciones la animaron a inventar semejante trola? La maldad, el odio, el rencor subsisten tan intensos, puros, como hace cuarenta años. Hoy vivo a miles de kilómetros de familiares y amigos, casi no mantengo contactos con ellos, pero sé positivamente que utilizan los modernos y novedosos sistemas de comunicación para ofenderse, lanzarse "puntas". Una guerra que comenzó cuando las comunicaciones eran primitivas, se subió a la tarima de la Internet, celulares de última generación y quien sabe que otros avances más para hacerse peor en crueldad, odio, resentimientos. Es de terror oír los mutuos comentarios que se hacen por las fotos que publican en Facebook u otras ventanas. Solo piensen en la cara, la figura de cada uno de ellos, con cuarenta años de más encima y las críticas que pueden surgir ante el inevitable efecto del paso de los años sobre nuestras caras, cuerpos, vidas.

Por mis venas debe correr sangre de los guerreros de Troya, porque estando como estaba, en medio de los dos bandos, opté por unirme al peor de ellos: A mi mujer. Y estoy conteste que no lo hice por acatar frases bíblicas de que el hombre debe dejar su casa, su familia, por correr detrás de la mujer, sino porque sexualmente era ella la que sobradamente cumplía mis expectativas, satisfacía con creces mis deseos carnales. Y contra ello no hay argumento que valga. Dicen los entendidos, al respecto que dos pelos públicos tiran con más fuerza que una yunta de bueyes bien cebados. Cuestión que confirmo y corroboro. Así que traicioné mis raíces familiares, peleé contra ellos a dentellada limpia. Mi esposa me adiestraba en las artes de la guerra familiar hasta ahora desconocidas para mí, y yo, a cambio, le revelaba los puntos débiles de mi familia. Por momentos la balanza parecía inclinarse a nuestro favor, cuando de repente como el ave fénix se recuperaban y atacaban con tanto ímpetu que llegábamos a darnos por perdidos. De verdad que aquello era una guerra sin tregua ni cuartel. Caliente en navidades, fines de semana y épocas festivas; tibias el resto de los días del año. Nunca parábamos. Tantas peleas, discusiones casi a diario con los míos y con mi mujer acabaron por cansarme. Comencé a buscar compañía de jóvenes mujeres con las que pasaba gran parte del tiempo. Cuestión está muy aplaudida por mi familia pero naturalmente execrada por mi esposa. Las disputas como pareja no se hicieron esperar. Vinieron de esa manera cuatro años de separaciones y reconciliaciones, regadas por abundantes golpes, riñas físicas y verbales, mutuas infidelidades, destrucción de enseres, ropas, vehículos. Con ese modo de vivir el almanaque dio entrada al desgraciado año de mil novecientos setenta y siete cuando ya el abuso, el desgaste que se produjo en mi cuerpo me condujo de nuevo al médico y consabida prescripción de pastillas que me ponían tonto y a poco de nuevo la recaída. Una mañana, azotado por los males físicos y los problemas familiares, tomé la drástica y terrible decisión de renunciar a mi trabajo, vender mis propiedades e irme a vivir a los Estados Unidos. Todo por salvar mi desgraciado matrimonio. Cuando lo hice no tuve la menor precaución de preservar alguna propiedad por si las cosas salían mal; pero mi esposa impuso la condición que debía romper todos los lazos con mi tierra o de lo contrario no abandonaría el país. Cuando se tiene veintitantos años no se evalúan esas situaciones o por lo menos yo no lo hice. Me desprendí de mis propiedades a precios bajos, estaba desesperado por irme, no soportaba aquel infierno de peleas, además yo todavía la quería, tenía esperanzas de recuperar nuestra unión. Se ve fácil decirlo, pero una determinación de esa naturaleza ha llevado a muchos directo al cementerio o al manicomio. A mí me condujo a las puertas del segundo. Se pierde todo, tanto lo material como lo moral y espiritual. Un salto al vacío cuyas terribles consecuencias aún sufro como si fuera ayer. De todos los estúpidos e incompetentes médicos, orientadores, consejeros que visité, ninguno supo darme una guía de cómo manejar el asunto de la toma de decisiones en una persona con trastornos emocionales. Máxime en asuntos de carácter financiero. Muchos años después leí en algún libro que toda decisión importante debe aplazarse hasta recobrar la condición normal. Hoy en Estados Unidos es casi una ley prohibir tomar decisiones de valor mientras subsista una crisis o persistan anomalías mentales o depresivas en la persona.

Ya era tarde para mi primera y peor experiencia. Ahora, con casi sesenta años a cuestas, sí que me ha servido la recomendación. Los desastres sufridos, padecimientos, escaseces, dolores, me han hecho algo precavido, pero no totalmente, además de que nunca se está completamente a salvo de caer en el hoyo y tropezar con cualquier sátrapa indolente de las que andan por allí y con sus argucias nos deje en la miseria. En varias ocasiones presa de una crisis depresiva han debido intervenir los médicos, mi esposa y otros parientes para impedirme que lo deje todo, abandonarlo todo e irme a vivir al corazón del Amazonas o a las selvas de Borneo. Una señal que no debe pasar desapercibida es la actitud de desprendimiento o abandono de las cosas de valor que experimenta un depresivo. Regalar nuestras prendas, vehículos, casas u otras propiedades cual rico filántropo es una inequívoca señal de crisis, de pensamientos suicidas, y no es cuestión de tomar a juegos.

Prosiguiendo con el relato, llegué a Miami donde residía casi toda la familia del demonio de mi mujer. Venía agotado, enfermo, con tan solo veintiséis años de edad me sentía como un viejo de cien. Lleno de males, enfermedades, resentimientos, odio, miedo e inseguridad, haciendo de tripas corazón me propuse muy tardíamente iniciar una nueva vida. Mis problemas mentales se enquistaron de tal manera que en varias oportunidades me sorprendieron en un soliloquio completamente ido al mundo de los desquiciados. Una señora cubana tía de mi esposa con la cual convivíamos en el South West, al verme en tan delicado estado convino en hacer una cita con el psiquiatra. Se trataba de un gringo que atendía a su esposo el cual había terminado algo chalado como tantos de sus paisanos a consecuencia de su ruina en la Cuba de Fidel. Al parecer tuvo una próspera fábrica de chorizos en la isla, gozó de una holgada posición económica hasta que decidió marcharse de la isla y el Estado presuroso le confiscó sus propiedades. Salió con su familia por el puente diplomático Habana-Madrid. En la capital española lo conocí y entablamos una sincera amistad, tanto que al caer en la ruina total porque no conseguía amigos o parientes que le mandara dólares, sin tener unas pesetas con que pagar la renta, vino a compartir con su familia de siete miembros mi pequeño apartamento que rentaba por los lados del muy madrileño barrio de Legazpi. Al finalizar mis estudios de Sociología regresé a mi pueblo. Ellos debieron permanecer Madrid un tiempo más hasta que lograron pasar a formar parte del refugio cubano en el sur de Florida. Para cuando arribó a Miami con su familia ya venía algo tocado del coco. Las crisis financieras sufridas más lo duro del nuevo país lo rebasó, trastornándolo. Para la época en que me relacioné de nuevo con él daba lástima. No hablaba sino de chorizos. En su mente no cabía otra frase ni permitía que le tocaran otro tema. En ese entonces deambulaba por la famosa calle ocho del southwest vendiendo prendas de gold-field, oro de tontos "que no se ponía prieto" como el mismo pregonaba. Es un misterio cómo lograba cerrar sus ventas porque tan pronto abría su roído y negro maletín repleto de brillantes alhajas comenzaba a hablar de chorizos. Ya la gente lo conocía, así que escogían las de su agrado, pagaban y se largaban. Demás estaba perder el tiempo, la paciencia, preguntándole por los atributos o cualidades de las baratijas. Lo de él eran los benditos chorizos y solo ellos: que si los hacían de cerdo, mezclados, picantes, para guisos, de sobremesa, largos, cortos...

Al principio me rehusé al gentil ofrecimiento de su agria esposa de ir a ver al tal doctor. No me inspiraba mucha confianza, quizás porque el aspecto y la condición del marido quien después de meses de tratamiento, no la notaba muy avanzada. Ella y otros parientes sí que veían una franca mejoría. Así estaría antes el pobre. Al final accedí acudir al appoinment con el doctor. El galeno utilizaba otros métodos diferentes a los de mí país para enfrentar la depresión y la locura. Bajo su control permanecí más de un año, tiempo en el que practicó conmigo todos los test inventados hasta el momento. En su sillón pasé horas y horas viendo imágenes, diapositivas surrealistas, hablando, llorando. Recuerdo, como si hubiese sido ayer, que cada vez que entraba a su consulta, con su primera pregunta me iba en llanto. Un llanto profundo, ahogado, intenso, que salía del fondo del alma. Con todo y que estaba tomando tranquilizantes.–¡Llore! ¡Llore todo lo que quiera! Así desahogará sus penas. Relax, relax... Era el sempiterno consejo del norteamericano que se dedicaba a ojear alguna revista mientras mi alma se consumía en los fuegos del infierno.–Relax. Relax. Volvía a repetir.

No sé cuánto tiempo pasaba en aquel triste estado. Recuperado un poco me recostaba en un mullido sofá color marrón oscuro para dedicarme a ver las múltiples imágenes que me proyectaba en una blanca pantalla para asociarlas con las ideas que pudieran salir de mi cabeza. Resultaba tan agotadora la consulta que muchas veces me quedaba dormido en el asiento del carro, mientras me trasladaban a mi casa. Yo era una bazofia humana. Otras veces el médico recurría al más loco de todos los genios: Freud y su psicoanálisis intentando buscar en mi pasado familiar y sexual el origen de mis males. Al principio, el método es una tortura por el nivel de energía que se derrocha durante el proceso de la "sinceración", de revivir experiencias guardadas en lo más hondo de nuestras almas. Se llora con frecuencia, es un llanto acompañado de mucho dolor y padecimiento. Respondía las preguntas más crudas sobre mi niñez y vuelta al llanto. Reconozco que debo ser uno de los hombres que más ha llorado en la vida; ignoro si Adán lo hizo cuando muy justificadamente lo echaron a patadas del paraíso por no haber seguido las indicaciones y puesto la gran torta universal, ni tampoco si Caín largó el llanto después de cometer el vil asesinato de su hermano. Es posible que se deba a una debilidad de mi carácter, a la impotencia para superar una dificultad, a reconocer lo efímero e intrascendente de mi vida ante la vejez, el paso del tiempo, las enfermedades y la muerte o a una descomposición química de mi cerebro. El llanto aflora estando deprimido y triste o alegre y festivo, ante las emociones o en absoluta paz, simplemente me acompaña donde voy.

Vivía bajo los efectos de tranquilizantes. Uno de ellos me paralizó la micción. Horrible experiencia. Comprendo ahora la desesperación que siente una persona con deseos de orinar y no poder hacerlo. La culpa la tuvo el psiquiatra al indicar un medicamento que me trasformó en algo poco menos que un sonámbulo, caminando por los aires y hasta hablaba solo. En un viejo eso no es extraño, pero en un hombre joven como yo la cosa cambia, es preocupante. El suceso ocurrió cuando una mañana al levantarme, como es normal sentí deseos de orinar, fui al baño pero no pude por mucho esfuerzo que hacía. Tanto me asusté que acabé hacer lo que era rutina: irme en llanto. Si alguien ha sufrido episodios parecidos sabe de qué estoy hablando. Viendo mi desesperación alguien de la familia decidió llamar al médico quien después de oír mis lamentos como si nada, con esa serenidad que solo tienen los loqueros, me dijo impasible:

—¡No se preocupe! Abra todos los grifos del baño, manténgase allí hasta que salga la orina. Por un rato que me pareció una eternidad, pareciendo un idiota con el pene agarrado me mantuve mirando la toilette. Nada. Al final harto de la espera predominó mi mal carácter que ésta vez me salvó de estar en semejante posición durante el resto del día: meaba o me reventaba la vejiga. Decidí abrir el refrigerador, y de un envión me bebí dos cervezas muy frías, seguidamente caminé por la calle dando vueltas a la manzana. A poco la necesidad se hizo aguda, me arrimé al primer arbolito que conseguí, un chorro amarillento salió expulsado como las cataratas del Salto Ángel que regaba con alegría por todos lados sin importarme que algún vecino llamara a la policía y me arrestaran. En éste país está prohibido mear o cagar en la calle, carreteras o lugares públicos. Creo que del mal rato me quedó el estigma que al sentir un grifo abierto me produce ganas de orinar y si voy a lugares donde hay fuentes, chorros o caídas de agua, tomo la precaución de vaciar antes la vejiga. ¡Cosas!

Ensayo y error es la riesgosa estrategia de los médicos:
—Tómese tal o cual pastilla, haga esto o lo otro.—Si ve que empeora su estado, suspéndalo y me llama. Eso no es ciencia, en cualquier lugar del mundo no es otra cosa que brujería, empirismo del barato. Y pensar que pagamos fortunas a esos fulanos. Transcurridos unos cuantos meses del tratamiento, el médico vio la necesidad de incorporar a mi esposa a la terapia. Ella lógicamente se negó en redondo.
—¡Habrase visto! ¿que coño se ha creído ese gringo? —¡Yo no estoy loca como ustedes! No iré a ningún lado. ¡Ni que me lleve a rastras la policía! —¡Loca estará su madre! ¡Que se beba él sus pastillas!
—Respondió casi a gritos el día que el cartero le entregó el sobre con la cita. Y cumplió su palabra. Le hizo la cruz para siempre al médico, a su consulta, a la terapia y a todo lo que tenía que ver con él. Jamás lo visitó. Ni al gringo ni a ningún otro. Naturalmente aquello para el médico norteamericano fue casi una felonía. Como respuesta, al cabo de cierto tiempo elaboró una minuciosa carta recomendando una prolongada separación de mi esposa por considerar que ella era la causa de mi enfermedad y los demás males que habían caído sobre mí. Huelga decir que comparto absolutamente su opinión. Previendo un fatal desenlace en la relación,con su escrito dictaminó prácticamente nuestro divorcio. Lo peor de todo es que yo ciego de remate la seguía queriendo y no tenía la menor disposición de privarme de su sensual compañía. Hasta que un sofocante mediodía de finales de agosto protagonizamos una pelea digna de ser televisada, con policías y demás accesorios, mucho más violenta todavía que las que acostumbrábamos librar en nuestro país. Ya era suficiente.

Con dolor, rabia, arruinado en el concepto amplio de la palabra hice mis maletas y retorné a mi pueblo. Dejaba atrás a mi hija, mujer y mi dinero, ahora sí que era un perfecto fracasado. En mi maletín de viaje reposaba entre otros papeles la famosa carta del doctor traducida al español por un Notario Público. Lucía impactante, llamativa, con los dorados sellos que acostumbran estampar los norteamericanos en semejantes documentos. En su momento la utilicé como prueba en el juicio de divorcio incoado en contra de mi esposa tan pronto bajé del avión. Y fue para el Juez santa palabra. Su contenido, el efecto psicológico del inglés, sus dorados sellos, lo convencieron a tal punto que un año después dictaba sentencia declarándome hombre libre al menos en el papel. Con ello obtuve también la guarda y custodia sobre mi hija. Pero como yo era poco menos que un andrajo humano, preferí que la niña permaneciera con su madre por un tiempo más hasta que yo agarrara de nuevo el hilo de la desgraciada vida. No sabía cuán lejos estaba de ello. Me encontraba ahora metido en un cuadro de total desolación. Volvieron los pensamientos suicidas, claros, firmes, factibles. Tanto que una tarde en uno de esos momentos de "lucidez" estando recostado en la cama, miraba fijamente un revolver calibre 38 que mantenía colocado en un estante, era una solución. Algo me indujo a llamar mi madre y pedirle que lo ocultara en mejor lugar porque estaba pensando en descerrajarme un tiro en la cabeza. A partir de los veintitantos años he manejado la salida fácil de suicidio. ¿Por qué no lo hecho hasta hoy?, ¿miedo a la muerte? , ¿A un castigo divino? . Pienso mucho en mis hijos, algunos de los cuales ya comienzan a mostrar síntomas depresivos. Dejarles además la impronta de un padre suicida, cobarde, no me causa ninguna gracia, por el contrario me molesta la idea, me hiere y me da fuerzas para soportar el infierno en que vivo. Agregarle otra carga a las tribulaciones que a cada uno de ellos le toca sufrir sería un acto desconsiderado e inhumano. Creo además que una decisión de esa naturaleza generaría una sucesión de suicidios en la familia donde ya ha habido conatos sin mayores consecuencias hasta ahora.

 Las crisis de llanto no cesaban, varias veces al día debía salir huyendo al baño o a cualquier rincón a llorar desconsoladamente. No entendía la razón de lo que me estaba sucediendo. Siempre asocié el llanto con un golpe, una herida, una ruptura, una despedida, la muerte, algo muy concreto, pero ahora surgía de la nada, atropelladamente, me superaba en todo, no lo podía controlar. Acudí con frecuencia a los sacerdotes, las iglesias, santuarios de ciudades, pueblos y caseríos, fuentes que de niño me inculcaron a buscar en momentos difíciles tratando de liberarme, redimirme, solo para comprobar que los sacerdotes con quienes traté estaban sumidos en asuntos terrenales más que en los del alma. Tampoco es común ver a un sacerdote padeciendo de este terrible mal. Claro, todo se explica por el estilo de vida holgada y serena que acostumbran llevar. Salvo algunos que "ahorcan los hábitos" para ir detrás de una joven mujer que conocieron en su época de seminarista, en el coro o el confesionario. Sé de uno que fue mi confesor por años hasta que perdí la fe y me alejé de las iglesias. Una tarde angustiado decidí ir a su parroquia buscando en sus reconfortantes frases algún consuelo divino a mis pesares. Mucho me sorprendió al verlo en un lamentable estado de abatimiento. Pasados los saludos de rigor entramos al locutorio donde me oyó durante un par de minutos. En cambio yo tuve que oírlo por más de hora y media. Yo de rodillas y el sentado, la posición me entumeció las piernas así que opté por sentarme en el incómodo reclinatorio. Puedo revelar algunas cuestiones sin temor a caer en pecado mortal porque quien está obligado a guardar el secreto como confesor es él, no yo. Pues resultó que el buen hombre cometió el error de adquirir un hermoso automóvil para poder visitar con diligencia las iglesias de su extensa parroquia, con el consabido compromiso de pagar religiosamente las cuotas cada mes. Pero ahora se encontraba bajo amenaza legal por retardo en los pagos. Mi querido amigo inocentemente había hecho unos cálculos muy optimistas respecto de sus finanzas. Pensó que los donativos, más la imposición de actos sacramentales y otros menesteres propios del oficio le garantizarían suficiente dinero para honrar el compromiso y vivir holgadamente. Por desgracia las cosas resultaron diferentes. Los feligreses dejaron de dar buenas limosnas, los bautizos se espaciaron al igual que los matrimonios, hasta las muertes dejaron de sucederse. Por mucho que se desgañitaba desde el púlpito instando a formalizar ante Dios las uniones carnales de hecho, el dinero no llegaba. Y eso que incluso ofreció descuentos especiales en algunos servicios. Para colmo de males con vehículo nuevo, bien parecido y con buena labia, las muchachas de los pueblos, encantadas paseaban y se divertían a lo grande. Y ocurrió lo que tenía que ocurrir: Se enamoró y embarazó a una de ellas. Como me tenía por su amigo, tan pronto entramos en conversación me espetó: –¡Caro amigo! ¡estoy como la cabra que parió tres! Luego te cuento. Ahora dime tus pecados.

Con semejante declaración de entrada por parte del párroco, mis penas se contuvieron en algo y mis graves pecados pasaron al olvido. Me impuso una fuerte penitencia y soltó entonces su larga perorata. Me conmovió tanto su condición que como pude le ofrecí ciertos "consejos" que de algo me habían servido en oportunidades pasadas similares a las que él atravesaba ahora. Con un fuerte abrazo me despedí. Días después de éste suceso, debí tomar un avión al norte en busca de mi hija y dejé de saber de él. Hasta que transcurridos algunos meses, por boca de mi madre, miembro de postín de su iglesia, me enteré que el sacerdote continuaba con sus labores normales en la parroquia superado todos sus problemas y también el episodio depresivo. Mientras mi madre me platicaba sobre el asunto no dejaba de lanzarme miradas capciosas e inquisitivas, como buscando detectar alguna reacción especial en mí con las noticias que me iba dando. Estoy por creer que ella sospechaba de ciertas pecaminosas admoniciones para el amigo. Pero está muy equivocada. Sin duda alguna que son desconocidos los designios del Señor.

Yo por mi parte continuaba con mis problemas cada vez peores. Rezaba, rogaba por sentirme mejor, pocas veces lo conseguía luego de horas de agonía, de mendigar a dios por salud y duraba poco. Y no era para menos: Salud, familia, prestigio, trabajo, dinero, bienes materiales, amigos, todo lo había perdido. Del naufragio no se salvó nada, ni siquiera una casa, después de haber tenido tres. Debía ahora vivir arrimado en el hogar de mi madre donde era despreciado por todos. Les había traicionado y debía pagar por ello. Fueron los peores tiempos de mi vida y también los más aleccionadores. Me percataba cómo la mayoría de los conocidos se alegraban de mi desgracia, cosa que me hería profundamente. Percibía en la gente el desprecio, la burla, el disfrute de mi negra suerte. Quienes una vez fueron mis amigos incondicionales ahora me rehuían como si fuera un leproso; los aduladores que tuve a montón, ahora se mofaban de mi condición. Era el otro lado de la vida.

Creo que de esos horribles días nació mi repulsión hacia el ser humano por su vileza, maldad, egoísmo, hipocresía, envidia, ambición. No creo en la bondad ni en la caridad, son falsos valores, interesados y calculados. No por todas estas circunstancias desagradables que me tocó vivir me he considerado culpable, probable víctima sí. Pienso que me faltó guía, orientación certera y algo de buena suerte. Si hubo abundancia material, escaseó la paz, la armonía. No puedo olvidar de esa época las acciones y reacciones de mi familia quienes me seguían viendo como un enemigo, como el hijo desobediente que merecía un castigo ejemplar. ¡Y vaya que me lo dieron! Una hermana por la que siempre sentí especial afecto estaba mal casada con un chofer de autobuses, borracho, grosero e inculto. Ocupaban provisionalmente una habitación del apartamento de mi madre. Tenían un hijito, flaco, feo, muy inquieto, con la dentadura agujereada por las caries, que andaba siempre encaramado en los muebles, mesas, ventanas. En vista de que yo no tenía trabajo y debía obtener dinero para cubrir mis gastos, decidí vender algunas de mis pocas prendas de oro que logré por un milagro del olvido salvar de la caída. Mi hermana y su esposo anhelaban comprar un precioso reloj de oro sólido. Recuerdo que pagué por él, cash, en una lujosa joyería, sobre los cinco mil dólares. Ellos, aprovechándose de mi condición me pagaron a duras penas poco más de mil. No todo junto sino en partes. Ese dinero en mis manos se volvió "sal y agua", lo mismo ocurrió con las demás prendas. Cuando se terminaron obtuve en total algo así como un veinte por ciento de su valor real. Mis parientes me trataron peor que una casa de empeños. En el mundo que conozco hasta ahora esa es la manera como se alterna con el caído. ¡Y está bien!

Las vistas a los doctores no cesaban, tampoco la bebedera de pastillas. Muchas noches y madrugadas me despertaba ansioso, sudoroso, jadeando, como si hubiera trotado cinco kilómetros. Eran los demonios de la depresión que incansablemente me atacaban. Todavía hoy, pasados cuarenta años, cuando las clavijas de la puta vida me aprietan, los síntomas, esos diablillos reaparecen. En aquel tiempo despertaba entonces a mi hermano menor quien cursaba su último año de carrera para que me acompañara a ir fuera, a la calle a dar largas caminatas y tratar de calmarme. Recorría en su compañía calles y calles de la oscura y solitaria ciudad hablando, desahogando mis penas, hasta que comenzando a clarear retornábamos a casa. Yo a dormir, él al Pedagógico. Agradezco su humanidad, comprensión, sacrificio, tolerancia, pero sobretodo su capacidad de oír. Sin su ayuda ya el final estaría consumado.

Mi madre, madre al fin, con el tiempo perdonó mis malas acciones. Se preocupaba, sufría al verme tan triste, enfermo. No confiaba mucho en los psiquiatras por lo que comenzó a llevarme a brujos, rezanderos, curanderos, yerbateros, empíricos de las ciencias médicas, sin olvidar los que leian la orina, el iris, la saliva y demás sustancias que segrega nuestro cochino cuerpo. Ella pensaba que yo era presa de un sortilegio, un hechizo decretado por alguna mala mujer. Casi a diario rociaba mi desnudo cuerpo con líquidos, perfumes de olores salvajes, fuertes, penetrantes, fumaba un grueso tabaco esparciendo la fragancia por todo el edificio. Seguidamente tomando un manojo de frescas ramas –según ella– con mágicos poderes como la ruda y el cariaquito golpeaba mi piel hasta enrojecerla. Aquello en verdad me relajaba; las oraciones, fórmulas, cánticos de la hechicería me trasladaban a lugares lejanos, etéreos, llenos de nubes, de humo, de olor a tabaco, a cocuy, a ron pecaraguey, mientras los perfumes me inducían a un extraño sueño. Otras veces en medio del sopor ayudado por los somníferos o ansiolíticos me producían un profundo sueño del cual despertaba varias horas despues como un zombi hambriento. No creo cometer un desatino o un disparate afirmar que las largas caminatas de madrugada conversando con mi hermano unidas a las prácticas de hechicería de mi madre fueron las que contribuyeron grandemente en esa terrible época a lograr cierto restablecimiento en mi agotada y triste condición. En ese mismo tiempo acudí a hermosas montañas, famosas por ser consideradas altares sagrados donde hechiceros me practicaron ensalmes, despojos, curaciones. Acostado en el suelo, rodeado de pólvora y velas encendidas, tantas como años de vida tenía, mientras el brujo con sus ayudantes fumaban grandes tabacos, bebían ron, chasqueaban los dedos invocando a los espíritus. Yo solo alcanzaba ver algunas nubes que corrían entre las ramas de los tupidos árboles. Mi mente iba quedando en blanco. Creo que durante las sesiones me quedaba dormido. Al levantarme era conducido al centro del río donde dos o tres personas con manojos de distintas ramas me daban azotes por todo el cuerpo gritando para ahuyentar los malos espíritus. El brujo, tomándome de los pelos, halándome hacia atrás con fuerza me zambullía una y otra vez en las frías aguas. Tragando agua, sintiéndome ahogado, salía del pedregoso río dando traspiés como un autómata, bebía unos tragos de ron, comía un poco de sopa preparada con leña y regresábamos a nuestras casas. Tan esotéricos tratamientos producían cierto alivio que duraba algunos días, experimentaba un relajamiento absoluto, una paz interior efímera, luego la recaída. Hasta que una mañana agobiado por los males, decidí volver al doctor.

 Desde que comencé a sentirme mal de salud no escatime recursos ni voluntad para ponerme en manos de los mejores especialistas. Por ser hijo de médico tenía fe absoluta en la ciencia, los conocimientos y las medicinas. Comencé de esa forma el interminable, costoso e inútil periplo por los médicos generales, internistas, cardiólogos, psicólogos, psiquiatras. Ahora lo hice ante un especialista en medicina interna. Comenzaba a sufrir otros malestares sin causa conocida. La hipertensión, trastornos del sueño, irritabilidad, crisis de llanto, abatimiento, miedos, alternados con momentos de gran excitación.

Me fueron practicados todos los análisis y exámenes conocidos. Nada revelaron. La presión sanguínea estaba descontrolada, subía o bajaba a su antojo. Dolores en la boca del estómago, náuseas frecuentes, palpitaciones, adormecimiento de pies y manos, sobresaltos durante la noche. Parecía como si dentro de mi cuerpo se estuviera librando una terrible batalla. El doctor estaba tan confundido que no sabía cual síntoma debía atacar primero. Al final se decidió por indicarme dos fuertes medicamentos: Uno para regular la presión arterial y otro a base litio como sedante los cuales resultaron fatales porque mi organismo no los toleró. Con los desagradables síntomas de una presión arterial muy baja, fui trasladado de urgencia una madrugada al hospital. Bajo observación se me mantuvo durante varias horas hasta que los efectos de los medicamentos se disiparon. Fueron momentos en los que se pide morir de tan mal que se siente. Las personas que hayan sufrido un episodio semejante pueden testificarlo. Los médicos, las enfermeras, familiares o parientes que puedan estar cerca de ti nada pueden hacer por aliviar los malestares salvo esperar, masajearte, limpiarte el sudor, vómitos, la saliva que corre por las comisuras de los labios como un babieco. Limpian las heces dispersas por doquier y que han llegado cerca del pecho. Así habrán sido las contorsiones, las convulsiones que tu cuerpo ha dado en el proceso de muerte lenta a que se sometió. Sentir que la vida se va y vuelve por minutos es una experiencia muy dura. Quejidos, vómitos sin expulsar nada, ninguna posición alivia. No puedes estar sentado, acostado o de pie; en todas las posturas el malestar ataca sin piedad ante la fría, indolente mirada de los médicos y enfermeras que se sienten inmutables, superiores, dueños de la vida. Es una guerra civil dentro de tus órganos vitales, un desorden de síntomas desagradables que invaden todo el cuerpo y mientras desaparece uno, otro peor cobra vida. No conozco otra experiencia tan horrible, vómitos que no paran, sensación de vahídos, de que te vas, el estómago no se mantiene un segundo quieto, da la impresión que todas las vísceras saldrán por tu boca.

Cuando esto ocurre por la equívoca administración del medicamento como fue mi caso, ya no hay manera de contrarrestarlo en forma inmediata por temor a que la tensión se dispare y el mal sea peor. Debes aguardar que tú propio y enfermo organismo se encargue sin ayuda de nadie de procesarlo y expulsarlo sabrá dios por donde. Esa espera es un verdadero tormento, te quejas, gritas, lloras, sudas frio, caliente, te orinas y defecas encima de la ropa, los esfínteres andan descontrolados, pides morir. En esos momento pierdes toda vergüenza, glamur. Eres una bazofia que muere con dolor y lastimosamente. Una presión arterial anárquica, desordenada, produce tan graves malestares en quien la padece que trastornan su vida por completo: El comer, beber, actos vitales, placenteros de cualquier ser viviente, se transforma en un suplicio debido a que se pierde el disfrute, además de que no sabes qué efecto puede producirte el manjar que antes te agradaba. Se come con displicencia, desconfianza, masticando sin saborear ni degustar el sabor del plato, solo por alimentarte para no morir de inanición. Los demás actos de la vida se oscurecen: la familia, los hijos se ven desde un plano muy distinto, si los llegas a recordar hiere, aunque en el dolor agudo no te recuerdas de nadie, solo piensas en ti, es el egoísmo innato del ser humano. La vida sexual muere, en caso de tener una esposa joven, bonita, aquello supone acrecentar el tormento. Por mucho que ella jure fidelidad, que se resigna a tu enfermedad, no crees nada de eso. Aquí es donde se pide morir.

Mientras se está enfermo en condición crítica pero consciente, solo cabe el dolor y los sufrimientos. Cuando sales de la crisis y entras en convalecencia con tratamiento médico, es otra fase en la que no sabes cual es peor. Vienen los miedos, temores a la recaída, miedo a la nocturnidad, a enfrentar el entorno familiar, de conocidos, amigos, a quienes no sabes cómo tratar porque te sientes minusválido, apocado. Dar explicaciones a quienes se acercan solo agrava tu condición, es hacerte recordar, revivir los momentos desagradables, pero la gente no comprende que su presencia no es reconfortante, sino molesta. Las visitas solo ocasionan incomodidades al enfermo a quien obligan a levantarse, sentarse, peinarse, asearse, ponerse bonito, sonreír con cara de sano, para que nos vean bien, se lleven una buena imagen de nuestra persona. La mayoría de los que se enteran de nuestra enfermedad se alegran. Algunos mantienen su regocijo para sus adentros, otros no lo ocultan, celebran, lo publicitan a voz en cuello. Pero esa es la vida que se nos ha dado.

Pasados un par de días, superada la crisis, fui de vuelta al médico, con rabia impotente, odio callado pero sin valor para incrustarle un par de balazos en el pecho por la equívoca prescripción. Algo mosqueado por verme con cara de poca amistad se disculpó, utilizando sus argumentos médicos. Su razonamiento fue que no todos los medicamentos son tolerados en forma positiva por los pacientes, que es necesario probar con varios hasta dar con el mejor. ¡Menuda explicación! Lo único bueno que obtuve de éste amigo médico fue que habiéndome hecho todos los análisis, exámenes de laboratorio conocidos hasta la época, concluyó que físicamente yo no tenía ninguna enfermedad, que lo mío era algo mental, del alma reflejado en lo físico, dicho esto tomó una hoja de papel y me refirió a un psiquiatra de su confianza. Ya para ese entonces ya había sido tratado con: Lexotanil, en algunos casos en dosis elevadas. En otras ocasiones Traxene, valium etcétera cuyos efectos eran casi siempre los mismos, prácticamente lo que cambiaba era el nombre del laboratorio que lo fabricaba y con ellos lógicamente el precio.

Cambiar nuestra condición de persona sana a enferma parece y se dice fácil, pero es algo realmente terrible aunque muy factible que ocurra en el momento menos pensado. El caso de los accidentes con lesiones que nos postra en la cama de un hospital, son el resultado casi siempre de la estupidez, la mala suerte, el destino. Pero la enfermedad en el sentido estricto deviene de una condición física o mental desmejorada, que ha dado ciertos avisos previos, casi siempre ignorados por el futuro paciente. Terquedad, tozudez, descuido, ignorancia, pobreza, desinterés, cualquier factor influye en que la persona desobedezca, desatienda esas señales de alarma que le envía su organismo. Sobreviene entonces la enfermedad. Después que se yace enfermo al caer en manos de los médicos, el ser humano lo pierde todo. Perder la salud es perderlo todo. Es la verdad más clara y rutilante en la vida de cualquier ser. Solo que no la valoramos.

Hay verdades que al vulgarizarse, caer en boca del vulgo, pierden su esencia. Una de ellas es: "La salud es lo primero, la salud ante todo". Es necesario que entremos enfermos a un hospital para que entendamos que el dinero, el sexo, las mujeres bellas, los lugares paradisiacos, los viajes, las joyas, los perfumes, carros lujosos, yates, los problemas, las preocupaciones no son más que mierda comparados con una seria dolencia. ¿No lo creen? Esperen un poco y lo comprobarán. Despertar a cualquier hora de la noche o en las mañanas con algún malestar es algo en extremo triste, desagradable. Cuando se conoce la cara de la salud, del despertar animoso, alegre, con vitalidad, apetito, deseos de vivir y luego con la llegada de la enfermedad se pasa a sentir la boca amarga, pastosa, palpitaciones, vista nublada, mareos, sensación de nauseas, dolor en la boca del estomago, manos sudorosas, palidez, miras al techo, a tu alrededor que parece dar vueltas, sientes vértigo y las malditas punzadas en el centro del pecho a la altura del estómago. Entonces es cuando comenzamos a pensar que algo anda mal.

## Capítulo V

Escribir sobre este particular supone para mí un verdadero desafío pero quiero hacer referencia aunque sea de forma somera a la parte médica o técnica de la enfermedad y la investigación científica que se ha desarrollado hasta ahora. Puedo decir con pena que hasta éste año dos mil doce muy poco se ha avanzado, hecho o logrado en el estudio del cerebro y las enfermedades mentales. Por mucho que leamos u oigamos a dignos y encumbrados personeros de la psiquiatría, medicina, psicología, decir frases pomposas sobre los grandes logros de la ciencia, la verdad es que seguimos prácticamente igual que hace setenta años. Suficiente con ver los métodos que se usan actualmente en los hospitales, clínicas, sanatorios, en el tratamiento de los pacientes que padecen estas enfermedades. Otro tanto ocurre con los medicamentos. Se continúan utilizando los mismos del siglo pasado, quizá algunos han sido mejorados en cuanto a composición química pero producen los mismos efectos y reacciones que los antiguos; todos coartan la vida social y familiar, casi siempre se anda como en las nubes, ido a otro mundo o llevan a pasar la mayor parte del día durmiendo un sueño pesado, aletargado. El individuo se percata que no es normal, que no anda bien. El sexo, el apetito, el ánimo, se vienen al suelo, disfunciones es el término que utilizan para referirse a los efectos colaterales de las medicinas que poco pueden ayudar porque poco tienen que ofrecer. Además está el otro problema que muchos medicamentos están en periodo de experimentación, se practica con el enfermo a riesgo de que se le ocasionen daños mayores y producen efectos muy diferentes en cada paciente. La ciencia establece que si la depresión no tiene los mismos síntomas y caracteres homogéneos, si carece de un tratamiento igual, no se le puede catalogar como una enfermedad; es algo así como no alcanzar los estándares. Cada persona presenta un cuadro distinto con experiencias diferentes, por lo que cada quien busca sobrellevarla a su manera. El suicidio se ve siempre como una salida cierta. El depresivo casi nunca amenaza con quitarse la vida, ni busca asustar, llamar la atención o amedrentar a sus familiares y amigos con tan fatal determinación, lo hace de una manera muy solitaria, íntima, totalmente decidido y ya es muy difícil que dé marcha atrás.

En la actualidad casi todos los males, dolores, enfermedades que nos atacan inmisericordes son atribuidos a trastornos mentales, a la depresión: Dolores vagos, indefinidos, en el estómago, articulaciones, pecho, ojos, dientes, manos, cabeza piernas, jaquecas, náuseas, nerviosismo, taquicardia, preocupaciones, tristeza, llanto, rabias, gripes frecuentes. Se concluye que todo, absolutamente todo lo desagradable que nuestro cuerpo pude sentir tiene que ver con la depresión, con nuestra condición mental. Viene la pregunta: ¿Cómo superar o salir de un estado depresivo crónico? Yo afirmo que no hay manera posible de superar ni de salir en forma definitiva de tal condición, como llega se va para retornar cuando le plazca. No hay causa cierta, definida que la produzca, cualquier cosa, suceso o circunstancia que ocurra en tu vida la puede ocasionar, sumirte en un mar depresivo. Los medicamentos, las terapias individuales o de grupo, el sillón del psiquiatra, conversaciones con guías religiosos, familiares, viajes, pueden en algún momento ayudar a sobrellevarla pero no son remedios seguros ni fiables. Las pastillas dan una especie de respiro, un receso en las crisis, permiten mientras se está bajo sus efectos a no cometer locuras o actos que agraven la condición, salud, perjudiquen a la familia o al patrimonio.

La depresión en sus inicios es mortal debido a que el enfermo desconoce al enemigo, no sabe que es, de donde viene, como nació, que propósitos trae a su vida, mente, cuerpo, alma; simplemente llegó y se instaló como cualquier desagradable visitante no deseado. Y nunca dejará de ser letal a lo largo de la existencia. Veces hay que toca a personas que "lo tienen todo" en el concepto de nuestra sociedad de consumo: Joven, bien parecido, profesional exitoso, buen nivel cultural, social, económico, extenso círculo de amistades, amoríos, autos de lujo, viajes, apreciado por todos, alma de las fiestas. Y de repente se desinfla, cae en un extraño estado: ánimo batido, cambiante, tristeza, rabias, alegrías, melancolía, dolores vagos, temblores de manos, sudoración nocturna, pérdida del apetito, alteración del ritmo del sueño, temores, ideas persistentes de que algo malo va a ocurrir. La vida comienza a derrumbarse. ¿Que ocurrió?, ¿porqué se produjo el drástico cambio de pasar de ser un joven animado, lleno de vida a ser un personaje mohíno, taciturno, aislado, triste, quejoso? Hasta ahora nadie lo sabe, solo se dan explicaciones carentes de base y sentido. Se comienza de esta forma un horrendo viaje que por suerte va a durar solamente hasta el día que mueras. Al menos es lo que pienso puesto que no creo en la vida eterna ni en la reencarnación. Pobre de aquellos que aseguran la existencia de otra vida después de la muerte terrenal porque en caso de existir es muy probable que allá también nos esperen las enfermedades mentales, la depresión. Mantengo el criterio que poco se está haciendo, investigando con métodos científicos apropiados respecto a los trastornos de la mente. Los famosos especialistas solo manejan hipótesis, ideas, creencias. Son poco menos que brujos, piaches o chamanes primitivos.

Desde mi primera crisis depresiva ocurrida a los veintitantos años de edad, en la que llaman "la flor de la vida", hasta los sesenta, he atravesado varias de ellas graves, medias y leves. He acudido a médicos, psicólogos, psiquiatras, asistido a terapias de todo tipo imaginable, leído suficiente sobre el tema, rezado, implorado a cuanto ser superior me han recomendado y el resultado final de tan largo recorrido es que todo sigue igual que hace medio siglo y la ansiada cura no llega. La depresión aparece cada vez que quiere, es completamente libre, autónoma, no importa el momento ni las circunstancias que se estén viviendo. La muerte de un ser querido no constituye causa invariable de depresión hasta se puede que nos alivie –si hay algún dinero de por medio–, ganar la lotería, casarse con la novia de nuestros sueños puede ser un detonante de la enfermedad, estrenar el vehículo que siempre nos gustó, viajar, visitar bellos lugares alrededor del mundo sin limitaciones, degustar manjares, todas esas cosas pueden generar una crisis depresiva letal. La enfermedad, una debacle financiera, el divorcio, muerte de un hijo, no necesariamente puede desencadenar en una crisis depresiva. ¿Por qué? ¡Nadie lo sabe! ¿Es congénita o adquirida? Tampoco se sabe. Es una gran mentira de los médicos, especialistas, psicólogos, psiquiatras, señalar en grandes compendios las causas de la depresión y sus posibles curas. No hay nada claro, reina la confusión, contradicciones, erradas hipótesis y un gran sentido mercantilista. Puede que una vez en la vida de alguien surja un cuadro depresivo y desaparezca al mes para jamás repetirse ¿Porqué surgió?, ¿porqué no se repitió? Lo ignoro. Y continúan un sinnúmero de porqués sin respuesta. Los medicamentos, las terapias, el sofá del psiquiatra pueden agravar una crisis depresiva en lugar de aliviarla. Hoy llegado el dos mil siete, decepcionado compruebo que nada ha cambiado desde los setenta, en muy poco se ha mejorado para tratar la depresión.

Cuando se sufre la enfermedad por periodos tan largos como en mi caso, puede darse años enteros sumidos en crisis que mejoran por semanas para luego recaer con mayor intensidad. Razones vivenciales pueden haber o no. Errores, malas experiencias, separaciones, bancarrotas o simplemente una vida sana, tranquila, normal. Espontáneamente o cuando los provoquemos los síntomas aparecerán cuando se les antoje para amargarnos la existencia. He cometido desastres, malas acciones con mi vida por un buen tiempo y nada de surgir indicios de la depresión, al menos durante varios meses. En otras ocasiones he hecho una vida ejemplar, familiar, bondadoso, casi monástica y surgen los demonios del mal. Acudo al médico y solo consigo dudas, evasivas como respuesta. Nada se sabe. Tres de esas largas crisis me son imborrables por su intensidad y el sufrimiento que me produjeron. La del año mil novecientos setenta y siete en mi país cuando solo contaba con veintiséis años, la de mil novecientos ochenta y seis con treinta y cinco años y la vivida en San Antonio, Texas durante el dos mil siete teniendo cincuenta y seis. Ha habido otras en extremo severas, violentas pero cortas, de una semana quizás y que significaron peligro para mi vida, pero corrí el riesgo de enfrentarla con llanto, amargura y maldiciones sin necesidad de recurrir al loquero ; la inevitable prescripción de pastillas actuaba en mi como un repelente, un elemento refractario a la consulta con el psiquiatra. Las tres pude refrenarlas un buen tiempo con mis propios recursos, pero al final me vencieron y tuve que caer en fuertes medicamentos para controlar la angustia y evitar una tragedia, si es que puede llamarse de tal manera al suicidio de un demente. He ido aprendiendo en tan trayecto a reconocer la gravedad de los síntomas, graduarlos, contenerlos en lo posible, quedando como último recurso la visita al médico caso de tener la voluntad de acudir a él; porque, repito, he vivido momentos en que he preferido soportar el sufrimiento hasta el final antes de caer en las benditas pastillitas que te sacan de este mundo en un dos por tres. Un fatídico temor me invade cuando pienso que en cierto momento ya cansado de todo, opte por una salida trágica definitiva en vez de caminar hacia el consultorio.

No quiero hacerme cansón con la parte médica por lo que voy a abordar un curioso punto de vista referente a quienes señalan como posible causa de la enfermedad la buena o mala fortuna.

Tengo en mis manos algunos apuntes tomados de aquí y de allá donde algunos "especialistas" diferencian entre la fortuna bien y mal habida. Ambas según estos autores pueden de alguna manera ser causa de depresión. La primera por los grandes esfuerzos, muchas veces estresantes que hay que hacer para lograrla o superar el posible infarto del susto si provino de la lotería u otro juego de azar. La segunda por los riesgos y tensiones que supone hacerse rico mientras estás cometiendo un delito penado severamente por las leyes. De la fortuna mal habida tengo casos a la mano de familiares y amigos que hoy padecen un cuadro de depresión crónica por haber sido ladrones y corruptos. A uno de ellos Diputado al Congreso le sobrevino un ataque al corazón que por poco lo manda al otro mundo por andar incurso en diferentes actos de corrupción dentro del gobierno con lo que amasó en pocos meses una considerable fortuna. Aún cuando no cumplía los cuarenta su organismo no soportó tanta presión. Con el tiempo logró sobreponerse bajo un largo y costoso tratamiento pero cayó en un estado depresivo grave. Hoy sin ser un hombre viejo da la impresión que sobrepasa los ochenta. La riqueza obtenida de tan mala manera la disfruta actualmente su ex-esposa, quien lógicamente al verlo hecho una piltrafa puso pies en polvorosa. Para colmo sus hijos andan en malos pasos. ¿Que le produjo la depresión a mi amigo?, ¿el hecho de ser un ladrón, el infarto o ambos? ¡Vaya usted a saberlo!

Ciertos amigos ladrones de cuello blanco o azul claro, depende de la moda, residen en Miami, España o las Islas del Caribe. Dos o tres con residencia eterna porque se colgaron de una cuerda o de una sobredosis al ver desvanecerse sus millones por la disoluta vida que llevaron sin dar golpe y verse imposibilitados de retornar al país en búsqueda de mas dinero ya que la ley los aguarda. Otros muy sagaces conservan lo robado e incluso lo han incrementado con inversiones inteligentes. Pero la depresión forma parte de sus vidas. Por allí se les ve en algunos clubes exclusivos, en conjuntos residenciales exclusivos, en "Westonzuela", en los aeropuertos o en famosos parques de diversiones tratando de sobrellevar la enfermedad., pero sus caras presentan ese terrible cuadro de los deprimidos. Al último de ellos que topé recientemente "cabalgaba" sobre una lujosa silla de ruedas automática, sus familiares lo habían dejado por un momento arrumado en un rincón del aeropuerto mientras se iban de shopping. El pobre hombre tamborileaba sus huesudos dedos contra el pasamanos de la maquina mientras su mirada gris, triste, perdida, recorría los pisos de la sala. Me acerqué para saludarle pero era tanta la tristeza, la agonía que reflejaba en su rostro que preferí irme al bar a tomarme una cerveza y dejar que mi amigo purgara en soledad sus muchas culpas y pecados.

Un amigo vecino de años, de temperamento alegre, festivo y bonachón, un equis día ganó varios millones en un juego de azar conocido como "El kino" Desde ese momento su vida cambió para mal. Hasta donde sé siempre mantuvo una excelente relación con sus familiares y amigos de la infancia, pero ambas comenzaron a resquebrajarse cuando no consiguieron quitarle buena parte de la fortuna obtenida. Me enteré que a todos repartió una cantidad justa como regalo y ninguno estaba conforme. ¿Cómo teniendo tanto el muy roñoso solo me dio esa migaja? Fue el argumento de todos pues no se sentían bien tratados con el reparto. Para colmo cometió el yerro de mudarse a una barriada de mejor categoría perdiendo el contacto con los amigos de toda la vida. Los ladrones y malandrines enterados de su repentina riqueza lo acechaban en cualquier esquina. No pasó mucho tiempo sin que los nervios destrozados, crisis de llanto, hipertensión y otros trastornos físicos y mentales lo condujeran al médico. Lo tropecé en una de las tantas salas psiquiátricas que visitaba. Ganó mucho peso, perdió bastante cabello y los ojos giraban a todos lados como los camaleones. Verlo en aquel estado me impresionó grandemente, más cuando no paraba de hablar casi a gritos asegurando, absolutamente convencido, a quienes le hacíamos compañía el éxito con la lotería mediante el uso de un método inventado por él. A mi amigo no lo volví a ver jamás, espero que todavía disfrute de la vida terrena.

## Capítulo VI

Retomando la parte científica del asunto que nos ocupa nos conseguimos con otro factor archiconocido: El estrés. Cabe señalar –como ya es costumbre– que sobre este punto la confusión es mayor. Hay quienes opinan que el estrés es la sal de la vida, lo mejor de la existencia humana, mientras que otros lo consideran el mal de la época. Un número cada vez mayor de especialistas coinciden en ver al estrés como una alarma, una luz que se enciende ante una señal de peligro o amenaza, que cada individuo reacciona de manera muy particular dependiendo de su naturaleza. Lo que puede ser estresante para uno, para otro no lo es. Están además los niveles de tolerancia a ciertos factores estresantes que varían según la edad, la raza, la hora del día, la estación, la semana, el año chino, la luna. Yo por ejemplo soy desafecto al período navideño. Trato de averiguar la razón y retrotraigo algunas experiencias frustrantes e infelices ocurridas durante mi niñez, cuando el niño dios o los reyes magos no me premiaban con los regalos que pedía. Sumo a ésta otras vivencias desagradables de mi época de adulto joven cuando entre parrandas aquí y allá veía como las personas se peleaban herían o mataban entre sí en medio de las borracheras de las pascuas o del fin de año. Presencié discusiones graves en mi familia en donde se llegaba a propinar verdaderas palizas a las mujeres, amantes o novias. Otras veces fueron golpes entre parientes cercanos. Hasta vi a un hijo pegarle a su madre porque le reconvino para que dejara de beber y gastar el poco dinero que les quedaba. Los fatales accidentes de tránsito son comunes en nuestras calles y carreteras por estas fechas decembrinas. Creo que son razones suficientes para no andar muy deseoso por la llegada de las fiestas.

Los estudiosos de estrés establecen una sintomatología, que a mi parecer puede ser cualquier otra cosa. Veamos algunos: Agudización de los sentidos, músculos tensos, palidez visible, aumento de la presión sanguínea y el ritmo cardíaco, boca reseca, pérdida del apetito, dolor en el pecho o espalda, sudor frío, sensación de mareos, cosquilleo en la cara. ¿Qué adulto no ha sentido alguna vez en su vida estos síntomas? Una persona que padezca de estrés crónico, mantiene en su cuerpo una verdadera guerra, transformándose en su propio enemigo. Siente, sufre y vive como real un ataque al corazón, angina de pecho, alta o baja presión sanguínea, úlceras estomacales, trastornos del sueño, respiración cortada e irregular, dolores de espalda, artritis y un sinfín de enfermedades. Al estrés se le imputan casi todos los males de nuestra sociedad, la mayoría de nuestros sufrimientos según los estudiosos, tiene por causa una vida llena de factores estresantes. Dolores de cabeza, de estómago, de espalda, muelas, vista borrosa, taquicardia, artritis, úlceras gástricas, cáncer, diabetes, problemas del sueño, obesidad, bulimia y muchas otras enfermedades se le atribuyen como causa el estrés. Discusiones y rupturas con la pareja, la familia, perder el empleo, problemas en el trabajo, ganar menos dinero, chocar el vehículo, muerte de algún familiar o ser querido, el matrimonio, el divorcio, la infidelidad, la gordura, la delgadez, las huelgas, las largas colas en la autopista, los ruidos, la inflación, la amenaza del comunismo, la inseguridad personal, los ataques terroristas, la guerra nuclear, una enfermedad; solo por mencionar algunas de las posibles causas atribuibles al estrés y según los especialistas pueden devenir en una depresión severa. Hasta la calvicie o las canas prematuras se cree son producidas por el estrés debido a un gen tóxico que afecta a las células madre modificando negativamente el ADN. Sigo creyendo que la mala vida que llevamos, tanto por el mal que hacemos como por el que nos hacen es la causa de canas y calvicies tempranas. Razones estresantes tan ambiguas y subjetivas sumen a las personas en un mar de confusión, es un rollo que en nada me ayuda a comprender mi problema.

Hay un aspecto del tema referido a quienes dividen la depresión según la edad, peso, sexo, tiempo de inicio, duración de la crisis, la recidiva, etcétera. Cada una de ellas con características, etiología y tratamientos diferentes. Veamos el ejemplo de los gordos llamados también pícnicos y que según algunos criterios tienen propensión a caer en depresión. Se les describe físicamente como personas de cabeza grande, redondeada, no se les distingue el cuello debido a lo corto y ancho, panza abultada, abundante acumulación de grasa en los costados llamados "salvavidas" o "llantas", con extremidades cortas y delgadas. En mi país se les llaman "papiaos" y hasta hace poco se les consideraba personas afables, con excelente sentido del humor, sibaritas, epicúreos, dados a la buena mesa y otros placeres terrenales que los alejaba de la tristeza, la soledad y demas padecimientos del alma y de la mente. Pero definitivamente los conceptos cambian con los tiempos. Por lo que a mí respecta conozco mayor número de flacos que gordos con problemas mentales, quizás se deba a que los rollizos tienen por norma general estar llenando la panza aunque el cielo se esté cayendo a pedazos.

Bajo éste orden de ideas pasamos a considerar a quienes establecen una relación entre el carácter malévolo o perverso de una persona y la depresión. También por la concepción que se tenga sobre la muerte. Me parece poco realista ambas consideraciones ya que sean cuales sean los razonamientos caen dentro de un terreno muy subjetivo. Si entendemos por persona malévola aquella que disfruta haciendo daño o maldades al prójimo, a los animales, destruir objetos y su relación con el aparecimiento de estados depresivos, lo noto como descabellado. La imperfección del ser humano lo lleva a cometer actos que van contra toda norma racional. No todos nos arrepentimos por haber transgredido la ley, muchas veces hasta nos justificamos, podemos mantener un actuar perverso como una forma de solucionar nuestros problemas o liberarnos de malos tratos, opresión o injusticias provenientes de otros. Es responder al mal que nos hacen con otro mal igual o peor, estamos rodeados de maldad, de personas que tienen el malvivir como regla. Es como funciona nuestra sociedad.

Los padres de la Sociología establecen que el hombre es gregario por naturaleza, le gusta estar agrupado con sus semejantes. Comparto a medias el criterio. No es lo mismo el espíritu gregario de los primeros hombres que se juntaban para cazar un mastodonte o recolectar frutos, que el espíritu gregario posterior a la vida nómada. El hombre sedentario al ir creciendo los pueblos y ciudades comenzó a percatarse que la vida en grupo trae más dificultades que beneficios. La unión pudo traer ciertas ventajas pero también se unieron para pelearse entre ellos, inventaron armas y guerras para destruirse. Las agresiones comenzaron cuando los malos sentimientos innatos en nosotros como la envidia, codicia, gula, ansias de poder, odio, ira, orgullo, los celos, el rencor, la traición, la vanidad y tantos otros cobraron forma y se desbordaron. Nótese como las sociedades que conocemos como "grandes culturas del pasado" o "grandes imperios de la historia", desaparecieron por cultivar los malos sentimientos, el vicio o los pecados. Pero no pecados contra Dios sino por pecar contra ellos, entre ellos. Esos grandes imperios como el romano, azteca, hindú, rusos, Inca, español, Británico, han caído o desaparecido por culpa de la degeneración de sus hombres y mujeres, por sus viles relaciones. Se dedicaron a cultivar los malos sentimientos. Hoy se nota en ciertas personas herederas de razas de los extintos imperios, secuelas de maldad, de perversión, que asoman a diario en su trato con sus semejantes. Mientras más antigua y poderosas fue la cultura más acendrados están los vicios entre sus herederos. Los siglos se encargaron de hacer pulir y mejorar las maldades, sus formas, tipos y graduaciones.

He convivido con indígenas de mi tierra que viven hoy en la edad de piedra. Puedo asegurarles que están libres de maldad, pero los que han sido tocados por la tal "civilización" han sufrido una letal metamorfosis hacia la perversidad. Comienza entonces a verse rasgos de egoísmo, envidia, celos, traición, robo, desconfianza y otros hasta ahora incipientes pero con el tiempo adquirirán forma y fuerza, se enquistarán y como la mala yerba crecerá y se propaga. Es natural el proceso de cultivar, bruñir y robustecer estos terribles defectos que al final los conducirá a la destrucción. No creo que una bomba atómica cause mayor daño que las crápulas que hoy cultivamos, practicamos y enaltecemos.

Me gusta observar entre las personas con las cuales trato, las modalidades de envidia, de egoísmo, de celos, de traición, de orgullo que forman parte de su diario vivir. Ya no lo ven siquiera como un vicio o un pecado, sino como parte encomiable de sus vidas. Se le oye decir muy ufanos: "Yo soy una persona orgullosa" o "yo soy rencoroso" o "me gusta la mujer ajena" y muchas aseveraciones en ese estilo que demuestran como son y como están nuestras pútridas almas llenas de maldad. Todos estos vicios, rencores, traiciones, incluso por la posesión de una mujer, de un pedazo de roca, de desértica tierra, han llevado a la destrucción de países enteros. No quiero entrar en detalles sobre las absurdas guerras religiosas que desde los albores de la humanidad hasta nuestros días mantienen al mundo en zozobra temiendo a diario la destrucción final. Develar algunos secretos de la historia pasional de nuestros líderes u hombres poderosos nos llenaría de vergüenza al enterarnos de las razones verdaderas que nos han llevado de sus sucias manos a las más terribles confrontaciones. Emociones simples de las que a diario siente cualquier persona, como la ira, soberbia, sentirse herido en su estima, la codicia, las ansias de poder, son los grandes causantes de nuestras desgracias. La ira normal que puede sentir un padre común con un hijo o su pareja, puede verse reflejado en un castigo, una discusión o unos golpes. Pero esa misma ira si ese padre es un líder, una persona de poder, puede reflejarse en una guerra. No es lo mismo que un vecino o don perico de los palotes arrebate la novia o la esposa a alguien, que lo haga un presidente, un rey o un príncipe de tal o cual país. Los sentimientos pueden ser los mismos pero las implicaciones por su graduación son totalmente diferentes. Una discusión sobre algo importante entre gente común, simplones, puede traer consecuencias para los contrincantes. Una discusión banal entre poderosos, presidentes, reyes, gobernantes, trae consecuencia universales. Solo lean los periódicos del día y comprueben como la paz del mundo pende de las estúpidas frases que los gobernantes de turno se lanzan entre sí. Por mucho que se le busque la vuelta, razones que justifiquen las agrupaciones de millones de seres, todavía no surge alguna que sea lógica y cierta. Antes se hablaba de la defensa, protección, caza en común, hoy se alega la masificación, la globalización como manera de sobrevivir que requiere la concentración de empresas, fábricas, oficinas de gobierno, centros de salud, servicios generales. La vida en las grandes urbes se desenvuelve en un falso gregarismo, nos conectamos con el prójimo de mala gana y por obligación. Ya es común oír cómo se vive en un edificio con quinientos vecinos o copropietarios y no conocemos siquiera al que vive en la puerta contigua a la nuestra. Esquivamos a las personas, sea por desconfianza, para no perturbarlas, porque nos caen mal, porque son de una raza, credo o color de piel distinta y miles de razones más. Si no apreciamos a nuestros semejantes estamos propensos a cometer maldades en su contra. Y es muy probable que ello no nos generará cargos de conciencia porque nos hemos acostumbrado a malvivir. Mantener buenas relaciones es empresa titánica, son muchos los factores que intervienen en su contra y pocos a favor. No aceptamos a los demás como son y mucho menos los valoramos. Convivir, socializar, amar al prójimo es una tarea difícil, por algo los grandes profetas lo imponen a sus seguidores como una norma de vida para alcanzar el paraíso.

En otro sentido, los valores materiales, casas, vehículos, dinero, yates, joyas, vestimenta lujosa, viajes de placer, nos hacen cometer los peores delitos. Podemos conocer a una persona y catalogarla como buena pero cuando están en juego bienes materiales, su conducta sorprendería al mejor versado; igual ocurre con las tentaciones y deseos carnales que frecuentemente nos llevan a cometer faltas, ofensas, delitos contra las personas. Lo acompañan los celos, la ira, la envidia, ingredientes infaltables en la conducta del género humano. Me estoy refiriendo solo a la maldad en personas sobrias y relativamente sanas. Faltaría por incluir los delitos y maldades que se cometen en estado de embriaguez o bajo los efectos de las drogas. La mayoría de ellos quedan impunes por debilidad o equivoca interpretación de la ley. De personajes perversos, crueles, está llena la historia de la humanidad y no se habla casi nunca de que por sus actos sufrieran episodios depresivos graves. Por el contrario los hemos visto plenos, rebosantes de salud y belleza, esperando la muerte en algo menos que un lecho de rosas, rodeados de riquezas, seres queridos o personajes ilustres. En nuestras propias vidas hoy por hoy comprobamos la existencia de personas viles, desconsideradas, inhumanas que mantienen una actitud y una existencia normal, hasta se ven felices. Sabemos de familias reales cargados de taras genéticas y que dominaron el planeta durante largos periodos. Sus descendientes actuales las conservan intactas, de nada ha valido la mezcla con plebeyos y gente del vulgo. Hace bastante tiempo comencé a utilizar con frecuencia una frase que me dio fama de bellaco al aseverar que el género humano por naturaleza es una mierda. Desgraciadamente con el transcurrir del tiempo no ha habido razones para cambiarla. En conclusión no creo que la maldad genere o tenga relación directa con la depresión. De admitir lo contrario es aceptar también que la depresión nace con el hombre. No sería entonces una enfermedad provocada o adquirida por el estrés, los sinsabores de la vida o cualquier circunstancia sobrevenida.

En cuanto a catalogar una persona como depresiva o no según la concepción que tenga de la muerte me parece una idea bastante estrafalaria. Muchos son los que tiemblan con solo pensar en sus últimos días o son presa de escalofríos al hablar de camposantos. Creo que todo lo desconocido genera temor, el más allá que tanto se menciona sea que exista o no puede en una mente débil o mal educada crear situaciones mentales desequilibradas, básicamente por su enorme contenido místico-religioso-cultural que le imprimen connotaciones de premios o castigos en la otra vida según y cómo se haya obrado en ésta. Existen culturas donde desde niños se enseña a entender la vida como un proceso natural propio de todos los seres vivos en donde vida y muerte integran un solo concepto inseparable. Vivo sumido en un mar de dudas y temores ya que conceptúo la vida como algo insustancial, un perverso regalo de los dioses quienes de manera inconsulta nos pusieron en este planeta integrando el género humano, al lado de otros iguales o peores que nosotros y no saber si ésta vida va a terminar con la muerte física el día que nos metan en un ataúd, va a proseguir por algún tiempo adicional o por toda la eternidad. La idea de aceptar y agradecer a alguien por la vida que tenemos, la que se nos ha dado no sé por quien es harto difícil. Con frecuencia oigo gritos de alabanza, gratitud y no me parece que sean actitudes sinceras. Veo al hombre rico, poderoso, haciéndolo falsamente, con hipocresía, porque teme que si agradece de corazón es probable que mañana no tenga nada y pierda también la fe. Y distingo a los hambrientos, enfermos, pobres, quienes sufren, agradeciendo sin convicción por no parecer idiotas. A unos y otros puede que le asista la razón pero agradecer por el dolor y el sufrimiento que nos depara la vida lo veo como una actitud falsa, enfermiza y estúpida.

Decido no culpar ni ofender a ningún dios o ser superior por haberme traído a éste cochino mundo, prefiero pensar que soy producto de un azar cósmico, de una energía dinámica, de la dialéctica universal, de la inevitable y constante evolución de la materia, de los seres vivos. Cualquiera de estas tonterías pudo haber causado mi origen y permanencia aquí. El azar es tan evidente en nuestras vidas que toda ella depende de él. Desde que comenzamos a respirar, a hablar, a caminar, a vivir en una sola palabra, todo está determinado por el destino, el acaso. Ninguno de nuestros actos goza de una mínima certeza, todo cae en las probabilidades pero nos negamos a pensar en lo fortuito buscando razones lógicas a nuestro proceder. Decimos con una seguridad pasmosa propia del imbécil: Mañana voy a trabajar, o me casaré o iré a determinado lugar. Esa afirmación solo es una ligera posibilidad, entra en el mundo de lo contingente; son miles los factores que pueden no hacerla posible pero nosotros damos por sentado que se va a producir tal como lo programamos; al no darse nuestro pronóstico por cualquiera causas, caemos en la sorpresa, la tristeza, la decepción o la depresión. Nacemos producto del azar. De los millones de espermatozoides que mi padre introdujo en la vagina de mi madre, solo uno con mi nombre fue el que tuvo la mala leche de ser engendrado. ¿Por qué?, ¿dónde fueron mis otros millones de hermanos?, ¿de verdad murieron o tendrán una vida mejor que la mía? Nunca lo sabré.

Muy idiota a mi parecer es quien piense en que va a tener una vida eterna, que su cuerpo nunca va a morir o pensar en la muerte como un pecado, castigo o señal de malos presagios. Hay quienes se alarman cuando una persona adquiere una póliza que cubre los gastos de muerte y entierro, lo ven como de mal agüero, que presiente o llama a la muerte donde en verdad es una sana costumbre para evitar dejar a los herederos en la inopia con deudas o compromisos que vayan a manchar el buen recuerdo del difunto

En un rincón aparte están los posibles suicidas que piensan en la muerte como una salida a sus problemas. Hay tratados sobre la materia muy bien logrados donde se estudia el fenómeno desde diferentes aéreas debido a lo complejo del asunto y que son muchos los tipos y razones que conducen suicidio. Desde el famoso harakiri que se comete por honor hasta el vulgar envenenamiento con mata ratas. Por otro lado, pensar en quitarse la vida muchas veces no es pensar en la muerte real. Dicho de otra manera, buscar una muerte segura es una cosa, pensar en el suicidio es otra cosa diferente. Los hombres según las estadísticas son los que mejor logran el propósito final. En cambio en las mujeres son frecuentes los intentos que en su gran mayoría no llega a consumarse con la muerte; es solo para que las tomen en cuenta o les presten atención. El buen tino y la determinación en los hombres hacen que lo logren en un primer ensayo. Las mujeres lo intentan una docena de veces antes de lograrlo. Estoy seguro que si en alguna de esas oportunidades ellas hubieran alcanzado su especial propósito de llamar la atención o ser el centro de las miradas, no prosiguen con los sucesivos intentos. Son muy frecuentes los casos en que la persona solo busca que se fijen en ella, despertar miradas, tomándose un frasco de pastillas que no son letales y no pasa de un susto, fuerte dolor de estómago y lavados intestinales. Cortarse las venas es algo muy dramático y colorido pero casi siempre los paramédicos llegan a tiempo. Estas personas no pensaron en su muerte definitiva sino en un intento bien calculado de suicidio. En verdad son cobardes o temerosos de un desenlace fatal.

Un suicidio puede darse en muchos casos sin que existan episodios depresivos previos y pueden ser desencadenados por factores diversos sean religiosos, culturales, morales, incluso por la moda. Basta con revisar un poco del pasado reciente para encontrarse con los suicidios por razones de bancarrota, amenaza de cárcel, pérdida del poder o de una guerra, proximidad del apocalipsis, jugar a la ruleta rusa, culto satánico, caída de las bolsas, un terrible huracán u otro desastre natural y otras. En épocas pretéritas se tenía por una verdad que los suicidios eran frecuentes en las grandes urbes. Hoy en muchos países, como es el caso de Lituania y otros que integraron la ex Unión Soviética, la región de Los Balcanes y aéreas circundantes, el número de suicidios alcanza cifras alarmantes, la mayoría acontecen en las zonas rurales entre gente joven. La pobreza en que viven estas personas con un panorama político y económico tan desalentador, sin futuro para las nuevas generaciones, carencias de los servicios elementales en pleno siglo XXI, los llevan a la desesperación y optan por quitarse la vida. Pero no puede decirse que su causa fue la depresión. Curiosamente en los países nórdicos donde sus habitantes ostentan el nivel de vida más alto del planeta, la tasa de suicidios es muy alta. Exceso y defecto, carencia o abundancia, salud o enfermedad, igual da a la hora en que una persona decide parar de vivir.

También los padecimientos por un intenso dolor, sufrir una enfermedad incurable, ser abandonado por la persona amada, la muerte o desaparición de alguien importante en la vida de una persona, pueden desencadenar en un suicidio. Son bastante conocidos los consiguientes suicidios al de una actriz famosa, al de un líder político, religioso y carismático, a la perdida de una guerra o del poder. Y están los suicidios colectivos por razones religiosas, morales, de protesta. Me pregunto, ¿acaso la vida y muerte de un rico, un genio, un rey, de un pobre, de un estúpido, es igual? Porque de ser así el suicidio también debería ser igual. A mí no me parece. No es lo mismo enterarnos que se quitó la vida tal o cual personaje del cine, de la política o de las finanzas, que enterarse del suicidio del tonto de la esquina, o Sutanejo el que vivía en una chabola de una barriada de mala muerte. ¿Será igual morir con la barriga vacía, llena de parásitos, con un hambre de varios días a morir con la panza llena de exquisita comida, delicateses y aromáticos vinos? Se lo pregunté a mi hija de trece años. Me respondió que era lo mismo. No pienso igual.

A los tipos de suicidio mencionados no les veo una relación directa con la enfermedad depresiva. Solo se toma una fatal decisión y se actúa sin pensarlo. Es así de simple. Pero no es mi intención hacer un estudio sobre este tema tan interesante en donde se han realizado excelentes investigaciones. Por cierto que quien a mi parecer escribió el mejor de todos, se suicidó. En mi particular caso a lo largo de mis cincuenta y ocho años he pensado seriamente en quitarme la vida y salir de una vez por todas de este asqueroso mundo unas cuatro veces. La primera a los veintitrés, la segunda a los treinta y dos, la tercera a los cincuenta y la cuarta a los cincuenta y cinco. Cada una de ellas en medio de severas crisis depresivas, algunos bajos tratamientos médicos. Dos de esos deseos llegaron a tomar forma y realmente no recuerdo que cosa de último momento me hizo cambiar de opinión. Es muy probable que haya sido el pensar en mis hijos y no querer dejarle tan horrible lastre que supone haber tenido un padre suicida al no poder soportar una crisis depresiva, para sumárselos a las amarguras propias que les deparará la vida. En el tiempo de las dos primeras era un católico creyente, practicante, que acudía con frecuencia a templos e iglesias en donde permanecía horas tras horas orando y meditando. Les aseguro que eso no sirve de nada, por lo menos en mi caso. Hoy lo veo como una pérdida de tiempo, es buscar una solución en el lugar equivocado. Las religiones, con todo el respeto que se merecen no ayudan en nada a un depresivo. Puede que en cierto momento alivien o mitiguen una pena, pero que vayan a liberarnos de infierno en que estamos sumidos, ¡olvídense! Sumirse en oraciones, rezos, golpes de pecho, confesiones, en muchos casos empeora nuestra condición al no conseguir la pronta respuesta deseada y hacernos sentir olvidados hasta de los Dioses, lo que empeora nuestro feo estado. Hasta la solución del suicidio es condenada por las religiones derivadas del Judaísmo que ofrecen los fuegos eternos del infierno a quienes cometan tan deleznable práctica. Para un creyente que padezca depresión la angustia producida por su enfermedad que lo atormenta incesantemente se ve duplicada cuando queriendo quitarse la vida, se consigue con el ofrecimiento del castigo eterno al no poder ser recibido en el paraíso en caso de lograr su propósito y quedar vagando entre ardientes llamaradas.

Pueden estar seguros que vivir momentos de tal desesperación supera cualquier dolor físico. El alma y la mente sometida a tales sacrificios destilan un dolor tan intenso que solo es comprendido por quien lo padece. Aquel que finalmente toma la determinación de suicidarse y lo consigue, tendría tan grande sufrimiento en vida que no le importó si después estaría sometido a la eternidad del fuego y los castigos del averno. Preferir semejante castigo con tal de liberarse de la angustia y el dolor que le embarga en ese momento nos hace suponer la magnitud y agudeza del mismo. Muchos son los tipos de ayudas que se ofrecen para las personas que padecen la enfermedad y que no pasan de ser espurias y engañosas, en el sentido que no resuelven el problema, solo generan falsas esperanzas. Tenemos entre ellas las diferentes religiones, cultos y sectas, los libros de autoayuda, la brujería, la meditación, la oración, el supuesto control de la mente, las terapias individuales o de grupo, los programas de ejercitación y cientos más.

El estado crítico en que los trastornos mentales sumen a una persona lo llevan a creer en cuestiones falsas e inverosímiles, cualquier intento es válido mientras pueda darnos alivio. Ocurre por ejemplo con los viajes o peregrinaciones a lugares catalogados por alguna u otra razón como sagrados. Sé de mujeres y hombres que han partido en esos santos peregrinajes, caminando durante meses orando y recibiendo bendiciones a diario. Otros amontonan cientos de fotos de lugares sagrados, estampas, postales, reliquias, aguas santificadas, piedras, arena y cuanto recuerdo o suvenir consigan en su camino. Finalizado el paseo adoptan una postura muy seria, circunspecta, como si hubieran tocado a los dioses. Por unos cuantos días o quizás meses mantienen un aire místico, alejado, misterioso, de hablar suave, de mirar lánguido como viéndonos desde un ángulo superior, de otro mundo y dando muestras de comprender la esencia de la vida y aceptar noblemente a la ristra de pecadores con quienes tratan a diario. Transcurrido un tiempo prudencial, las reliquias que a todos mostraba con inflamado fervor pasan a reunirse con otros chécheres en viejas gavetas. Y del comportamiento ni se diga. Con las primeras borracheras, peleas y discusiones con la mujer, hijos, familia, vecinos, compañeros de trabajo, el aire místico lo mandan todo a la mismísima mierda. El largo y santo peregrinaje pasa a formar parte de las consabidas anécdotas como cualquier viaje turístico a las montañas del Perú, a la Plaza de toros de Las Ventas o a la fiesta de la cerveza en Múnich.

Una amiga, miembro conspicuo de una iglesia, algo turulata pero con mucho dinero, decidió un buen día liberarse de todos sus pecados de una vez por todas yéndose a hacer un viaje religioso a un famoso santuario en Europa considerado como prolífico en milagros de todo tipo. Por allá anduvo durante casi medio año gastando de lo lindo y disfrutando con los miles de dólares que el marido le giraba puntualmente cada semana con tal de tener a su chalada esposa lo más distante posible. A su regreso se consideraba algo menos que una santa. Vino con la idea que poseía el don de manos, de lenguas, de sanación de enfermos y otros atributos especiales. Hasta los jefes de la iglesia le prestaron bastante atención por un tiempo; por supuesto que a su llegada los colmó de regalos, exquisitos vinos, reliquias, panfletos y trípticos con milagrosas oraciones que evidenciaban el contacto con los lugares santos. Pasados unos cuantos meses pavoneándose de tanto conocimiento y santidad se sintió con poder dentro de la comunidad religiosa como para introducir algunos cambios en la iglesia, divulgar su nuevo concepto de religión. Sin misericordia la pusieron de patitas en la calle. Cualquier cosa pueden tolerar los curas y pastores, menos que le vengan a descomponer el "changarro". Lo último que supe de ella es que se encuentra muy saludable y serena disfrutando la compañía de numerosas amigas en una afamada clínica privada para desquiciados mentales.

En otro sentido, el enorme desprestigio y falta de credibilidad en que han caído las religiones del mundo a través de los años por culpa de la desastrosa conducta de sus líderes, ha contribuido a que la gente pierda la poca fe que pudo haber alcanzado, es solo la punta del iceberg, lo peor permanece en secreto como en una cofradía de la edad media.

Sostengo que algunas de estas prácticas místico-religiosas pueden aliviar la crisis en un momento determinado, pero a de allí no pasan. Tal es el caso de la comunicación, hablar con alguien que tenga la paciencia y la inteligencia de escucharte y entenderte. A mí me ha servido contar con alguien de buen talante dispuesto a oír la retahíla de quejas y tribulaciones en que me sume la depresión. El asunto es que estas personas son muy difíciles de conseguir por allí como bondadosas voluntarias, la mayoría desean oírte pero solo para correr con el chisme por toda la ciudad de que estás chiflado y burlarse de tu condición o recomendarte medicamentos o terapias conocidos solo por ellas y que pueden mandarte pronto al cementerio. Se necesita pagar buen dinero para dar con alguien que nos oiga la sarta de disparates durante un par de horas y que guarde cierta discreción profesional, por desgracia he sido testigo de primer orden al ver cómo ciertos psiquiatras y consejeros mentales sentados alrededor de una barra con unos cuantos tragos de más y ante un nutrido grupo de amigotes, revelan las intimidades de sus consultorios o hacen chistes a costa de sus extraños pacientes. ¿Falta de ética? De seguro nunca han oído hablar de ella.

El trabajo intenso es otra práctica recomendable sobre todo cuando requiera de esfuerzo y concentración, caso de la carpintería, pintura, soldadura, escultura, excavar y coleccionar piezas arqueológicas, cocinar, la jardinería, labores del campo al aire libre y otras que supongan gastar muchas horas del día en su realización. Mantener la mente, manos y cuerpo ocupados sin parar no nos va a garantizar la cura milagrosa, pero si nos permitirá pasar los días en mejor condición anímica. Casi siempre experimento alivio cuando entro en contacto directo con la tierra o el agua como al abrir hoyos con las manos, sembrar plantas, sumergirme en el rio o el mar por largo rato; por desgracia la vida me ha conducido a lugares donde es difícil efectuar tan saludables prácticas. Los ejercicios físicos, largas caminatas, la bicicleta, muy poco beneficios me han traído salvo mantener el peso. Flaco, con el cuerpo lleno de fibra muscular también llega la depresión a hacer sus estragos. La decisión de recurrir a médicos y psiquiatras es práctica común, costosa y no muy segura de obtener resultados permanentes, salvo como ya lo he dicho antes, a través de medicamentos dejar éste mundo parcialmente, vivir en la estratosfera, caminando, actuando y comiendo como un zombi. Pueden estar cayendo pedazos de cielo sobre tu cabeza y nada te importa, las cosas por las que en un momento diste tu sangre, tu vida, bajo los efectos de los sedantes las miras como si fueran un montón de mierda. Tampoco eso me causa mucha gracia. Las pastillas ayudan a sobrellevar la existencia, a no suicidarte, pero no curan la enfermedad. Son tan fuertes que te sacan de la "vida-vida" para llevarte al mundo de las sombras, de la horizontalidad donde no hay cambios y si los hay no los percibes o no te importan por muy grandes y decisivos que estos sean.

## Capítulo VII

Sin lugar a dudas que los grandes ganadores en la batalla contra los trastornos mentales son los laboratorios, la industria farmacéutica, médicos, hospitales, clínicas y todos los que tengan relación con el tratamiento de la enfermedad. Soportra el alto costo de mi padecimiento, ir de un psiquiatra a otro, cambiar medicinas, terapias, dietas y no ver progreso, acaban con cualquier fortuna. Los desordenes mentales a mí parecer son los que mayores ganancias producen anualmente a los laboratorios farmacológicos y a los médicos. La depresión como enfermedad de todos los tiempos genera increíbles dividendos para los especialistas de la salud, orientadores, sacerdotes, pastores, pero fundamentalmente es la industria bioquímica y biomédica quien se lleva la tajada mayor.

No me agrada utilizar estadísticas, sé de lo falsas y manipulables que son pero a la gente le gusta. Se habla que un elevado porcentaje de la población mundial padece de depresión en sus diferentes tipos, grados y modalidades. La OMS considera que para el 2020 la depresión será la enfermedad más común, después de las del corazón. En USA afecta al 25% de las mujeres y al 12 % de los hombres.; ese grueso grupo lo integran personas ignorantes, enfermos con los síntomas reales que la sufren toda la vida, mueren y ni se enteran del nombre de la enfermedad, creen inocentemente que fueron atacados por "un mal". Hay los citadinos tozudos y estúpidos que la padecen, es pública y notoria pero no la reconocen. Hay quienes no la sufren pero se la auto-atribuyen como si fuera un adorno de moda. "Tengo la depre", es una frase muy repetida entre jóvenes y viejas verdes, payasas, para llamar la atención. Hay los que la están padeciendo pero le adjudican otros nombres técnicos o excusas inventadas por ellos para restarle importancia o por vergüenza de reconocer la enfermedad: "Son los nervios, el stress, la vida agitada que estoy llevando..." Están los que quieren padecerla para dar lástima. Son los que se echan a morir por tonterías, por cuestiones banales, los consentidos, amanerados, maricas o delicados de la familia o del grupo. Libros sobre las falsas depresiones llenan miles de anaqueles. A cualquier estado de ánimo fuera de lo común que alguien lo considera anormal le adjudican sin más el término. Están por otro lado los falsos especialistas que a todo llaman depresión. Peligrosos son los técnicos en ciencias sociales, autodidactas del área, sacerdotes, pastores, gurús, brujos y pitonisas, que con un público cautivo, sin tener una idea real y certera de la enfermedad, hablan, escriben, difunden entre la gente ideas y conceptos locos, estúpidos, solo contribuyen a la confusión y sumir en las tinieblas el espíritu y los pensamientos de quienes los oyen y que están en ese momento o pudieran estar en el futuro propensos a los naturales altibajos de las alegrías y tristezas que nos depara la vida. A diario se escriben, publican y vociferan millones de frases sobre la depresión, no hay un púlpito en donde no se haga referencia a la palabra depresión o se le relacione con el alejamiento hacia Dios, pero sobre los trastornos mentales de manera seria, científica y responsable casi nada. Quienes abordan el tema son neófitos, ignorantes, repetitivos y superficiales. Produce risa y decepción ver y oír a una preciosa presentadora de TV abordar el tema de la depresión soltando frases al rompe, luego incorporan a sus programas unos personajes, supuestamente especialistas para entrevistarlos; no sé de donde los sacan, pero no dan pie con bola aparte de que siempre dejan las ideas inconclusas. He oído por la radio y la tv tantas barbaridades sobre el tema que ya los tomo como programas de humor negro. Locutores o DJ, como le dicen aquí en Estados Unidos, casi siempre con una educación deficiente, baja cultura, pero con ojo comercial agudo para escoger temas candentes de actualidad, se abocan una mañana a recoger notas en la internet sobre la depresión . Seguidamente agarran el micrófono, y... ¡allá vamos! *Here we go!* A lanzar truculencias e idioteces al aire, una multisápida ensalada, una colcha de retazos, que solo crea confusión y angustia en los radioescuchas. El circo se termina de armar cuando se abre el espacio al público que con sus preocupadas llamadas, dudas y preguntas, encienden el programa. Se oye al locutor dar consejos, asesorar y hasta recomendar irresponsablemente, al rompe, uno que otro medicamento. Intervienen llamadas que se cruzan y cada quien da su muy particular opinión referente a su enfermedad y diagnosticar la de otros. Es un mercado persa donde los asistentes no están en Persia, pero ofrecen en venta alfombras voladoras. ¿Cómo es posible ser tan inconsciente, tan faltos de humanidad, de responsabilidad, a la hora de tratar un tema tan grave y delicado? Quien lea, vea u oiga a estos señores de los medios refiriéndose a la depresión, el estrés, o algo parecido, solo queda confundido, atontado y preocupado. Se da cuenta que padecer de depresión es como ser la gallina de los huevos de oro, una mina para los astutos mercaderes de la salud. Y son tan poderosos los muy desgraciados que son prácticamente intocables por las leyes y gobiernos. No hay demanda ni pleito que se les gane. Tienen los mejores abogados, mucho poder económico - político y fortaleza para defender sus bastiones. La TV de todos los países desde las primeras horas de la mañana aborda el tema, productores inescrupulosos de programas de radio, cine, TV, ignorantes absolutos de la enfermedad son obligados por lo actual y candente del asunto a realizar programaciones absurdas al respecto. Nadie los controla. Da grima ver a esas bellas presentadoras, piernas bien torneadas y cruzadas perfectamente, abrir su linda boquita para lanzar sandeces al aire, una tras otra, metiéndose en camisas de once varas y enredándose en un tema del cual no tienen la menor idea. Al final ni ella misma sabe lo que dijo. No hay programa de TV que no aborde el asunto; hasta los dedicados a niños, perros o las plantas, hacen su obligada referencia al considerar que el mal afecta a todos.

Cocineros, chefs, deportistas, vendedores de máquinas ejercitadoras, pastillas, calzados, alimentos, etcétera, asocian sus recetas de cocina o sus productos con la enfermedad. Repetidamente oímos el poder curativo del pescado, aceite de oliva, los ejercicios, del yoga, de tales zapatos o de las pastillas milagrosas, reliquias, pomadas, todos con potentes poderes antidepresivos. Los consejos y recomendaciones que ofrecen son tan insulsos y vacuos que uno piensa que nos están tomando el pelo. No cesan de repetir los tontos consejos de hacer una vida más tranquila, dejar de preocuparse, tomar las cosas con calma, la vida nos la dio Dios para disfrutarla, hacer el bien, ocuparse en cosas agradables, hacer ejercicios una hora al día, ser vegetariano, bajar de peso, alegrarse por todo lo que tiene, disfrutar de su familia y otros disparates más. Como si fuera cosa sencilla dejar de llorar, de sufrir por la nostalgia, la tristeza, la educación de los hijos, la inseguridad ciudadana, la inflación, los problemas familiares, la falta de ánimo, de interés por el futuro, de pensar en el suicidio. Esos consejos suenan vacíos, sin dirección ni peso. Se oyen pero no se acatan, no por terquedad sino porque no se puede, el enfermo está preso en su locura, en su mundo de lamentos sin poder liberarse de la carga, de la presión que ejercen todos los males del infierno atacando su mente y su cuerpo. ¡Y que venga alguien con esas sandeces! ¡Es el colmo! Traten de imaginarse un cuerpo dentro de una enorme prensa sometido a una fuerte presión por todos lados sin posibilidad de liberarse y que cada momento aumenta más y más. Se siente el ahogo, la asfixia, el dolor, los órganos enloquecidos, descontrolados. Algo parecido es una crisis depresiva. Horrible. Creo que los dolores y sufrimientos que producen enfermedades terminales como el cáncer, diabetes y otras son insignificantes ante los que padecen los enfermos de depresión o trastornos mentales. Con las primeras señales el paciente trata de buscar la medicina para curarse pero en caso de padecer depresión lo que se busca es morir. Es el problema de la época, la frase y el padecimiento de la humanidad, nadie escapa: Pobres, ricos, profesionales, analfabetas, hombres, mujeres, blancos, negros, chinos, árabes, rusos, desempleados, empleados estables, con buenos sueldos, no hay quien se salve de la peste. Afecta y preocupa en mayor grado que el calentamiento global, la contaminación del ambiente, los precios del petróleo o la recesión económica. Y hasta ahora nadie ha logrado explicar qué es realmente la depresión. ¿Una enfermedad o una condición hereditaria?, ¿un estado de ánimo?, ¿una situación?, ¿un castigo divino?, ¿una causa o una consecuencia?, ¿qué, cómo y porqué se produce? Preguntas sin respuestas.

No voy a ser modesto, he leído, investigado, consultado, sufrido, interrogado tanto sobre la enfermedad que me considero un experto. Desde que me aparecieron los primeros asomos del mal hace casi cuarenta años, comencé a escribirlos en detalle, analizarlos y consultarlos con los médicos, otros profesionales y enfermos. Por ello creo estar hablando con propiedad, como autoridad en la materia. Soy un buen ejemplo de un depresivo crónico. Como nota curiosa debo señalar que para la mayor parte de personas que conozco y que me conocen soy una persona normal, quizás a su parecer más exitosa y feliz que muchos. Para cuando escribo estos párrafos estamos a finales de septiembre del 2011, mi actual suegra está pasando una corta temporada con nosotros en Plant City, Florida. Es una persona que me conoce desde hace veinte años, el tiempo que llevo casado con su hija. Me manifestó que jamás hubiera sospechado que yo padeciera de una severa depresión desde joven, siempre me vio como una persona activa, alegre, decidida, próspera, animosa y emprendedora. En fin, todo lo contrario a la figura o imagen que se tiene de un depresivo. Es probable que tenga razón. De hecho, hoy, cuando tengo cincuenta y ocho años de edad, estoy cursando un

Máster degree en una reconocida Universidad y obteniendo excelentes calificaciones. Sé que lo culminaré con éxito y de seguro obtendré el empleo que deseo, ganando buen dinero y prestigio. Tal logro no es motivo de satisfacción ni me llena. Veo el futuro como un tiempo muerto y al pasado mejor que el futuro, pero muerto también. Ambos aparecen en tu vida para atormentarte y amargarte los días. Uno por haberse ido y posiblemente dejado hondas heridas y el otro por la incertidumbre que genera. Hay quienes opinan que solo se debe vivir el presente, el hoy, el ahora y el aquí. El presente solo existe a través de la imaginación si logramos ampliar su duración por unas horas, de otra forma no se concibe. Yo vivo inevitablemente y por la fuerza en los dos tiempos, pasado y futuro. Es una pesada carga que por mucho que desee no me la puedo quitar.

Cuando miro hacia el pasado noto que mi vida ha sido una permanente lucha imponiéndome metas, lográndolas y vuelta a correr tras de nada. Es una idiotez imperdonable la que he cometido de pasarme la vida fijándome objetivos, alcanzándolos y comprobar que todo lo que se obtiene se transforma en ataduras, en pura mierda. Puede tratarse de riqueza, poder, títulos Universitarios, bienes materiales, de jóvenes mujeres, cargos importantes, fama, al final todo se traduce en un montón de basura que se mira con desprecio. Me resulta ridículo ver a un adulto vanagloriarse ante los jóvenes por sus rimbombantes éxitos, grandes logros, diplomas, conquistas femeninas, sin darse cuenta que todo es mugre, que la vida no puede ser solo eso, debe ser algo distinto que de verdad colme el espíritu. No sé que o como debe ser exactamente, pero lo que si sé es que lo que he hecho y conocido no es algo que se pueda llamar vida y mucho menos andar dando gracias por haberla recibido. Catalogarse como una persona con experiencia, ser un baquiano de la vida me parece absurdo y una tontada aunque se haya vivido noventa años, son solo sucesos, vivencias que sin control ni decisión nuestra tropezamos a cada momento en nuestro peregrinar. O las superamos o morimos. ¡Asi de sencillo!

Me asombra conocer personas que pasan ochenta años de sus insípidas vidas viviendo en el lugar donde nacieron, en la misma casa, comiendo los mismos alimentos, haciendo el trabajo de siempre, hablando de las mismas cosas, tratando a iguales personas, en fin una larga existencia sin ninguna novedad. Creo que el hombre debe moverse, detenerse es morir, lo estático va contra el principio natural de la evolución, del crecimiento integral. Caer en cuenta de esta terrible realidad sume al espíritu y a la mente en el hondo abismo de la depresión con todos sus síntomas y caracteres. Y es aquí donde los medicamentos buscan hacer el trabajo de sacarte de ambos mundos llevándote a un tercero, el de los tontos, zombis, robots; porque en eso es que nos transforman las medicinas; ni el pasado, presente o futuro nos importa, simplemente la vida nada nos vale. Lo peor es que los medicamentos tienen carácter experimental con cada paciente. Se debe tratar con uno luego otro hasta dar con el que mejor se adapte a nuestro organismo, el que menos efectos secundarios produzca. Todos producen dependencia, el enfermo se habitúa a tomarlos para soportar el día a día ya ni siquiera para atenuar una crisis sino para la cotidianidad. Se cae en el círculo vicioso de las pastillas. Y las droguerías lo saben. En algunos países son de venta libre, en otros hay regular control y en otros son verdaderamente estrictos a la hora de expenderlos. Si para antes de la segunda guerra mundial se conocía muy poco de los trastornos mentales, origen, etiología, control, tratamientos, hoy, setenta años después, seguimos prácticamente en la misma ignorancia. Es comprobable al visitar un manicomio, una clínica de rehabilitación mental o revisar las prácticas médicas. En muy poco han cambiado. Posiblemente se ha avanzado en la higiene o en evitar los malos tratos a los pacientes tan comunes en épocas pasadas, pero del resto casi nada. Las investigaciones científicas en el campo mental son muy pocas. Varias universidades pasan su tiempo haciendo estudios, experimentos con personas para conocer sus reacciones ante ciertos estímulos o medicinas y llegan a conclusiones de lo que sus estudios revelaron pero ninguno logra conseguir la verdadera causa de los trastornos mentales, de cómo y porque la mente humana funciona como lo hace. A la industria farmacéutica no le interesa perder tan lucrativo negocio. Invito a que revisen las estadísticas relacionadas con los medicamentos para trastornos mentales. Se asombrarán al ver los números, el volumen de ventas a nivel mundial y las ganancias mil millonarias que entran a los bolsillos de los fabricantes de medicamentos ansiolíticos, antidepresivos, inhibidores de serotonina, heterocíclicos. Es un maravilloso, lucrativo y seguro negocio que no puede irse a la bancarrota por ninguna razón. Es lo que piensan tanto las industrias farmacéuticas, como médicos, psiquiatras, terapistas, directores de clínicas y hospitales. No se incluyen aquí los tratamientos y opciones terapéuticas ofrecidas por prestigiosas clínicas o centros de rehabilitación, todas ellas costosísimas, tampoco los tratamientos y practicas esotéricas, brujerías, empíricos, libros, consultas de adivinos, curanderos, yerbateros, que también se llevan unos cuantos millones de dólares sacados de los bolsillos de los enfermos mentales.

Se invierten millones en investigaciones sobre el VIH, una enfermedad alarmante, visible, palpable y que toca un punto socialmente delicado como el sexo unido a las drogas, delincuencia, incesto; o sea que es económicamente atractivo hablar de los descubrimientos sobre el sida. A diario, en revistas, periódicos, televisión y demás medios de comunicación se ven noticias sobre el flagelo. Pero inversiones significativas en el campo de la investigación mental no son muy frecuentes o al menos es lo que parece. Es probable que ya haya sido descubierta la cura para muchos males mentales pero el secreto debe estar muy bien guardado. Sacar pastillas al mercado que sanen definitivamente a millones de personas no es buena idea. Supondría un desastre financiero, la caída de las bolsas en varios países industrializados.

## Capítulo VIII

Digo con pesar que el ciclo de mi vida que comprende desde los veintidós años hasta los cuarenta está lleno de duras y terribles experiencias que el destino puso en mi camino y que propiciaron que poco a poco la depresión fuera marcando el paso. El perpetuo sinsentido de la vida, las pocas ganas de seguir viviendo en este mundo, el absoluto desinterés por las cosas que se suponen forman lo excelso del vivir, la visión pesimista del porvenir, los cambios bruscos de ánimo, la tristeza, la melancolía, el sinsabor de los días enteros, la nula valoración de las posesiones terrenales, la familia, los estudios, éxito, en eso consiste padecer de depresión. Unas veces severa, otras menos intensas pero nunca dejó de estar presente en mi vida como una leal compañera. Una vida tormentosa, una conducta reprochable, licenciosa, puede por los errores que se cometen, por el daño que hacemos y que nos hacen traer episodios depresivos o crisis severas, de ello no hay duda. Debe haber un componente químico-genético en nuestro organismo que hace aparecer la depresión sin motivo ni razón alguna, como parte de la mala suerte de cada quien.

Uno de los aspectos trascendentales en la vida de cualquier persona lo constituyen los otros seres con quienes se ha vivido, compartido el trato a diario y se reparte el tiempo, como también las influencias que ejerce el ambiente donde te desenvuelves y de donde provienes. Nacer, crecer, vivir en un ambiente socio-cultural y familiar como el que me tocó vivir, relacionándome siempre con personas a mi parecer llenas de defectos, problemas, sucias, perversas, es suficiente para generar los peores traumas, depresiones y enfermedades para el resto de tus días. Los recuerdos u opiniones que tengo de ellos, sean buenos o malos ocupan un espacio en mi mente, en mi corazón, allí permanecen guardados. Quisiera olvidarlos, desterrarlos para siempre, padecer amnesia pero me resulta imposible. Tanto los seres que se quieren como los que se odian llenan la mente casi a diario; de la misma manera como siento cariño o ternura por alguien y mi corazón con temor se reconforta al pensar en ellos, siento también odio, desprecio, rencor por la mayoría de la gente con la que he tratado; mi corazón sufre con esos malos sentimientos pero no los puedo evitar. Sé que estar recordando tantas personas malas, sangripesadas que forman o formaron parte de mi vida es darles nuevo vigor, lo mejor sería enterrarlas por siempre, pero no me ha sido fácil. La memoria tiene ese lado negativo. Con razón hay quienes sostienen que se debe hacer más empeño en vivir que en recordar. Me parece insólito que no tenga un recuerdo grato de las miles de personas que he tratado, conocido o convivido a lo largo de tantos años, sea en los diferentes trabajos que tuve, en los equipos deportivos a los que pertenecí, en los partidos políticos, en los clubes. No recuerdo con agrado a ninguna de ellas.

Reconozco haberles hecho daño conscientemente a algunos, casi siempre en respuesta a otro producido por ellos. El resto, que son bastantes, simplemente es un desprecio natural mutuo, no caerles en gracia a otros y ser fácil de odiar. Eso creo. Me cuesta decir que tal o cual época de mi vida fue bonita o gratificante, salvo mis años de infancia. Al analizarlas en detalle afloran enseguida aéreas oscuras, cada momento que se pensó era grato tuvo algo, una interferencia, un detalle desagradable que abochornaba el panorama y cortaba el encanto. Momentos que nunca fueron ni son completos, experiencias, vivencias, trances, circunstancias buenas o malas afectan negativamente el momento presente. Las primeras porque ya no están y las segundas porque nadie goza con ellas. Se hace el esfuerzo de no recordar pero es tanto el poder de la mente que cada vez que le provoca lo trae para mortificarte, amargarte el rato y no dejarte vivir en paz. Pretender buscar en nuestra mente solo las experiencias gratas es imposible. Por eso me parece una gran idiotez las recomendaciones que hacen los médicos, sacerdotes, pastores, guías, al respecto: "Piensen en las cosas buenas de la vida". Trato a cada instante de hacerlo pero no lo consigo. Las pasadas son casi todas malas y las futuras son inalcanzables por ahora. Una cosa buena de la vida para mí en este momento seria estar en una linda playa acompañado de una preciosa mujer bajo un radiante sol, paladeando un fino whisky escocés frente a un platón repleto de frescos mariscos en una paradisiaca isla de la polinesia; a otros les apetecerá algo distinto, solo que tales momentos se hacen posible únicamente a través de viajes virtuales en la internet. Hay personas que juran haberlos vivido sin siquiera haber dejado la silla de su casa, otras van más lejos en su idiotez o su enfermedad y compran mujeres hechas de polietileno, equipos electrónicos que los hacen experimentar todo tipo de placeres y gratas sensaciones desde su escritorio o su cama. Los noto muy felices lo que me hace pensar que la felicidad es un estado propio de los idiotas, por lo tanto traten de ser lo más imbéciles posibles y es muy posible que disfruten la dicha. No recuerdo quien escribió unas lapidarias frases que recogen las tres condiciones para ser feliz: Ser tonto, egoísta y gozar de buena salud. La primera es imprescindible, si falta ella todo estará perdido.

Entregarse a la amada en un beso apasionado con los dos ojos cerrados o en un intenso acto sexual es algo común y posible; puede ser un momento sublime que haga humedecer nuestros ojos y otras partes del cuerpo, repentinamente asoma la cara la desconfianza, el temor, la duda, el hastío, la equivocación y tantos otros sentimientos que nos ponen sobre aviso de algo, a mantener por lo menos un ojo abierto, cuando no los dos. Y todo se vuelve un asco. No quiero que sea de esa manera, es lo que infaliblemente ocurre. Vivir el momento, el presente, el ahora y el aquí a plenitud es tarea bastante difícil tanto así que en todos los países del mundo se dictan costosos cursos, terapias para enseñarnos a vivir en el presente, pocos tienen éxito porque están luchando contra lo natural de la raza humana. Millones de libros escritos sobre el control mental, el estado alfa, la concentración, superación personal, autocontrol, la meditación, la contemplación, dan fe del tozudo empeño de los hombres de buscarle cinco patas al gato. He leído los libros, asistido y participado en dichos cursos, he malgastado mi dinero buscando dominar o controlar mi loca mente. Nada he logrado.

Recientemente un "aura" me previno de una cercana crisis y buscando evitarla hice de nuevo el papel de tarugo al pagar buenos billetes verdes por participar en un curso que ofrecía poco menos que la cura maravillosa. Unos altos y elegantes señores de atiplada voz y verbo prolijo me convencieron fácilmente. Durante los días posteriores a las largas y tediosas sesiones tirados en el suelo anduve como en otro planeta, ido a un mundo etéreo desde donde se ven a los restantes humanos como seres inferiores cargado con sentimientos de bondad, agradecimiento, comprensión, caridad, cortesía, hablar pausado y comedido, sin agredir a nadie. Hasta mi manera de caminar cambió, no había prisas, lo hacía como si anduviera caminando sobre un lecho de rosas observando lo bello de la creación, me extasiaba con el trinar de las avecillas, agradecía a toda hora a los dioses el haberme traído a tan idílico lugar. La gente me miraba como bicho raro. No faltó quien dijera que había parado en loco al verme muy cambiado y tolerante ante tanto desgraciado. Bastó esperar que transcurrieran unos cuantos días rodeado de tanta mierda para caer en cuenta que estás igual o peor que antes, con varios miles menos en la bolsa. Lo peor es que no hay garantías de los resultados, todo depende de la condición de cada quien, de la fuerza de voluntad que se ponga en conseguir tan inalcanzables objetivos. En ese punto son muy insistentes los facilitadores para evitarse problemas ante los posteriores reclamos o quejas por estafa debido a lo ineficaz del método.

En par de ocasiones sintiéndome víctima de un vulgar timo, salí furioso en su persecución. Inútil esfuerzo. Donde recibí el "entrenamiento mental" no quedaba nada, ni la colchoneta donde logré el trillado estado alfa. Pregunto a los vecinos por los vistosos instructores y las bellas orientadoras de hermoso hablar. Nadie sabe de ellos. El rentero, la compañía de teléfono, el dueño del supermercado y el gerente de una imprenta con sus caras enfurruñadas me hacen compañía un rato. Se marcharon sin pagar las cuentas, me dicen rabiosos. Advierto que estas personas son grupos internacionales cuyos miembros son casi siempre de los países del cono sur. Los que me esquilmaron en la última oportunidad eran dos uruguayos, tres argentinos, una espigada mujer rubia de abultadas tetas y como corolario una preciosa colombiana que nos traía de cabeza con sus encantos Jamás he vuelto a saber de ellos. Tanto estudiar en mi vida, ser altivo, orgulloso, prepotente, soberbio, casi perfecto, para venir a caer en manos de unos vulgares pillos me hace caer en cuenta que soy un zopenco, un palurdo. Vuelvo entonces a ser el mismo pazguato de siempre y mi mundo que casi me dio por perdido se regocija al verme de vuelta. Mi mente me recuerda el tal estado alfa, el estar en el limbo sin las diarias preocupaciones, la felicidad en el mundo que mi mente creó guiado por estos ladrones de buen hablar y al lado me coloca la vileza, la falsedad, el engaño del que fui víctima. Es todo lo que la mente hace cada vez que le provoca. Lo de las visualizaciones es un camelo, sirven para que alcances el sueño pronto y vivas en una hermosa isla de azules playas, cocoteros y preciosas nativas danzando a tu alrededor. Dura corto tiempo hasta que el ruido de la sirena de una ambulancia, peleas de los niños, el repicar del teléfono o un violento remezón de tu pareja rompe la idílica visión, sacándote de golpe al mundo real. Innumerables han sido las veces que he estado en hermosos lugares besando a la persona amada y en el mismo proceso del beso la cabeza se llena de recuerdos e imágenes desagradables que hacen que de dulce pase a ser un amargo beso. Momentos en que estás sonriendo y segundos después el ceño fruncido, los dientes apretados. ¿Por qué? Son los pensamientos que sin querer invaden la mente. Hasta los bailes de juventud, las parrandas, las cantatas, los juegos, al analizarlos se nota que cada uno tuvo su lado gris: Bailaste con la muchacha equivocada, dijiste frases inapropiadas que hirieron a alguien, despreciaste a un amigo o amiga, bebiste mas vino de la cuenta, robaste el pavo de la cena, vomitaste en una cama ajena, desafinaste al cantar, metiste la pata ante la dueña de la casa, pateaste al perro que te meó los zapatos. Otras veces son las acciones de adulto joven cuyos recuerdos te atormentan, como el manejar borracho a exceso de velocidad en un vehículo con diez pasajeros a bordo donde la capacidad era para cuatro personas o, sin tener suficiente pericia, conducir una motocicleta por terrenos escarpados y peligrosos, o por las madrugadas, borracho, atravesar las calles de una ciudad a setenta millas por hora conduciendo sin detenerse en las intersecciones e irrespetando los semáforos, cruzar en una pequeña curiara el rio Orinoco en plena época de crecida, dormir en una hamaca en plena selva donde pululan las serpientes, plagas y bestias salvajes. Saber que puse en peligro real mi vida y la de mis acompañantes debido a mis erráticas acciones me sobresalta aún cuando hayan transcurrido cuarenta años. Y quedan todavía los actos como adulto maduro y viejo los cuales no dejan de ser igual de locos, temerarios, cuando no ilegales. Cometer actos contra la moral o las leyes no escapan a mi vida como hurtar libros a la biblioteca o a una tienda, desacato a las autoridades, burlar las leyes y tantos otros que parecen mas bien actos de un desquiciado que de un profesional. Pero al parecer eso es vivir. Me parece un consuelo de tontos decir que los errores están allí para cometerlos, que nadie aprende por cabeza ajena, que son locuras de juventud, falta de experiencia. ¡Pamplinas! Nada justifica esos errores.

 Por buena o mala suerte salí físicamente bien librado de tantas locuras e insensateces ya que no perdí ningún miembro o fui a parar a una silla de ruedas. De lo que no me he librado es de la demoniaca voz mal llamada voz de la conciencia, que por mucho que trato de evadirla o ignorarla me tiende a cada rato sus celadas. Y de esa forma miles de acciones erráticas que se van dejando pasar hasta que a su momento la mente descontrolada pero buena guardadora, va trayendo uno a uno los malos actos. Comienza entonces la tortura mental del alma, del espíritu, que tiene sus secuelas manifestadas en las consabidas enfermedades físicas. Hay quienes me dicen que yo me ocupo y preocupo por tonterías que no valen la pena, que constituyen los eternos errores que cometemos a diario desde el mismo día en que nacemos, que no hay momento en que no cometamos faltas por defecto, exceso u omisión. Y tienen toda la razón. Quisiera no recordar nada, ni bueno ni malo, pero no puedo. Aprender a escapar, huir hacia las nubes, hacia alfa, omega, Ganímedes, dejar la mente en blanco, tampoco es vivir en la realidad. Qué debo hacer entonces? ¡Nada!

## Capítulo IX

Hay quienes me consideran inteligente, divertido, cuestión que nunca me lo ha parecido, soy un ser de lo más común e incluso mediocre; pienso que pasada la juventud me desenvolví mayormente en un ambiente vulgar, bajo, donde cualquiera que dominara ciertos tópicos era tenido por sabio, mundo en donde cobra vigencia el adagio que "En el país de los ciegos el tuerto es rey". De todas formas esa apreciación que tienen de mi hace que me soporten, acepten y hasta me aprecien. Por naturaleza soy analítico, observador, mordaz e incisivo. Puedo causar –con o sin intención– más daño o beneficio a una persona con una palabra de halago o desprecio lanzada al rompe, que con una granada de mano. He obtenido dos títulos universitarios, voy en búsqueda de un tercero que de seguro obtendré. Durante cierto tiempo ejerzo la profesión escogida luego me hastío del trabajo, me harto de la gente, del sistema y aunque esté ganando mucho dinero y sea exitoso, me retiro para irme a ejecutar labores agrícolas o mecánicas, cuestiones manuales. A poco también estas me cansan, busco entonces otras. La gente con sus idioteces, su forma de ser, es casi siempre la causante que lo deje todo y me vaya al carajo; con esa forma de vivir tan inconstante, de mal proceder se me considera hombre de éxito aunque igual se me juzga severamente. No se dan cuenta que los seres humanos no son de mi agrado, por ratos puedo buscar su contacto pero pronto me canso de la relación, prefiero entonces la soledad. La compañía de una mujer cuando lo deseo y por cortos periodos siempre me resulta grata. He estudiado carreras de corte humanístico por lógica muy relacionadas con las personas y todo lo que he obtenido de ellas es haber detectado cientos de justificadas razones para huir de ellas. Considero mi condición de depresivo, de atormentado, como una secuela de la sociedad en la cual me tocó vivir. Ignoro si éste horrible mal de la depresión que abarca tanto lo psíquico, físico, espiritual, es de origen mental, químico, genético, adquirido, producto de las experiencias y avatares de la vida, una maldición divina, un producto de la socialización, del aislamiento. ¿Qué es?, ¿de dónde viene? Nadie, ni siquiera quien la padece conoce el origen. Puede aparecer en cualquier momento, el más feliz o en el más desdichado, en paz, en guerra, de rodillas ante un altar, en medio de un prostíbulo, una fiesta o drogado. El individuo sea hombre o mujer, casado, soltero, homosexual, heterosexual, rico, pobre, lesbianas, niños, jóvenes, viejos, nadie escapa cuando el mal ha decidido atacar.

Cuando mi mente vagando sin control como es su costumbre, retrotrae imágenes de épocas pasadas, compruebo que en cada una de ellas hubo elementos disonantes, contradictorios, amargos. Mi primera esposa con acciones muy propias se encargaba de ennegrecer el panorama haciendo que los mejores momentos pasaban a ser los peores. Con las otras amantes, concubinas, esposas que compartieron mi vida, los ratos placenteros fueron rotos por las suegras, familiares de parte y parte, chismes, mis complejos de culpa por haber abandonado a las anteriores o a mis hijos, problemas económicos y tantos otros que terminaban por dañar lo bonito del momento. Me gustan los niños, tengo once hijos, la primera de ellos pasa de los cuarenta, el menor solo tiene once años. No puedo negar que con todos los nacimientos experimenté alegría, como tampoco puedo ocultar que junto a la alegría estaban las preocupaciones, las tensiones, el miedo. Nada es completo. Casi todas las veces luego del parto y saber de la buena condición física de madre e hijo, salía corriendo a emborracharme para poder lograr un estado de euforia prolongado y con menos interferencias mentales; algunas veces lo conseguía, al menos por unas horas, luego vendría la resaca o cruda. Y no podía estar todo el tiempo borracho como hacen muchos. Sé de personas serias, profesionales íntegros que usan drogas en el acto sexual y en otras circunstancias que al parecer tenemos como gratas, para elevar y mantener el éxtasis o el placer de ellas. Esto demuestra lo efímero, débil, voluble e inconsistente que son nuestros momentos de felicidad, tanto que se tiene que recurrir a las drogas para experimentarlos, prolongarlos o disfrutarlos en un estado fuera de este mundo, sublime, casi inconsciente. Debo decir que a medida que transcurre el tiempo pareciera como que todo lo que hiciste va interviniendo, afectando el momento presente. "Lo comido y lo bailado no me lo quita nadie" dice un conocido refrán popular. Falta agregarle que lo sufrido y lo llorado tampoco me lo quita nadie. ¿Porque los viejos y las viejas se quedan pensando horas tras horas sentados en una cómoda poltrona y de repente se levantan disparados tras una biblia o un libro de oraciones?, ¿serán acaso los malos recuerdos que vienen a atormentarlos? ¿o por miedo a los fuegos del infierno? Quizás sea la voz de la conciencia que castiga inmisericorde sus marchitos, cansados y perversos corazones. Algo de eso debe ser porque de lo contrario, si solo recordaran cosas bellas y gratas, sus caras serían otras. No comparto plenamente eso de la voz de la conciencia, me gusta más la voz del demonio porque es tanto el dolor, el malestar que produce que debe venir del mismísimo averno.

Una cuestión es tener espíritu gregario y otra muy distinta mantener buenas relaciones con otras personas. Con el tiempo he llegado a la conclusión que si deseo permanecer largo tiempo en un determinado lugar, lo mejor es no sostener trato frecuente con la gente. A los vecinos, personas que ves a menudo se les debe prodigar un saludo hoy y mañana negárselo para no entrar en confianza; es posible que debido a tal acción se formen una opinión algo extraña de nosotros pero es una manera efectiva de no profundizar en la relación y evitar descubrir defectos como la envidia, egoísmo, engaño, habladurías, mentiras. Entrar en relación estrecha con vecinos o conocidos es exponerse innecesariamente a problemas, sembrar la semilla para una pronta mudanza; pretender conocer, descubrir a las personas a través del trato, la comunicación, es arriesgarse a sufrir grandes decepciones. Para mí lo ideal sería reducir los contactos a cero o limitarlos a lo estrictamente necesario; esperar que me acepten con mis defectos, pecados, taras, no es una meta principal en mi vida. Tarea ardua, larga, dura esa de aceptar al prójimo tal como es sin protesta ni rechiste. Tan es así que en muchas compañías pagan buen dinero por soportar o practicar tan encomiable acción.

Nací en un país rico y subdesarrollado, con muy pocos valores y un concepto de la vida superficial en extremo. La mentira, la hipocresía, la envidia, la infidelidad, la búsqueda de la ganancia fácil, la pereza, la trampa, el engaño, la corrupción, el hurto, el abuso, la falta de respeto, de autoridad, son los componentes básicos del mundo que yo conocí, del que aún formo parte. Muchos de estos rasgos y defectos se adquieren siendo niños, algunos se desechan en la adolescencia, pero para ser sincero, la mayoría de ellos se fija por el resto de nuestras vidas. Se requiere una inmensa fe, fuerza de voluntad y gran empeño para irlas abandonando a lo largo del camino. Algunas veces se logra, por desgracia al poco tiempo ante cualquier circunstancia se retoman. Y así seguimos quien sabe hasta cuándo. Puedo considerarme afortunado ya que mis padres se esmeraron en tratar de darme la mejor educación que en aquel entonces podía ofrecerse, lo que no impidió me llenara de temores, vicios, violencia, odio.

La convivencia familiar, la escuela, el medio que nos rodea desde que nacemos va a imprimirnos ciertas cargas emotivas y culturales que se van a reflejar en nuestra vida futura, hayan sido buenas o malas. Las personas que conocemos en la edad adulta, en mi caso alrededor de los veinte, son las que en verdad van a ejercer una influencia determinante, fuerte e imborrable que chocarán muchas veces con todo aquello que una vez te impusieron. A partir de esa edad es cuando con mayor frecuencia somos sometidos al desprecio, al ridículo, al escarnio ante las personas amigas o conocidas por gente carente de dignidad o valores. Es posible que durante la niñez hayamos sufrido maltratos y humillaciones que por razones de edad no comprendemos y buscamos olvidar. Peores son las vejaciones que sufrimos en edad adulta, los desprecios que nos exponen a la burla, el cruel trato que poco a poco van generando en nosotros sentimientos negativos de la vergüenza, resentimientos, rabia, impotencia, odio y deseos de venganza. El agente causante puede ser cualquier ser humano: un niño, un adulto, un viejo, una mujer, un jefe, un maestro, un sacerdote, un pariente. Por desgracia cualquiera tiene el poder de ridiculizar justa o injustamente a quien se le antoje provocándole profundos daños . Lo más triste es que quienes los causan disfrutan enormemente el daño ocasionado. Fui objeto en más de una ocasión de estos malditos personajes cuando trabajé como Profesor a nivel Superior en una ciudad situada al occidente de Venezuela donde conocí mujeres y hombres perversos, egoístas, envidiosos, miserables, todos ellos profesionales, pero canallas, pérfidos en el sentido más amplio de la palabra. Luego de cuatro años tomé la determinación –presionado por mi mujer– de renunciar al cargo y sentí un alivio, una tranquilidad inmensa al verme libre de tan desagradables personas. Con el tiempo me di cuenta que el hecho de haber perdido un trabajo estable, el prestigio como docente fue una sabia decisión que me libró de seguir compartiendo mis días con seres tan despreciables. Mientras fui un estudiante universitario en Europa hasta casi culminar la carrera tengo en su mayoría gratos recuerdos o por lo menos no fatales. Tenía novias, una de ellas ecuatoriana, periodista, quizás diez años mayor que yo, quedó embarazada dando a luz una niña que nació justo el año en que yo retornaba a mi país. Fue una relación atropellada, loca, infantil, no me dejó huellas, salvo la hija, claro. Y nos separamos. . Pero fue para el momento en que conocí a quien sería mi primera esposa y sus parientes cuando en verdad pisé el mundo de los adultos y caí en pozo hondo. Comenzaba de una manera inocente, casi de juego a ver, a vivir lo real. Hasta ahora mi pequeño círculo había sido seguro, fácil, cómodo; recibía un giro mensual de mis padres, estudiaba, disfrutaba de mi juventud. Al pasar formar parte de esa numerosa familia de exilados con miles de problemas, de costumbres diferentes a las mías, fue entonces que mis sentidos comenzaron a percibir la carga amarga y dura de la vida. La mayoría de los que traté en dicha familia por espacio de unos dos años estaba llenos de temores, angustias, desasosiegos producidos mayormente por los efectos del desarraigo. Los viejos eran los que quizás lo sufrían más amargamente. A diario durante las comidas se tocaba el tema de su destino, de su inestable condición, de la reciente separación, de la añoranza de su país, de la falta de dinero, de la salud de los viejos. Básicamente temas de adultos que yo poco comprendía, que me parecían muy distantes, no eran de mi mundo. Astutamente ellos me incorporaron con halagos y atenciones al seno familiar. Enamorado como estaba, recibiendo el calor de una familia, compartir una mesa, disfrutar las navidades con el grupo, interactuando, me fui entronizando en el mundo real, el de las personas, perversas, egoístas, mentirosas. De manos de ellos caminé mis primeros peldaños en la escalera que conduce al infierno. Con ardides propios de adultos me engatusaron con la muchacha que me sobrepasaba en edad unos ocho años y me condujeron a un cadalso llamado altar. Nunca alimenté deseos de contraer matrimonio con nadie, pero tal como pasan las cosas en ésta cochina vida un día me conseguí entrampado en un matrimonio forzado toda vez que había quedado embarazada.

Llegar a mi país después de cinco años fuera, casado, con una mujer y una hija, supuso una terrible y decepcionante experiencia para todos. El trato que desde ese momento me dispensaron tanto mi familia como mis amigos de la adolescencia fue totalmente diferente al que yo ingenuamente esperaba. Era distante, frío, obligado, cruel. Supongo que debió ser el correcto ante mi loca manera de actuar, nunca los tomé en cuenta a la hora de casarme y es probable que ellos estuvieran contando conmigo para algunos planes familiares que se vinieron al suelo por formar familia aparte. Estarían disgustados, decepcionados, pero ya nada podía hacer para volver atrás y rehacer mi vida hasta el punto que ellos lo hubieran deseado. Los meses que siguieron a la llegada de mi esposa los tengo grabados en mi alma como los peores de mi existencia. Vivir en mi casa materna supuso uno de mis errores garrafales a los que se les sucederían muchísimos otros. Ingresar al campo laboral en mi país, incluso en la actualidad era entrar a un pandemónium, no solo por lo competitivo, sino por las zancadillas, triquiñuelas, rogativas, dádivas, tráfico de influencias, brindis y agasajos que hay que hacerle a la persona encargada de tramitar el empleo. Son tantas las penas, vergüenzas, vejaciones, desplantes, malos tratos, pago de sobornos, que se sufren detrás de un empleo que cuando se logra ya la persona está amargada y decepcionada de la humanidad. Sí se es mujer la cuestión es peor. Lo más seguro es pronto que le soliciten sus servicios sexuales como a cualquier prostituta. Quisiera que alguien me objetara esta terrible conclusión pero sé que nadie lo hará. De alguna forma u otra hemos sido víctimas de este asqueroso sistema. Salvo los "hijitos de papá", quien con sus influencias políticas, su poder económico, enchufa a su pupilo donde le viene en gana hasta sin reunir los requisitos para el empleo o no tener ningún diploma o experiencia que lo acredite convenientemente. Es el precio que debe pagarse por haber nacido en un país tercermundista. Para no desentonar me busqué un padrino que resultó ser uno de mis profesores de bachillerato montado en el poder por el triunfo de su partido. Le agradezco que me haya aliviado el camino para obtener un buen empleo, primero como trabajador social, luego como profesor universitario. En ambos cargos conocí y traté lo peor de la raza humana, no acerté a conocer una persona medianamente buena. El primer cargo que ostenté era de naturaleza política y por lo tanto mis compañeros de trabajo eran algo así como una mezcla de tierra y basura. Las mujeres de poca vergüenza, bajo nivel educativo, dadas a las parrandas, a los bacanales, pero de trabajo productivo nada. Los hombres, irresponsables, borrachos, chismosos, engatusadores, traicioneros, mentirosos. Casi todos eran ladrones, corruptos, que llegaron a esos puestos para llenarse los bolsillos con el dinero del gobierno. Hubo uno muy recordable por ser una verdadera piltrafa humana. Aún vive, hace poco me topé al muy descarado en las puertas del edificio donde mantenía mi oficina como Abogado. Me dijo con desparpajo que se encontraba en la penuria y como hacía las veces de gestor necesitaba un favor consistente en que de forma gratuita le visara con mi sello y firma varios documentos de sus clientes. Ver su cara me trajo tan amargos recuerdos desde cuando trabajamos juntos que lo complací, despachándolo rápidamente, rogando no tener que verlo jamás. Es el típico personaje de nuestra política: bajo de estatura, moreno, panzón, con una sonrisa fingida, borracho, irresponsable, carente de educación, corrupto, alcahuete, lisonjero, chupamedias, haciéndose el chistoso, mujeriego, zancadillero, especialista en crear, propagar chismes y calumnias de cualquier persona inocente. Es la personificación de la inmundicia, la deshonestidad. ¡Y lo llegué a tener como mi superior!

En ese mundillo se adula, se hace política, se conspira con tal de obtener un cargo donde se tengan las manos libres para robar. Y el robo va desde un lápiz hasta un camión o millones de dólares. Mientras más grande sea el robo mayor es el prestigio, la fama, el reconocimiento que se hace al ladrón. Los líderes de mi partido siempre fueron de origen pobre, muchos de ellos llegaron a pasar el hambre negra en sus pueblos. Para cuando llegaron al poder la mayoría tuvo que quitar dinero prestado e ir a comprar un traje o un par de zapatos para asistir al acto donde sería nombrado Gobernador, Diputado, Ministro, Senador o Director de cualquier Organismo importante. Un año después de ostentar el cargo ya eran dueños de lujosas mansiones, fincas ganaderas, varios vehículos de lujo, casas en la playa, yates, abultadas cuentas en los bancos y muchos otros bienes materiales. ¿De donde obtuvieron tanto dinero? De robar las arcas del Estado, obtener jugosos contratos, cobrar comisiones. Y todos son hoy ciudadanos inocentes, respetables, la complicidad es total, absoluta. El mundo de los políticos que yo conocí es un lodazal podrido que afecta a todos los que hacen vida dentro de él transformándolos en bestias, inhumanos, egoístas, abusadores, aprovechadores; bien vestidos, de cuello blanco o azul claro, pero despojos de la peor ralea. Se cae en ese bajo mundo porque es uno de los pocos caminos hacia la obtención de un buen puesto de trabajo o de un cargo que te permita salir de la pobreza o satisfacer las mínimas necesidades de tu familia. Para ese momento de mi vida ya poseía la absoluta certeza de que el género humano es por naturaleza una mierda.

Hasta los santos sacerdotes que entran en ese feo y pútrido mundillo sufren la transformación. Conozco uno que, usando sus contactos políticos y religiosos obtuvo una prebenda, un permiso especial del santo Papa y autorizaciones para reunir dinero entre los feligreses, comerciantes e instituciones del gobierno y construir una bella iglesia que sería la más fastuosa y moderna del país, según el maravilloso proyecto que presentó ante las autoridades eclesiásticas. Al cabo de cuatro años logró su cometido de recabar una inmensa fortuna. Concluido el trabajo de la recolecta depositó el dinero en cuentas "off shore" a su nombre, se marchó del país con una linda y joven morena, pidió la dispensa papal para contraer nupcias y hoy vive feliz, contento en las Baleares. En el lote destinado para tan colosal obra, hoy se muestra una modesta capilla hecha con ladrillos rojos y bloques desteñidos rodeados de monte reseco. Digno ejemplo a seguir.

No puedo dejar de reseñar a uno de los personajes de mayor ruindad y vileza que haya conocido nunca. Se trató de una mujer, vecina de mi edificio a quien todos conocían como "la negra Trina". Vivía sola en un apartamento donde recibía frecuentes visitas de hombres que pasaban días haciéndole compañía a poco se marchaban para dar paso a otros, conducta inmoral que la malponía en el edificio; ella se defendía diciendo que eran parientes venidos de lejos; pregonaba ser educadora pero se dedicaba más bien a la brujería, arte en el cual se desempeñaba muy bien por ser oriunda de tierras mágicas del vecino Estado de *. Su aspecto de piel oscura, nariz achatada, pelo ensortijado, rasgos feos y un permanente olor a tabaco con perfume barato, avisaban de su presencia como si fueran cencerros. Yo tendría unos veintidós años cuando la conocí por mediación de mi esposa. Tan pronto ambos seres entraron en contacto y se hicieron compañeras inseparables, las fuerzas malignas adquirieron mayor poder. Poco me importaba tal coyunda hasta que me llegaron los cuentos de sus artes diabólicos y de la excesiva intimidad con mi consorte. Permanecían encerradas en una habitación de mi apartamento echadas sobre una cama horas tras horas, hasta que en una ocasión, iracundo le pedí que no volviera porque perturbaba la tranquilidad de mi hogar. Desde ese momento me granjeé su odio, su enemistad perpetua, si es que aún vive. Pero la muy bruja no dejaba de visitar la casa en mi ausencia, me enteraba por el conserje u otro vecino, pero principalmente por el olor con que dejaba impregnada la casa durante varias horas. Mientras yo hacía empeño para romper su amistad con mi esposa, más unidas se hacían. Me avergonzaba oír los comentarios indignos de lesbianismo que la gente cargaba de boca en boca. Eso parecía no importarles a ellas en lo más mínimo. En múltiples ocasiones crucé con la bruja frases groseras y ofensivas, hubo una oportunidad que estuve a punto de tomarla por el pescuezo y ahorcarla como a una serpiente al sorprenderla espiándome o persiguiendo mi carro a donde fuera. En el lugar y momento menos pensado aparecía delante de mí, muy fresca, risueña, la "negra Trina", casi siempre acompañada de mi esposa. Tenían algo así como una red de espionaje. Para ese entonces yo estaba relacionado con varias mujeres jóvenes que de alguna manera u otra me ayudaba a sobrellevar la vida. Cuando lograban dar con mi escondite, las discusiones y peleas eran al rojo vivo. Todavía hoy su recuerdo me causa pavor. Por manos de esa puñetera bruja fueron trasladados a diferentes lugares de mi casa objetos, imágenes, plantas colgantes, bebedizos y menjurges que yo tiraba a la basura tan pronto los veía. Aquello ponía de mal talante a las dos mujeres que no cesaban de insultarme o tildarme de blasfemo.

En cierta ocasión me sentí bastante mal de salud sin precisar exactamente cuál era la enfermedad, dolores estomacales, náuseas, jaquecas y pasaba el tiempo distraído, como fuera del mundo. Acudí al médico, me practicaron algunos análisis que revelaron la presencia de altas dosis de químicos que estaban generando en mi organismo ciertos cambios y daños de gravedad. Tal fue la alarma del doctor que me sugirió llamar a la policía por creer que se trataba de un caso de envenenamiento. Confundido, desesperado fui a ver a mi madre para contarle lo sucedido. Ya ella lo sabía porque en algunas oportunidades había pillado a mi mujer agregarle extrañas pócimas a mi comida o bebidas. Ahora solo confirmaba sus sospechas. Tratando de poner mi vida a buen resguardo de las canallescas acciones de mi mujer, me ausenté de mi casa por un tiempo yéndome a vivir a un pequeño departamento. Mi salud mejoró notablemente lo que aproveché en una ocasión para darle una soberana paliza a mi mujer. Quise hacer otro tanto con la "negra Trina" pero sus dotes de adivina la ayudaron porque cuando fui en su búsqueda a la casa ya se había marchado sin rumbo conocido dejando incluso abierta la puerta principal, olvidada en su rápida huida. Enloquecido como andaba entré a buscarla en las habitaciones, casi muero del susto con lo que encontré : Mis objetos personales íntimos, fotos y demás enseres de uso diario yacían por doquier alumbrados con velas de diferentes colores, fotos ensartadas con agujas, calzoncillos colgados en cruz, pájaros muertos y mil cosas más. Extendí en el piso un gran cubrecama donde lancé toda aquella cochambre, con esfuerzo lo arrastré hasta el ascensor y de allí a un vehículo que contraté para que la fueran a lanzar lo más lejos posible y le prendiese fuego. Luego de esta acción tomé la determinación de no volver jamás al edificio y lo cumplí. A la fastidiosa y malévola "negra Trina" dejé de verla por un largo tiempo, lo mismo que a la farisaica de mi mujer; para la fecha en que las volví a tropezar ya se había consumado nuestro divorcio y puesto bastante tierra de por medio.

## Capítulo X

Separado de mi mujer, con tan solo veintiséis años regresé del Norte, pobre y fracasado a enfrentar lleno de temores el mundo que se me venía encima. Durante esa larga etapa a la cual entro muy afectado, enfermo, inestable emocionalmente, sin familia, sin un empleo digno o seguro y económicamente arruinado, me dediqué a tratar de sobrevivir, soportar la dura carga que supone para un depresivo el solo hecho de vivir con el peso de tres tiempo a cuestas: El pasado con sus traumas, nostalgias, dolores; el presente insoportable, amargo, que te amarra como un prisionero; el futuro misterioso, impredecible, apocalíptico e insondable, produciendo entre los tres el peor cuadro de angustia y temor que puedan imaginarse. Variados estados de ánimos, momentos de absoluta confusión mental, de intervenciones geniales que me hacían parecer preeminente especialmente entre profesionales mediocres. Mi vida transcurría entre momentos de exaltación, dicha, alegría, derroche de inteligencia, para caer luego en el auto-reproche, perdida de la auto-estima, sentimiento de culpa, tristeza, llanto fácil. Todo ello en un corto periodo de horas. Y esto se repetía continuamente, casi a diario. Es tanta la energía que se derrocha durante esos violentos trances, bruscos cambios, que se termina agotado. Cuando transcurría una semana o más sin ellos, me sentía extraño. Ya formaban parte de mi vida "normal". Se puede ser por un rato el alma de la fiesta y en cuestión de minutos pasar a ser la oscuridad del día. Son los cambios de humor, sin motivo aparente lo que conforma la nota fija, en el diario deambular de un deprimido.

Conocí a muchas féminas con las que de alguna forma u otra me ligué. No deja de resultar curioso el hecho de que la personalidad depresiva produce en ellas un irresistible atractivo. He pensado mucho al respecto sin conseguir explicación lógica, quizás porque las mujeres y la lógica son incompatibles. Puedo asegurarles que jóvenes y hermosas damiselas compartieron parte de sus vidas conmigo, seis de ellas tienen hijos míos; supongo que las hice sufrir mucho con mi enfermedad, pero se mantuvieron fieles hasta que sin motivo alguno las abandonaba a ellas y a mis hijos. Estas rupturas violentas, sin justificación real me hacia recaer, entrar en ciclos depresivos terribles. El sentimiento de culpa, el arrepentimiento por mis acciones, me ha llevado en muchas ocasiones al borde del suicidio y cada día mi vida se hacía muy complicada. Al separarme de una solía transcurrir corto tiempo en conseguir otra pareja, pero no dejaba de querer a la anterior. Así llegué a tener hasta cuatro mujeres simultáneamente, a cada una de ellas le dedicaba algo de mi tiempo, de mi loca vida. Soy de fuerte personalidad y pienso que de un modo u otro se las imprimo a mi pareja. No resultaba extraño luego de una corta relación, ver como ellas adoptaban poses o hablaban de manera semejante a la mía. Yo no lo notaba hasta que algunas personas cercanas me lo hacían ver. Y era cierto. Este tipo de vida me hacia funcionar a trompicones, siempre estaba a la defensiva, presto a atacar y mi carácter se tornó mucho más violento, agresivo, hiriente, mordaz, con todas las personas. Durante esa época intenté hacer de todo por mejorar mi condición económica tan deteriorada desde mi primer naufragio matrimonial. Trabajé de comerciante, fui dueño de bares, restaurantes, balnearios, en donde el contacto con chicas era diario e intenso. Como recién había obtenido el divorcio me sentía un hombre libre, pero dueño de una libertad precaria ya que teniendo a una mujer embarazada sostenía relaciones con otras. Estabilizarme en tales condiciones era absolutamente imposible.

 Ocupé una etapa de mi vida de casi cuatro años en la política, salí de ella desprestigiado, amargado y frustrado. Retorné a la actividad mercantil ahora en el ramo de la metalurgia, la soldadura; logré, arañando aquí y allá, instalar un negocio de servicio automotriz, pasé de corbata y cuello blanco a manos grasientas y lenguaje soez. Y a mi lado mi eterna compañera: la depresión. Por ser una actividad intensa e imparable desde las seis de la mañana hasta la noche, terminaba agotado. Muchas veces me quedaba dormido con un pedazo de pollo en la boca sin siquiera bañarme o asearme. Con tan intenso ritmo de trabajo prosperé rápidamente, adquirí bienes raíces, algunos de los cuales aún conservo, establecí un mes de vacaciones al año para todo el personal, mantenía relaciones con mi esposa y dos amantes. Era la vida que llevaba y me gustaba aún cuando no faltaron encontronazos entre ellas, pero ya tenía aprendida la lección que mientras la sangre no llegase al rio, los golpes y agarrones entre ellas, no había de qué preocuparse. Aunque para ser sincero, las peleas entre amantes siempre afectan a uno en algo, en especial cuando por culpa de las discusiones nos reprimen sus favores, caricias y atenciones. Al final todo pasa pero esos días son duros lo que obliga a estar buscando otras opciones para ir superando el problema, es un circulo que nunca se termina de cerrar.

Fue para ese entonces que me sobrevino lo que sería hasta ese momento la peor de mis crisis depresivas. Se vino de repente una calurosa mañana mientras conducía y me invadió una sensación de ansiedad, sudoración fría, temblores en las manos, fuertes punzadas a nivel del tórax, vista nublada, vahídos que obligaron a orillarme en la vía. Pasaron unos minutos angustiosos y el llanto afloró con intensidad. Con dificultad puede conducir hasta mi lugar de trabajo, estaba agotado, triste. Me refugié en una habitación donde pasé toda la mañana sin parar de llorar. No lo podía contener, surgía sin razón alguna desde lo más profundo de mi alma, me sentía desdichado, impotente. Entrada la tarde mejoré un poco y pude comer. Un miedo terrible a no sé que fue enquistándose dentro de mí mente, no quise comentar el episodio con ninguna persona. Esa noche dormí con sobresaltos y antes del amanecer comencé con ocupaciones a fin de distraer la mente, cuando se hicieron las diez de la mañana los síntomas reaparecieron con tanta intensidad que pensé llegado el final de mis días. Creo que la acumulación de fatales y desagradables experiencias durante los últimos años hizo estallar la situación. Me tomó tan de sorpresa y fue tan severa que no la pude controlar con algunas prácticas y técnicas aprendidas, como el control mental, visualizar un lugar bello, perfecto, técnicas de yoga, de respiración, de sampaku. Nada valió. Casi de urgencia fui llevado por una de mis amantes a una clínica psiquiátrica. La doctora que me atendió viendo mi terrible condición me sedó inmediatamente con algo que debía ser para controlar un elefante ya que me dormí en su sillón durante una eternidad. Entré con la luz del mediodía y salí con noche cerrada. Abandoné el recinto como caminando sobre las nubes. Me prescribió Tafil en altas dosis que me mantenían durmiendo gran parte del tiempo o en letargo. Pero preferí esa condición de tonto antes que enfrentar otra crisis. Estuve en constante tratamiento cada semana con las terapias, entrevistas, test y vuelta a contar mi vida desde la niñez. Se repetía el llanto con mucha frecuencia y los sentimientos de culpa me atormentaban. Me consideraba culpable de todos los males que afectaban a la humanidad, hasta de ser el causante de la expulsión del paraíso. Lloraba, sufría al ver a los pobres, a los ricos, a los enfermos, a los sanos, a los tristes, a los alegres, a los viejos, a los niños. En fin, vivía atormentado por todo lo que ocurría o dejaba de ocurrir a mí alrededor.

Relatar las experiencias de esos tiempos oscuros supone una repetición continua de subidas y bajadas, recuperaciones y recaídas por espacio de casi cinco años. La doctora que me atendió ininterrumpidamente por varios meses, al final concluyó que debía alejarme de las mujeres fuesen amantes, esposa e incluso de mi madre por ser a su entender las causas de mi irrecuperable estado depresivo, toda vez que los tratamientos surtían efecto por corto tiempo y era necesario acompañarlo con un cambio en mis patrones de vida. Debió verme en un estado muy crítico para arribar a tan drástica decisión que me tomó por sorpresa; ella expuso los argumentos y razones por lo que recomendaba la medida, pensaba que de no hacerlo seria responsable de fatales consecuencias, me consideraba su paciente y debía protegerme. Progresivamente fui distanciándome de los hogares, cortando las comunicaciones; para ello me mudé a un apartamento en una gran ciudad distante varias horas e inicié otra carrera universitaria. Debía ocupar mi mente y mi tiempo ya que la separación de mis hijos me afectaba intensamente, el eterno sentimiento de culpa por su abandono me hostigaba a cada momento. En esos días de manera casual conocí a quien sería mi tercera esposa, una mujer que a pesar de su juventud supo en esos difíciles momentos brindarme un vital apoyo. Me enamoré e iniciamos una vida en común muy distinta a la que había llevado hasta entonces. Descansaba muchas horas en su compañía, salíamos con frecuencia de paseos o viajes; mi salud mejoró notablemente y por indicación de la psiquiatra llegué a suspender los medicamentos. Únicamente bebía una pastilla en forma eventual en caso de avizorar un día estresante cargado de ocupaciones. Durante la unión procreamos tres hijos, recorrido diferentes lugares, vivido experiencias de todo tipo durante veintiún años, periodo en que la depresión ha asomado en muchas ocasiones uniéndose a otros factores propios de un desgaste, agotamiento o crisis de pareja que amenazan con hacer añicos la relación. Llegado junio del dos mil doce, no sé que va a ocurrir. De nuevo toca esperar.

## Capítulo XI

Se necesita nacer con una actitud, una condición especial para la vida, no solamente la de nacer vivo y sano sino con una que nos permita aceptarla sin protesta, no pensar en ella, no ser racional y ser agradecido. Yo carezco de esas propiedades, no sé a quién agradecerle ni veo la razón de hacerlo, no le consigo la gracia al pertenecer a éste sucio mundo o buscar la razón de nuestra presencia en él. El porqué, para qué, el cómo de nuestra existencia está prohibido. Hoy me siento abrumado, no tanto por las circunstancias sino por la mala química de mi cerebro, no tengo problemas graves de ninguna naturaleza, es más creo que de ningún tipo. Pero todo lo veo y lo siento horrible. Miro a mi joven esposa vestirse y no me produce ningún deseo, cuestión que hace algún tiempo era diferente. Lo mismo ocurre con las comidas, ropas, objetos, vehículos y demás cosas que rodean nuestras vidas y que de alguna manera nos producen placer o confort. A mí ya no. Años antes, adquirir una nueva ropa, zapatos, un vehículo, una maquinaria de trabajo, un libro, suponía una gran satisfacción, una alegría, un disfrute. Hoy nada me place. Tengo por estos días la visita de una de mis mi hija y su familia quienes desean conocer un famoso parque de atracciones y zoo cercano a Tampa. Lo conozco, es muy bonito. Soy invitado de postín y eso no me alegra, no me produce ninguna emoción, al contrario, no deseo ir pero al parecer debo hacerlo porque el número de niños es grande, entre ellos tres de mis hijos y se requiere de mayor cuido por los mayores. Otro rollo más. En otro momento no hubiera podido dormir de la emoción. ¿Qué es lo que está ocurriendo conmigo? Es ahora cuando tengo más recursos, menos compromisos y buena salud para disfrutar de las "cosas buenas de la vida" y ya no me agradan, no siento ningún ánimo ni satisfacción en realizarlas.

Recuerdo cuando me gradué de bachiller salí con un grupo de compañeros a comprar el traje de gala. Todos queríamos vestir iguales, aquello era emocionante. Pensar en el acto académico, las fiestas, las novias, beber cerveza. No me alcanzaba el tiempo para disfrutar de todas esas cosas. Es más las gozaba por partida doble o triple, porque las vivía durante el día y luego por la noche una y otra vez . Hoy no siento ninguna emoción por nada, ni siquiera cuando se me otorgan reconocimientos universitarios o grados académicos. La conquista de alguna moza me llenaba de regocijo y realzaba mi seguridad como hombre, aumentaba mi autoestima. Hoy lo veo como un fastidio y el acto sexual como un ejercicio físico. El sinsentido de la existencia es constante y me abruma. Cuando fui joven no pensaba en la vida, no pensaba en la muerte, no pensaba en nada, solo iba creciendo, conociendo y gozando con todo lo que tropezaba. La alegría, el entusiasmo, la hiperactividad, lo incansable, la risa a flor de palmas, el apetito y la despreocupación eran la base de mi existencia, a todo le conseguía grato sabor, razón de ser e importancia en mi vida. Hoy las mismas cosas y circunstancias o quizás mejores me producen repulsión.

    Años atrás siendo adolescente fui con un grupo de amigos a la playa distante unas cuatro horas de nuestra ciudad e hicimos el viaje en tren. Durante la noche organizamos una gran fiesta a la orilla del mar, con hoguera, cerveza y música. En el calor y la emoción del momento gastamos irresponsablemente el dinero del pasaje de retorno. Cuando amaneció, la dura realidad se presentó: Sed, hambre y sin dinero. Dormir en la playa tirado en la arena, borracho, es un placer a los diecisiete años, pero agota tanto como a los cincuenta. Logramos caminar unos doce kilómetros hasta llegar a una pequeña ciudad donde uno de mis amigos tenía una tía. Con todo y las dificultades la caminata nos resultó en extremo divertida. No sin dificultad logramos dar con la casa. Éramos unos diez jóvenes. Cuando la tía de mi amigo vio al numeroso grupo frente a la puerta de su vivienda, se alarmó, pero al ver entre ellos la famélica cara de su querido sobrino nos hizo pasar. Debió ver nuestros rostros de hambre porque luego de unos cortos saludos, sin pérdida de tiempo se marchó a la cocina a preparar algo de comer. Rato después nos llamó a la mejor mesa que vi en mi vida. Un aromático y colorido pollo a la jardinera, arroz blanco, ensalada, frijoles, arepas, plátanos fritos, pan, queso y otros manjares. Puedo jurar que jamás comí algo tan exquisito. Cada bocado era como tocar la gloria. La amable señora, hoy de seguro ya muerta, nos miraba estupefacta. Su imagen la llevaré agradecido en mi mente hasta el último momento de mi vida En cuestión de minutos, ollas, bandejas, cacerolas quedaron absolutamente vacías. Parecía que la marabunta o las plagas de Egipto hubiesen pasado sobre el mesón. Cierto estoy al asegurar que ella jamás vio grupo semejante comiendo con tanta voracidad. No lograba conseguir más alimentos para calmar nuestro apetito. Se sentía dichosa, no paraba de sonreír ante tanta juventud hambrienta. Quizás debió luego de nuestra partida salir de nuevo al mercado para reponer sus vituallas. Añoro aquellos tiempos donde todo tenía un sentido, un propósito en mi vida, hoy todo es oscuro, nunca pude imaginarme semejante desgracia. Me siento triste, desdichado, abúlico y sin poder conseguir a mi diaria existencia una sola razón para seguir en este mundo. ¿Qué debo hacer?, ¿qué puedo hacer? Eso de buscar a Dios, refugiarme en la oración me parece una tontería. Sin fe ni motivaciones religiosas no creo llegar muy lejos. Hasta mi supuesto ingeni no me es útil ya que se me hace fácil contravenir a los pastores, hacerlos dudar, antes de de ser yo quien acepte o me convenza de sus preceptos religiosos. Lo he intentado y probado varias veces. No tengo fe ni creo en nada superior que pueda ayudarme en este trance, los milagros me parecen cosas de pendejos. En la lucha de quien convence al otro creo que casi siempre yo obtengo la ventaja. Y eso tampoco me gusta.

La cultura, el carácter, la personalidad, factores tan disimiles entre un individuo y otro deben ser tomados en consideración a la hora de enfrentar una tragedia, la muerte, accidente, malas nuevas. Mi padre, posiblemente por ser un médico europeo que vivió, participó y sufrió penurias en las dos grandes guerras, nació en Montorso Provincia de Vicenza 1898, yéndose a vivir a sud América rayando los sesenta. El poseía una muy original manera de enfrentar los malos ratos, desastres, problemas: Se enfrentaba primero ante un enorme y suculento plato de comida; cuántas veces no lo vi llorar presa de la angustia, rebasado por cualquier situación adversa, mientras gruesas lágrimas producto de la pena caían sobre un abultado plato de espaguetis regados con abundante salsa boloñesa y queso parmesano. Aunque el dolor lo aguijonearan no por ello dejaba de alimentarse. Con la panza llena, de un manotazo enjugaba la humedad del llanto para afrontar la cruda realidad. Siempre me lo recordaba: Nunca afrontes un problema, una dificultad seria con el estomago vacío, te sentirás peor. ¡Palmaria verdad!

Muy diferente a mi madre y su familia. Probablemente debido a la ignorancia, su origen campesino, eran poco menos que burros. Afrontaban sus tragedias con valor, decisión, entereza, pero con la barriga vacía. Si era la muerte de algún ser querido la que se había de enfrentar, los hombres por su lado, arrinconados debajo de un árbol o en la mesa de una cantina se dedicaban a emborracharse ingiriendo fuertes licores casi siempre elaborados por ellos mismos mientras las mujeres se entregaban al llanto inconsolable sin parar un momento. De esa manera pasaban varios días sin admitir alimentos, consuelo, palabra de aliento, nada. Lo de ellas era llorar y quejarse sin probar bocado. Llanto callado, sonoro, gritado, gemido, lo expresaban de diferentes maneras, suficientes para satisfacer cualquier gusto. Natural es que dos días con sus noches en ese tesón produzcan efectos espectaculares en cara, cuerpo, espíritu de las personas: Palidez, caras huesudas, ojeras moradas, desgreñadas, delgadez visible, andar pausado, algunas con trapos negros en la cabeza, vestidos anchos, largos, oscuros. Al tercer día comienzan los desmayos, las sirimbas, patatús, crisis, gritos, corre y corre, mentol, alcoholado, cuerno e ciervo, llamadas al médico si es que lo había, si no al curandero, la bruja para asistir a las caídas en la guerra de los llantos. Un verdadero desorden. Llegada la hora de entierro las cosas alcanzan el cenit, exacerbados los sentimientos se da rienda suelta a ellos sin control. Cualquiera pensaría que se van a lanzar a la fosa junto con el deudo. Algo digno de verse.. Para llegar al camposanto de mi pueblo se debía subir una empinada cuesta que caso de haber llovido, trasladar un ataúd con el muerto dentro no era tarea fácil y menos en brazos de borrachos. El retorno del cementerio era otro vía crucis algo más aparatoso porque los beodos iban cayendo como moscas a lo largo del trayecto Vienen entonces los nueve días de duelo, llanto menos escandaloso, chistes hasta el amanecer y los infaltables borrachines. Pasada la última noche, el novenario como lo llaman en mi pueblo marca la frontera: Hay que parar de llorar, revisar, contar, analizar las consecuencias, poco a poco se retoma la vida normal.

Ya que menciono a mi padre y su particular manera de hacer frente a las dificultades, de él aprendí a llevar escrito los síntomas principales y accesorios de la dolencia a la hora de ir a la consulta con el médico. Hábito muy útil que aún conservo. Recuerdo los innumerables pacientes que atendió cuyos síntomas debía adivinarlos porque el enfermo no lograba descifrar su malestar. Y no me refiero solo a los campesinos, paletos, sino a personas preparadas pero incapaces de describir con certeza que es lo que están sintiendo de anormal en su organismo. La natural curiosidad sexual que tienen los niños yo la sacié sobradamente observando desde mí escondite la consulta de mi padre. Unas veces fisgoneando otras como testigo accidental. La suerte siempre me deparó seguros lugares desde donde ver sin ser visto a mi padre en su función de médico general.

Hombre pícaro, mujeriego, con poder, no desechaba oportunidades con jóvenes mujeres. Una vez teniendo quizás siete años de edad –recuerdo, como si hubiese sido ayer– mi madre había salido a un pueblo cercano mientras mi padre atendía a una agraciada mujer. A mí se me supuso viendo el trato que se dispensaban, por donde iría a parar la cosa. Efectivamente, a los pocos minutos la condujo al piso superior donde había varias camas para pacientes que por alguna razón debían quedar bajo observación. Ese día estaba vacío. Pasó el cerrojo temiendo mi espionaje. Así que me marché al patio a ver con qué cosa entretenerme.

Pasado un rato algún extraño impulso hizo asomarme a la carretera solo para ver en la lejanía la figura de mi madre que caminaba presurosa arrastrando a mi hermana mayor bajo el candente sol de la tarde. El corazón me dio un salto, comprendí el peligro inminente que se cernía sobre mi padre conociendo el carácter y los celos extremos de ella. No sé como logré arrimar una larga y pesada escalera sobre la pared cuya ventana daba al cuarto de los enfermos. Subí presuroso los falsos tramos, vi a mi padre desnudo en plena faena con la mujer, le grité con todas las fuerzas a través del cristal:

–¡Papaíto! ¡Por allí viene mamá!

Con la misma bajé, empujando de nuevo la escalera que cayó pesadamente al suelo levantando nubecillas de polvo. Tuvieron los amantes el tiempo justo para vestirse, bajar a la sala de consulta y colocarse ambos en la posición más alejada y respetuosa que puede darse entre médico y paciente. De todas manera mi madre olió algo que la hizo entrar en sospechas porque sin dilación me llamó para interrogarme sobre el tiempo que llevaba la paciente allí, si mi papá se había movido y otras preguntas capciosas propias de una mujer celosa. Afuera sentía a mi padre caminar nervioso, mover sillas y trastos pero yo era ya un consumado mentiroso. Así que mi padre salió bien librado de esa aventurilla. Con la caída de la noche me llamó a solas invitándome a caminar hasta el centro del pueblito. Me llevaba tomado de la mano, cuestión rara en él, no cruzamos palabras alguna durante todo el trayecto; me condujo a un pequeño restaurante donde preparaban mi platillo favorito: Revoltillo de sesos de res con huevos. Esa noche la hartada fue tan grande que me mantuvo despierto por muchas horas. ¡Pero me sentía feliz!

## Capítulo XII

¿Hacia dónde vas?, ¿qué viniste a hacer?, ¿de dónde vienes?, ¿porqué? Ya sé que es una tontería pensar en estas cuestiones, pero se me hace inevitable. Cuando escribo estas ideas tengo cincuenta y siete años vividos a sangre y fuego, intensos, sin reposo. He probado de todo y todo me parece simplón, aburrido, repetitivo, sin sentido, casi todos errores. Estar vivo, venir a éste planeta a hacer lo que yo he hecho me parece un inútil gasto de energía y tiempo porque todo lo hecho no han sido más que pendejadas, boberías inútiles por llamarlas de algún modo: Estudiar, graduarme, trabajar, viajar, casarme, tener hijos, comer, mear, cagar; sencillamente en eso ha consistido mi vida y eso para mí es nada, es un absurdo. Y ahora, cuando se acerca la larga vejez y digo larga no porque vaya a morir a los cien, sino porque vivir un año como viejo equivale a veinte años de vida juvenil. La primera pasa veloz la segunda se detiene en el tiempo. Basta con ver lo largo que son los días de un viejo, lo interminable de sus noches. Se despierta al amanecer antes del canto de los gallos a hacer nada, trastear por toda la casa, haciendo ruido y molestando a los que duermen. Sus horas no son de sesenta minutos sino de ciento ochenta. Su sueño es corto y cortado, sazonado algunas veces con pesadillas y recuerdos nostálgicos o de dolor por tristes experiencias. ¿Porque los abuelitos aparentan ser tan buenos y llorones? Porque fueron malos y duros de corazón durante su juventud. Es lógico que al recordar su actuar pasado en el largo interín del día y el desvelo por las noches, lo alteren, lo conmuevan, lo hagan llorar. Los viejos en su generalidad son personas perversas, lujuriosas, y engañosas, saben demasiadas triquiñuelas y no se amilanan a la hora de utilizarlas para conseguir sus propósitos. La avaricia es propia de vejez porque cuando se piensa que es preferible tener de más a tener de menos, ya se es viejo, se está pensando mal. Todo aquel que es roñoso, mezquino en su juventud, fácil es que por dinero llegue a cometer los peores crímenes, incluso asesinar en su vejez. A medida que se envejece, las simplezas, los atavismos, la mediocridad, ocupan mayor espacio en nuestras vidas. La insensibilidad física se acompaña de la analgesia moral al no participar del dolor ajeno y poco a poco el viejo acaba por no sentir siquiera su propio dolor. Su deseo de prolongar la vida le advierte que las emociones gastan energías, entonces se endurece ante el dolor ajeno, como los quelonios que se ocultan en su caparazón ante el peligro. Llega a sentir odio oculto contra la juventud, y las cosas vivas que palpitan, crecen, sufren de un agudo rencor por las primaveras, lo nuevo.

Los viejos no se arrepienten por temor al infierno o por santidad sino por impotencia. Todo viejo cree haber perdido la estima y el respeto de los jóvenes que solo desean echarlo a un lado para que muera como un perro. Engañan y engatusan a la gente joven con mucha facilidad. No es raro ver viejos sucios, decrépitos, teniendo sexo con niñas o niños. Es más frecuente de lo que parecen. Casi todos los abuelitos que conozco han tenido en algún momento perversas intenciones con sus nietecitos, muchas de ellas se han realizado. Y quedan impunes en el mayor secreto familiar porque el niño siente miedo de la familia, de algún castigo, de que no le crean y lo tilden de mentiroso. Los parientes muchas veces guardan el secreto para preservar el honor y el buen nombre de la familia. ¡Menudos abuelitos! ¿Son exageraciones mías? ¿No no creen? Váyanse entonces a los archivos de cualquier departamento de policía o a los expedientes de los tribunales de justicia. Allí podrán comprobar y enterarse de amargas verdades. Los viejos debieran estar separados de los niños y jóvenes. Los geriátricos, ancianatos, refugios para viejos son los mejores inventos de la sociedad actual. Juntos, entre ellos poco daño pueden hacer al prójimo. ¿Que aporta un viejo? Nada. Se les debe atender, darles los servicios alimentarios, de salud que requieran. Es lógico que se les deba compensar en algo por los servicios que cuando jóvenes pudieran haber prestado a la sociedad. Pero no por ninguna otra razón. El viejo debe estar con los viejos o solo, pero nunca rodeados de niños o jóvenes. Solo en las películas de Hollywood se ven casos de esos viejecitos bondadosos, tiernos, exhortando a los jóvenes para que se enrumben por el buen camino. Y si se mantuvieron en los consejos de ancianos, gobernando una familia o un país ha sido a base de sus argucias y picardías para no perder su poder en la comunidad. Y aquí entran tanto los viejos como las viejas, esas abuelitas que les agrada preparar pasteles y galletitas. Sé de muchas que bajo ese manto de bondad ocultan verdaderas serpientes ponzoñosas. Qué aporte puede hacer un viejo a un joven? Como no sea llenarlo de perjuicios, ideas anacrónicas y enseñanzas pueriles.

Pues queda entonces dividida la vida en varias etapas: La niñez para ser víctima y sufrir, la juventud para cometer errores, lisiarse y hacer el payaso; la madurez para destruir y poblar el mundo de idiotas comelones y la vejez para terminar de hacer los males que so se hicieron antes y darse cuenta que todo fue un correr tras el viento. Cada fase desdeña a la otra, es la vida; lo que la gente llama experiencia no es otra cosa que la capacidad, la destreza, la astucia y la sangre fría aprendida con los años para cometer maldades, perversidades y crímenes. Cuando la experiencia no es mala, es inútil o llega a destiempo. ¿Para que sirve la experiencia a un viejo? Si fuese algo bueno debería tenerse en la juventud para no cometer tantas estupideces, pero llega es con la senectud, inservible para el viejo que la posee y cuando nadie quiere oír consejas o recomendaciones de los viejos. Observen con detenimiento a un viejo, trátenlo un poco, sean inquisitivos y descubrirán que solo hay maldad y resentimientos dentro de él. Sexualmente los viejos son los seres lujuriosos y perversos. Cobijados en su aspecto bonachón de dulce abuelito o abuelita son quienes cometen delitos y abusos con niñas y niños de su entorno familiar. Desconfió de todos los viejos que conozco y de los abuelitos más aún. Luego de preguntarles a los niños respecto de algún viejo cercano, al final casi siempre descubro que se ha aprovechado de alguno de ellos tuvo la mala intención. Y las viejas no se escapan de esta apreciación. Pareciera que algo les picara sexualmente, no logran contenerse dando rienda suelta a sus instintos antes de irse al otro mundo. La jurisprudencia en nuestros tribunales de justicia es rica en ese tipo de casos.

## Capítulo XIII

Hay un determinado grupo de trastornados mentales o depresivos que de alguna u otra forma nos sentimos relacionados con las artes, la literatura, ciencias o ramas del saber que nos permiten ser creativos y en determinado momento nos encontramos frente al dilema entre consumir medicamento para controlar el peligro y los sufrimientos de nuestra frágil condición perdiendo así el espíritu generador, la chispa que nos permite sacar desde lo mas íntimo muestras de genialidad o mantenernos sin medicación viviendo entre los tormentos de la enfermedad pero conservando la mente y el espíritu en libertad. Freud decía: "Prefiero pensar atormentado que no poder pensar con claridad"
No quiero entrar a analizar lo falso o cierto de nuestra brillante inteligencia, de que si lo que nosotros consideramos como creatividad no es sino una idiotez, de que si cada línea que escribimos, cada trazo sobre un lienzo es otra maravilla universal o simplemente basura. Cada uno de nosotros sabe muy bien a que me refiero. Ese no es el punto. Por lo tanto hay quienes sostienen que tomando por ejemplo sales de litio en dosis adecuadas, no han perdido sus facultades productivas o creativas. No todos los organismos son iguales, cada cual procesa a su manera los químicos que se introducen en el torrente sanguíneo. Para muchos, las sales le reducen la creatividad a cero. En mi caso estando bajo los efectos del medicamento antidepresivo soy otra persona que pierde interés en todo lo que le rodea; por lo tanto eso de crear, pintar, escribir, simplemente me sabe a mierda. Queda por mencionar el enorme, mayoritario grupo de personas incultas, sin profesión definida, algo torpes, de mediana inteligencia, comunes, sin rasgos de genialidad, consideradas no creativas que sufren trastornos mentales. ¿Qué pierden ellos al consumir la medicina que los saca de este mundo? O dicho de otro modo, ¿Por qué no les agrada medicarse sabiendo que no son artistas creativos o genios científicos? Si en el medio en que me desenvuelvo de "creadores", el pretexto es no consumirlos porque nos hace torpes, entonces ¿cuál sería la excusa entre las personas comunes?, ¿superar

el miedo? , ¿sentirse felices?, ¿evitar una muerte violenta?, ¿hacer daño a otros?

En vista de que casi todos los medicamentos para los trastornos mentales tienen carácter preventivo, podríamos concluir que deben tomarse para lograr una estabilidad emocional, no caer en estados depresivos graves, salvar la familia del desastre, conservar el trato con la gente en niveles aceptables, evitar el suicidio, aceptar este cochino mundo sin protestas ni pataleos y miles de razones. Se hace difícil aceptar nuestra condición de débiles mentales que debemos andar por el mundo con una cajita llena de pastillas en los bolsillos para enfrentar los avatares diarios de nuestra andrajosa vida. Lo de la pérdida de la creatividad o que después de un periodo creativo viene de seguidas una fase depresiva, de que los genios son locos y los locos genios voy a dejarlo para otra ocasión debido a que según mi parecer hay mitad verdad mitad mentira.

En Estados Unidos país donde vivo desde hace tiempo, reconocido por sus avances científicos y la medicina utiliza tecnología de punta, a la hora de querer comercializar un medicamento, la oficina reguladora permite utilizar una coletilla en los formatos escritos donde expresan punto mas punto menos que los beneficios de tal o cual medicamento son mayores que los riesgos que supone la enfermedad que se desea controlar. Aquí no se da oportunidad al paciente de reaccionar ante cualquier efecto secundario o daños colaterales como mareos, dolor de cabeza, estómago, náuseas, que detalla la persona compungida ante la mirada compasiva del doctor.

–Peor hubiera sido si usted no se tomara la medicina. Es la respuesta llana ante la cual no tenemos opciones, es un argumento de peso con soporte en leyes especiales.

Me molesta sobremanera cuando alguien me reprocha por preguntar si puedo tomar alcohol mientras estoy bajo los efectos de un psicotrópico, ansiolítico o antidepresivo. Las respuestas son tan estúpidas que me hacen creer que solo me rodean tarados: Que el alcohol y la pastilla re potencian sus efectos, que te dará una resaca horrible, sufrirás dolores y malestares terribles. No entienden que en nuestro mundo occidental el alcohol es mucho más que un líquido con diferentes etiquetas en el envase. Desde niños estamos rodeados de alcohol: cuando se nos bautiza o efectuamos los sagrados sacramentos, en cada cumpleaños, boda, nacimientos, graduación, empleo, muerte o cualquier otro acontecimiento de menor cuantía, está presente el alcohol. En nuestra cultura latina, hispana, americana, cualquier reunión por pequeña que sea y no se reparta abundante alcohol, es una mala fiesta de donde la mayoría se marchará maldiciendo por tan grande falta de tino y consideración que tuvieron sus organizadores. Nos han hecho tejer nuestras vidas durante siglos junto al alcohol y ahora de golpe y porrazo quieren que lo dejemos sin protestar y sufrir el malestar de asistir a una reunión para tomar juguitos de naranja, leche, pastel, mirando al resto degustar un buen escocés o tragarse una cerveza de un envión. No señor, eso no me parece justo ni correcto. Pocos son los que entienden este proceso de readaptación tan difícil, que muchos prefieren morir de una borrachera antes de transformarse en un abstemio. No es el vicio de beber por beber, sino la asociación que nos han hecho entablar entre momentos gratos y alcohol. Tengan por seguro que si cada vez que sufríamos un revés, una herida, un golpe, una perdida, nos hubiesen dado una cerveza fría, un Martini, un ron, gin, whisky, tequila, hoy odiaríamos el licor en todas sus formas y presentaciones.

Otro elemento a favor del alcohol es que ya en muchos libros antiguos, sagrados o no, se le atribuían propiedades alentadoras del buen ánimo, reconfortadoras del espíritu. Por algo debió ser. Hoy se le agregan otras virtudes como las de aliviar los despechos, las traiciones, los malos momentos en el trabajo, en la familia. El alcohol corta nuestras inhibiciones y vergüenzas, lo que nos permite funcionar mejor aunque solo sea por unos momentos y vayamos luego a sentirnos mal. Pero con la tal felicidad ocurre otro tanto; si acaso llega es por ratitos, al marcharse deja su rastro de desgracia, amargura, soledad, tristeza. No admito que se nos tilde de idiotas por querernos beber unos tragos con los amigos estando bajo tratamiento psiquiátrico. No estamos despectivamente locos, posiblemente en camino. Sabemos que hay un costo que debemos pagar al consumirlo, como todo en esta vida; lo pagaremos con gusto, incluso si es tan bajo como la propia vida.

## Capítulo XIV

En cada periodo de la humanidad, las sociedades han padecido, visto y tratado el problema de la depresión de maneras muy distintas, cuestión muy razonable si se toma en cuenta que sus estructuras eran diferentes. Pensar hoy como hace cien años atrás de que la melancolía es un reproche, una queja, una victimización contra el resto del mundo, es un disparate. Considerar a un deprimido como una persona egoísta, malcriada, que solo busca llamar la atención, dominar a los demás, es una insensatez. Utilizar la obsoleta técnica de dejarlo hacer lo que venga en gana sin contravenirlo en nada para que no opte por quitarse la vida, no servirá de ayuda para nadie. Daría igual encerrarlo desnudo en un cuarto, aislado de todos, tirarle la comida en hojas de plátano, sin ningún objeto con que pueda ocasionarse algún daño. Era el tratamiento que se estilaba algún tiempo atrás no muy lejano. Otro tanto ocurre con recomendarle la hermosa y loable práctica de dedicarse a ayudar y complacer al prójimo. La sociedad del siglo veintiuno no admite con facilidad la presencia de intrusos en nuestros hogares ni siquiera los que ofrecen la salvación eterna. En las puertas de mis vecinos hay pegados muy visiblemente carteles donde expresan su rechazo a quienes andan buscando prosélitos religiosos, políticos o para el ejército de salvación. Los que desean ofrecer algún tipo de ayuda deben primero pedir autorización al necesitado y si pueden darle voluntariamente, sin presión, su número telefónico, su dirección, día y hora en que pueden recibirlo. De no cumplir con estas reglas se corre con el riesgo de ir a parar a la policía con cargos serios de acoso, invasión de propiedad ajena, coartar la libertad de culto, de expresión y muchas otras cosas.

Las pocas veces que me interesé en brindar ayuda sincera y desinteresada a mis semejantes, salí con "las tablas en la cabeza", decepcionado y molesto conmigo mismo por haber hecho el papel de idiota perdiendo mi tiempo y mi dinero. Las personas se han hecho capciosas, sospechosas, algo les huele mal ante tanta bondad. "Algo se traen entre manos estas personas y no será nada bueno para nosotros", es la frase que corre de boca en boca. Arrepentidos de sus pecados, la muerte amenazando con alguna enfermedad o pagando una promesa hay quienes marchan a las barriadas pobres a regalar sus calzados pasados de moda, ropas usadas, enlatados vencidos o cachivaches inservibles entre los necesitados. Así funcionan las cosas. No es lo mismo haber ido a la India o África en los tiempos de Mahatma Gandhi o de Lawrence de Arabia para catequizar nativos, enseñarles a leer un idioma europeo, obsequiarles ropas usadas o excedentes de alimentos de tercera categoría, que ir ahora a mediados del dos mil doce, cuando las personas lo más probable es que te reciban a balazos de metralletas. ¿No lo creen? Revisen las noticias del día de hoy en esos países. Si tampoco creen en los diarios y los noticieros, vayan personalmente. La gente ha cambiado, no quiere hacer ni recibir buenas acciones de nadie. Al buen samaritano se le ve como a un imbécil, nadie anda buscando sonrisas ni gratitud de otros. Traten de salir una fresca mañana, alegres, animosos, a hacer una buena acción a alguien conocido o no. Pueden ir a un hospital, un parque, debajo de los puentes o un barrio miserable. Lo más probable es que salgan decepcionados o lesionados de una puñalada. Hoy en día no se puede hablar a un joven, niño, anciano, viejecita o muchacha sin el apuro de verse metido en problemas con la ley. Si usted tiene verdaderos deseos de ayudar al prójimo, de gastar su fortuna evadiendo al fisco, le recomiendo registrar una sociedad sin fines de lucro, abrir una oficina, depósitos o "storages" donde guardar las cosas, contratar una secretaria, colocar avisos de prensa donde señala claramente lo que piensa regalar y sentarse a esperar la llegada de "sus clientes". Es un buen consejo que me agradecerá.

El sistema imperante en el último siglo nos ha marcado con sus desgracias, abusos, atropellos, guerras, genocidios, hambrunas, delitos, nuevas enfermedades, drogas y también con una excesiva carga de medios de comunicación, de aparatos electrónicos, de superpoblación que nos ha hecho peores que en otras épocas. El deprimido de ahora no cae en las clasificaciones de antaño, es un producto nuevo, extraño, con el cual se deben buscar nuevas técnicas si es que de verdad quieren ayudarle. Las soluciones mágico-religiosas ya no sirven, dedicarse hacer el bien al prójimo de manera directa, "face to face" tampoco. Irse a los elevados picos del Himalaya o a las calientes arenas del Gobi, requiere de visas, permisos especiales, mucho dinero y pasar por extenuantes interrogatorios de las autoridades que sospechan que eres un espía occidental, terrorista, proxeneta, narco traficante, insano o perseguido criminal. ¡Son otros tiempos!

Son muy pocas las personas depresivas que acuden al psiquiatra a contar la verdad verdadera de sus vidas. Si fueron ladrones, delincuentes, asesinos, proxenetas, violadores, llenan al profesional con mentiras bonitas sobre su niñez, adolescencia, adultez, por lo que aseguran ignorar cómo ni porque les vino la enfermedad. ¡Falsos! Otros, la gran mayoría no acuden al especialista por temor a que sus parientes, amigos lo tilden de loco. Mantienen la enfermedad oculta. No hay un país donde las enfermedades mentales no sean vistas con prejuicios. Hay un miedo terrorífico hacia los locos, que maten a alguien, prendan fuego a la casa, se lancen de un elevado edificio con un bebe en los brazos, se envenenen o lo hagan a otros. En fin ese es otro problema, el del rechazo, el miedo, con el que debe lidiar quien padece de trastornos mentales. No hay dudas que podemos ser peligrosos en algún momento, pero lo son mucho más los delincuentes que proliferan en nuestras calles y no se les ve tan mal ni con tanto repudio. Aquí en Estados Unidos, la capital de la justicia, de la igualdad, el asunto adquiere connotaciones de película. Caso de acudir al psiquiatra, como el mío, y se me ha prescrito medicamentos antidepresivos, ya con ese historial es suficiente para ingresar a formar parte de un grupo social muy exclusivo. Ya mi vida no será la del hombre común, no se me permitirá ejercer ciertos trabajos u oficios de importancia. Pasaré a ser poco menos que un discapacitado. Si por mala suerte, cosa bastante frecuente, se corre la voz de mi dolencia, estoy perdido. Las amistades se alejan, en el trabajo hablan a tus espaldas, hacen chistes, burlas a montón, te miran como bicho raro. Si esto ocurre en un país desarrollado, que quedara para nosotros los tercermundistas donde por todos los medios tratamos de ocultar la enfermedad, nunca revelar que vamos a consulta con el psiquiatra y mucho menos que dependemos de unas pastillitas para tranquilizarnos e impedir que nos colguemos del primer árbol que consigamos. La ignorancia, la falta de bondad, de comprensión es absoluta. No queda sino esconder el mal para no ser objeto de burlas, malos tratos, discriminación. No hablemos de si estás enamorado de una bella muchacha y los parientes se enteran que andas algo tocado de la cabeza. Es mejor callar, que se enteren por sus propios medios y que sea lo que el demonio quiera.

Mi amigo FAR* conoció a una linda compañera de estudios en la Universidad. Ella vivía con su familia en un pintoresco pueblecito a orillas de una carretera secundaria, distante un par de horas; con toda esa dificultad, mi amigo que era algo pobretón pero enamorado, se las ingeniaba para tomar un autobús los fines de semana e ir a visitar a su amada. La familia lo recibía con agrado, le preparaban las comidas más deliciosas con productos de la huerta, luego del almuerzo le colgaban en el cobertizo una amplia y colorida hamaca para dormir la siesta. Lo trataban como a un pachá. El amor entre los jóvenes iba creciendo y de vez en cuando en la sobremesa se tocaba con mucha sutileza el temita del matrimonio.

La parte trasera de la casa la constituía un amplio y hermoso patio con una veintena de frondosos árboles de mango que en temporada de cosecha se cundía de colores amarillos, rojizos, naranja intenso, que impactaban gratamente la vista. Bajo su sombra las gallinas y animales domésticos permanecían largas horas removiendo ramas y hojas secas. Había un detalle: Cada vez que mi amigo trataba de ir hacia ese lugar, donde también había un pequeño cuarto de bloques de cemento, la novia o cualquier familiar le quitaba la idea jaloneándolo en sentido contrario o dando alguna excusa sobre los perros rabiosos y peligrosos que merodeaban por el lugar. A él le parecía haber oído en ciertas oportunidades algo semejante a gritos, sonidos guturales o lamentos provenientes del cobertizo, pero se cuidó mucho en no manifestar su inquietud a la dulce novia o a la amable matrona. Pasó el tiempo, se graduaron ambos, contrajeron nupcias y vino el primer hijo de tan idílico amor: Un monstruo. Torcido como una raíz, cara desfigurada, cabeza grandísima, ojos, boca fuera de su lugar, dientes hacia afuera. Los médicos le sugirieron pasarlo de una vez para el otro mundo, sería lo mejor para él, la familia y la sociedad. Ellos se opusieron por considerarlo como un acto irreverente, inhumano y no sé cuantas otras cosas.

Ante tal calamidad que lo sumió en una honda crisis, mi amigo buscó alguna explicación razonable a la tragedia. Consultó a especialistas que coincidieron en una causa congénita, un problema de los genes de la pareja. Preguntó a cuanto pariente suyo encontró en su camino sobre alguna tara familiar. Nada se sabía. Enrumbó entonces hacia la casa de la familia de su esposa. Iba con mal semblante decidido a saber la verdad. Tan pronto lo vieron llegar, hasta el menor de los miembros sintió que la tierra se los tragaba. Con las primeras preguntas no les quedó otra que sincerarse con el yerno: En el cobertizo trasero tenían escondido a otro monstruo idéntico al que acababa de nacer. Era una tara familiar que pensaron se había disipado con el paso del tiempo y en las uniones con extraños, pero había renacido. Viendo tanto amor entre ellos no se imaginaron que los dioses iban a cometer tal desmadre. Pero lo hicieron. ¿Y qué? Igual ocurre con los tarados, síndrome de Down, locos, imbéciles, trastornados. La familia mantiene el mal oculto, sabe a lo que se exponen si revelan los "secretos de familia". Aquí no vale que sean nacidos en un país subdesarrollado, del grupo de los ocho, potencias económicas o militares, de familias nobles, ricas, pobres. Somos simplemente humanos y nunca dejaremos de obrar como tales. Revisen de buena gana el árbol genealógico de las familias reales europeas y apunten los defectos y tachas de cada una. Se sorprenderán de las taras que padecen y se las tienen muy calladitas.

Creencias y prácticas confusas en la atormentada vida de quienes sufren de algún trastorno mental. Los medicamentos son buenos y malos a la vez; mientras te alivian de una dolencia, están produciendo daños colaterales en nuestro organismo. Consumir alcohol ayuda en ciertos momentos. Tomarse unos tragos con amigos, agarrar una borrachera puede en algunos momentos salvarnos de un desastre. Caer en el vicio traería trastornos físicos, puede ser esa la otra cara. Fumarse un cigarrillo de vez en cuando nos puede tranquilizar, pero a la vez puede ocasionarnos dependencia o enfermedades. Comer es una necesidad vital, pero consumir ciertos alimentos pueden perjudicarnos, el exceso nos hace caer en la gula, sobrepeso y otras enfermedades. Buscar el contacto con personas amables, que su compañía nos resulte gratificante. Y que pasa si ellos no desean la nuestra o son personas en extremo ocupadas? Realizar cosas extrañas como gritar a través de la ventana del auto mientras se maneja, correr cuesta abajo, bañarse durante horas en aguas abiertas, acariciar animales, pararse frente al espejo y decir "Soy bella" sin serlo, "tengo salud" y estás casi muriendo, "soy inteligente" siendo un bruto, "soy delgada" y eres una gorda panzona. ¡Son tonterías!

El sentirse solo aún en medio del bullicio de la gente no se resuelve comprando una mascota para hacerle caricias o para que te espere alegre cada vez que regresas a casa. A los pocos días te hartaras y lo lanzarás a la calle. La recomendación de ¡Oblígate a sonreír a cada momento del día, es la mejor medicina para tus males! me parece cosa de necios. Tratar de paliar la soledad adoptando mascotas es una práctica muy recomendada por algunos especialistas. Si usted se siente o vive en soledad porque ya probó con humanos que solo le causaron serios destrozos a su vida y un buen día decidió permanecer aislado con un mínimo contacto con sus semejantes, necesita un compañero que le distraiga, ¿qué mejor que un animalito? Sea perro, gato, ave, reptil que le haga compañía. No todos sabemos vivir aislados, unos la soportan mejor que otros, hay quienes lo prefieren a cualquier otro estado. Es conveniente señalar que no es lo mismo vivir solitario que sentirse solo. Lo primero es casi siempre un acto voluntario, decisión muy personal de no mantener contacto con nadie; lo otro es un mal que padecen ciertas personas de sentirse abandonadas, aun estando conviviendo en una casa con doce personas, asistiendo a un trabajo en cuyo edificio se mueven miles, o atravesando calles atestadas de gente. El sentimiento de estar solo es una tortura, un sufrimiento al que no se le consigue explicación alguna incluso sin que se haya sufrido alguna decepción con un semejante que nos puso a pensar en la posibilidad de alejarnos del cochino mundo, hay momentos en que la persona se siente sola. Todos nosotros, alguna vez en nuestras vidas lo hemos experimentado, el problema es cuando se transforma en una regla de vida, cuando se instala en nuestra mente, cuando nos causa daño. Soy del pensar que refugiarnos en un animalito, buscar su compañía para atenuar nuestra soledad es un acto egoísta, porque pensamos en nuestro único provecho, nunca en imaginar cómo se sienten ellos sin la compañía de sus congéneres. Recientemente mi cuñada nos visitó, mientras paseábamos por un mercado al aire libre de la ciudad de Lakeland vimos a una familia de gringos de los llamados "white trash" que cargaban un par de cachorritos en sus brazos, los ofrecían en venta y nos quedamos con uno. El animalito estaba cundido de pulgas, parásitos, costras, pero ella lo llevó al veterinario; en cosa de meses el cambio era total: pelo lustroso, ojos vivaces, buen peso, retozón, jugaba a morder todo al que se le acercaba, una belleza de animal.

 Transcurrió un año y en unas navidades que fuimos a visitarle nos manifestó que era el alma de la casa, le hacía compañía a todos y ella sentía que después de un agotador día de trabajo como médico odontólogo que es, Jeik –nombre del animalito– era el único que salía a recibirle con manifiesta alegría; otro tanto me contó su hija de once años. Le hice saber que deberías buscarle una compañera, me respondió que tenía varios amigos en el vecindario con quien jugaba todos los días a la hora de ir a hacer sus necesidades en las áreas exteriores; entre ellos uno preferido que había sido castrado, retozaban juntos pero luego de un rato Jeik se alejaba. No tuve noticias de él hasta cosa de días mi esposa me dijo que su hermana estaba preocupada por un especial estado del perro: Triste, sin ánimos de jugar, inapetente, ya no salía brincando a recibirla como solía hacerlo. Que le estaba pasando? Fácil. Depresión. El animalito tiene casi dos años con la familia, le estaban dando una buena vida material, pero también lo estaban cargando con sus problemas. Es una casa donde los gritos, discusiones, tensiones frecuentes, todos se encierran en su caparazón a rumiar sus penas, Jeik les sirve de consuelo a cada uno. Pero ¿y de él, que? Nadie se ha preocupado en que adquirió su madurez sexual, que necesita compañera, algo de libertad y mucho cariño; no es lo mismo acariciar a un perro, a un gato para descargar nuestras rabias, tensiones, malestares, que abrazarlo, hacerle caricias para aliviar las de él. No crean que son tontos, saben perfectamente cuando uno los acaricia por amor o por interés. Solo es cuestión de fijarse. Lleven un perro sano a vivir en un manicomio o a una clínica de desquiciados mentales, depresivos, y verán cómo cambia su condición en cuestión de meses. Los animales criados en hogares donde las disputas son frecuentes padecen de síntomas como agresividad, miedo, tristeza, soledad, ansiedad…

Conozco una familia numerosa que vive en una casa no muy grande, casi hacinados. Hay hijos de matrimonios anteriores de los padres, edades diferentes, en fin, el caldo de cultivo ideal para que la guerra no cese a ninguna hora del día o de la noche. No sé de quién fue la genial idea de comprar un par de jaulas con diversos pájaros, entre ellos varios loros para que con sus cantos alegraran la casa. Los animalitos que una vez fueron consumados cantores, a los pocos días de su llegada, callaron, enmudecieron en forma repentina, hasta los picudos loros. Las peleas diarias, los gritos y agarrones fueron apagando sus cantarinas voces. A poco fueron muriendo, quedando como sobrevivientes los loritos. Sus ojos, creo, ya no eran normales, los notaba más grandes, rayados, feos y cada grito que pegaban hacían saltar a cualquiera. No era su canto regular, eran gritos agudos que se oían a media calle. Como era amigo de una de las hijas que asistía a la universidad me agradaba hacerle visitas con la caída de la tarde. Tan pronto entraba a la casa me refugiaba en el rincón donde estaban las dos jaulas, ahora una de ellas vacía, todavía con restos de mierda, plumas, comida que nadie quiso limpiar. –¿Qué tanto le miras a los loros? Preguntó mi amiga. –Nada, solo que noto sus ojos no son los mismos de hace seis meses atrás cuando los trajeron y son pocas las pocas plumas que le quedan en la cabeza. Acércate para que los veas. Dije. De mala gana lo hizo. Miró y exclamó: –¡Claro! Ahora están en el mundo real. Me respondió. –¡Bonito mundo real! Pensé.

Así somos nosotros de egoístas e interesados. Buscamos nuestro bienestar a costa de lo que sea, tratamos de conseguir novia, esposa, animales, bienes, casa, carros, yates que se acoplen a nuestras necesidades, nunca pensamos en los otros seres vivos a quienes incorporamos a nuestras vidas para nuestro único beneficio. Desconozco, aunque supongo el destino final de los loritos toda vez que opté por distanciar las visitas debido a que una tarde me vi envuelto en una agria discusión familiar bajo la angustiosa mirada de los pajarracos. Los Estados Unidos con sus trescientos y pico millones de habitantes, es el país donde más mascotas se adoptan, donde hay mayor cantidad de leyes que protegen a los animales, pero también es donde hay más depresivos, locos y desquiciados que buscan en esos animalitos una cura a sus males, un soporte a las penas, un consejero, una ser que los oiga incansablemente, que aguante su mal carácter, sus cambios de humor, sus rabias, maltratos, golpes e incluso hasta la muerte. No me parece justo.

## Capítulo XV

El terrible malestar es como catalogo a una dolorosa y horrible sensación que sentí por vez primera una mañana del mes de febrero de mil novecientos noventa y siete. Eran para mi tiempos duros, difíciles; el trabajo no abundaba, pero si los compromisos. Vivía con mi esposa recién parida en casa de mi madre, mientras terminaban de construir la nuestra en un pueblo cercano. La cercanía con mis anteriores esposas, hijos y parientes producía tensiones frecuentes, pero los episodios depresivos se habían distanciado bastante, gozaba de buena salud física, estaba animoso, ponía mucho tesón en mis actividades lo que me permitía ir campeando la situación, ver el futuro con optimismo.
En esos días asistía como abogado a una familia en problemas con la partición de la herencia paterna. Personas bien económicamente, eran también campesinos brutos y violentos Catorce hermanos entre ellos cinco mujeres igual de estólidas que sus hermanos, entre todos me tenían la vida hecha un rollo por su intransigencia en llegar a un acuerdo Aquella mañana abandoné el edificio oficial donde se hacían esos trámites, caminé hacia el lugar donde mi carro estaba estacionado. De pronto sentí un dolor agudo, intenso en ambos oídos que me paralizó, luego continuó bajando hacia las amígdalas, garganta hasta alojarse en el centro del pecho. Como era algo inusitado, nuevo para mí, pensé en un infarto, cáncer u otro mal letal. Mi reacción instintiva en medio de la calle atestada de gente, fue la de apretarme con fuerza la garganta y toser. Con dificultad, asustado, pude caminar hasta una iglesia cercana, entré, sentándome en el primer banco, desabroché el cuello de la camisa, respiraba profundo, oraba. El dolor aminoró, un miedo intenso vino de reemplazo, tanto que no deseaba levantarme al solo pensar que el dolor volviera. No sé cuánto tiempo transcurrió en la paz de la iglesia, pero debió ser largo porque mi esposa estaba preocupada, yo ni siquiera atendía el celular. A la mañana siguiente, nervioso acudí a un otorrinolaringólogo que revisó las aéreas del dolor con instrumentos modernos. Casi se tomó todo el día para darme el diagnostico final: ¡Nada! Sus

órganos están sanos –Me dijo seco. ¿Que pudo ocasionar semejante dolor? Hasta el momento presente lo ignoro. A partir de esa desagraciada fecha me ha atacado en múltiples ocasiones. Se asemeja al dolor que se produce cuando se enfrían excesivamente los órganos del cuello y garganta por comer algo helado, pero es mucho más intenso, prolongado. Algunos médicos me dicen que eso es lo que conoce como angina de pecho, otros lo desmienten. En fin, aquí estoy lleno de dudas con los desaciertos de la medicina moderna. Al encontrarme solo en la lucha contra éste otro enemigo, no tuve otra opción que buscar yo mismo la cura. Con el tiempo aprendí a reducirlo un poco mediante tocamientos en la garganta introduciendo los dedos envueltos en algodón humedecido en una extraña mezcla que yo mismo preparaba a base de alcohol, alumbre, ron o tequila, miel, limón, sal y tintura de yodo la cual llevaba en un frasquito en el bolsillo. Me costaba creer que unos simples tocamientos con un revoltillo casero pudieran aliviar un dolor extremo. Pero así es. Fricciones fuertes en la garganta con el menjurge aliviaba el dolor cuando comenzaba en los oídos impidiéndole seguir hacia el pecho. Muchas veces era tan persistente que debía repetir el tratamiento dos o tres veces en un corto tiempo. Ya para ese entonces el cuadro depresivo tenía forma en mi vida por lo que el dolor no era sino un acicate. Jamás me sané ni libré de el, le presenté batalla, aprendí a malvivir en su compañía durante largos veinte años. Los médicos, especialistas, curanderos, yerbateros que consulté nunca supieron a ciencia cierta de que se trataba ni su probable causa Por mi parte no he conseguido otro remedio más eficaz. Todavía hoy se presenta con mayor frecuencia en momentos de tensión, cuando estoy atravesando situaciones difíciles familiares, sociales, de trabajo, de dinero, mudanzas, viajes, pero también aparece en momentos de de tranquilidad, cuando no hay nubarrones en mi vida. Simplemente aparece y desaparece cuando le viene en gana. Otra cosa es que no tiene tiempo ni hora fija, puede ser en cualquier momento del día o de la noche lo que me obliga a mantener a mano el frasquito con la "mágica poción". Hoy cuando estoy siendo tratado en un Instituto especializado en enfermedades del corazón y luego de explicar mis síntomas, el especialista dictamina que sin dudas se trata de angina de pecho. La razón de mi visita había sido que durante casi toda la semana padecí de dolores leves en el pecho, son como una presión ejercida desde el interior del pecho hacia afuera acompañado de una sensación de rasgadura, como cuando nos raspamos con algo;

no es fuerte, es difuso, iniciándose en el centro del pecho y se desplaza hacia el lado izquierdo, semejante a un ligero corrientazo. He querido atribuirlo a algún movimiento brusco, haberme doblado a recoger algo pesado; como he sufrido de una úlcera duodenal, cuando levanto peso me molesta, le sumo la hipertensión, alto colesterol, obesidad y cincuenta y seis años de vida, creo son suficientes factores de riesgo para que me sobrevenga un infarto. Cosa curiosa: los resultados de los análisis mas modernos y extenuantes a los que fui sometido durante dos días en la primera potencia mundial dicen que mi salud es buena, mi corazón esta bien. No hay motivos para preocuparme.

¿Cuando aparece el dolor? Cuando me agobian los problemas, las rabias, tensiones, peleas con mi pareja, malos ratos en el trabajo. Ya varios cardiólogos me habían preguntado si cada vez que me irritaba, discutía con alguien, aparecían los dolores en el pecho, adormecimiento de manos, boca, mandíbula ya que si eso ocurría debía tener mucho cuidado. Estaba suficientemente probado por la ciencia que la ira puede producir cualquier accidente cerebro-vascular, trombosis que pueden matarte o dejarte postrado en una cama o en una silla de ruedas vegetando hasta el final de los tiempos. ¿Tendrá alguna relación ese dolor con la depresión? Porque tampoco a ella le he conseguido una causa cierta, definida y aparece simplemente cuando le da su real gana.

Hay veces que asocio circunstancias, como cuando mi madre vino a los Estados Unidos para pasar una temporada conmigo. Estaba feliz porque a pesar de mis insensatos resentimientos la amo, me agrada su compañía, conversación y sus caricias. Quiso la negra mano del destino que en la misma fecha coincidiera ella con el demonio mi primera esposa quien venía a saludar a la hija habida en nuestro mísero matrimonio. Las tres mujeres que han marcado huella amarga e imborrable en mi vida. La tarde que vi a las tres muy juntitas conversando entretenidas debajo de un frondoso árbol al lado de mí casa y teniendo como guinda del pastel a mi querida esposa actual, pensé que el mundo se me venía encima. "Dios las crea y el diablo las junta" fue todo lo que alcancé decir, antes de entrar en volandas a mi habitación, pasar la cerradura envolverme en diez sábanas tratando de ocultarme del peligro inminente que me acechaba. Un miércoles cinco de Septiembre del 2005 a las dos de la mañana, justo un día después de haber visto la extraña trilogía reunida, el terrible mal me atacó. Despertar con algún tipo de achaque o desazón es una experiencia que no se desea a nadie, al solo abrir los ojos ya el dolor estaba en el oído y garganta, busqué desesperado el frasquito, repetí los tocamientos una y otra vez, mi esposa me sintió vomitar en el baño, acudió en mi ayuda pensando en algo malo. Dándome masajes en espalda, pecho y con un Tafil 2 mg, pude volver a dormir. Sigo pensando que algo hasta ahora desconocido por la ciencia médica es el causante de tan intenso dolor. Mientras, yo continuaré buscando, averiguando con mis escasos recursos, tratando de conocer la verdad del problema.

## Capítulo XVI

El veintidós de diciembre del dos mil siete dejé de tomar Cymbalta 60 mg. Escribo estas líneas un mes después de suspender el tratamiento, cuestión que hice a motu proprio, sin recomendación médica ni consultar a nadie, solo creí que un ano fuera de este cochino mundo era suficiente, debía regresar para ver que había pasado durante mi larga ausencia en la que estuve bajo los dorados y milagrosos efectos de las pildoritas.

Debo rebuscar en mis notas las razones que hace un año me llevaron a acudir al psiquiatra. No las recuerdo, están en una tenue nube de confusión y sin que la razón pueda atraparlas; por suerte casi todo lo escribo, ahora puedo relatar sin dudas un día cualquiera anterior al consumo del medicamento en el que me sentía morir presa de una crisis depresiva. Los sucesos ocurridos durante los meses de Junio, Julio, Agosto y Septiembre de dos mil siete fueron determinantes en tomar la seria decisión de ir por ayuda psiquiátrica. En ese periodo se acumularon e hicieron explosión en mi mente toda una serie de factores, vivencias, frustraciones, experiencias ocurridas en nuestras vidas en los últimos tres años, justo desde que dejamos nuestro país en el año dos mil cuatro.

La costumbre que tengo desde joven de escribir a pluma o lápiz los acontecimientos importantes en mi vida me permite hoy echar mano de tantas notas desorganizadas, fechadas y escritas con tanta crudeza, veracidad e intimidad que al volverlas a leer me conmueven profundamente. Las devoro como si otro las hubiese escrito, busco en ellas sucesos que me parecen desconocidos, hay suspenso para mí como si se tratara de un libro de misterio. No todo lo plasmado en las viejas cuartillas será relatado debido a razones obvias, se repiten algunos episodios de la enfermedad, varios síntomas o noto que tienen poca relación con el tema. Son escritos de un desquiciado. La terrible crisis depresiva que atravesé en otoño del dos mil siete en San Antonio, Texas no la considero de las "normales" o "cíclicas" que pueden sucederle a un depresivo crónico. No, fue de tono muy alto, intensa, prolongada, agotadora.

## La depresión: El monólogo del diablo

Coinciden los médicos que me han tratado últimamente que debido al tipo de vida llevado junto a mi familia en tan largo tiempo, cargada de sucesos, emociones, lances y aventuras, lo extraño hubiera sido que no colapsara. El desarraigo, la separación de la familia, los amigos, el ambiente, la cultura, abandonar las propiedades, unido al arribo a un país extranjero con cultura e idioma distinto, llegar con tres hijos menores de diez años enfermos de asma, con poco dinero e ir a vivir arrimado en casa de una hija con problemas familiares propios, en un pueblecito muy pobre de Florida, sin fuentes de trabajo y otros inconvenientes eran motivos suficientes para volver loco a cualquiera. Quince días después compramos un mobil home en donde teníamos mayor privacidad y pocos meses después nos mudamos a un pequeño apartamento en South Bay, distante un par de millas y al lado de mi negocio. Como pude, atacando el repecho sin tregua ni miedo, soportando penurias, ofensas, desplantes de mi hija, de su esposo, logré sacar adelante a mi familia durante dos años, hasta que decidimos que era hora de cambiar de lugar e irnos a un sitio donde las cosas no fueran tan difíciles y el clima favoreciera la recuperación de nuestros hijos. Quien haya tenido algún ser querido sufriendo de asma sabe lo doloroso que es verlo casi morir en nuestros brazos por asfixia. Una vez en un hospital de mi pueblo, siendo medianoche, sentados en la sala de espera, llegó un papá con su hijito muy enfermo, lo tendió a mi lado y mientras la mamá gritaba por ayuda, él, sollozando se dedicaba a chupar con fuerza las fosas nasales del niño para extraerle los mocos y facilitarle la respiración, escupía y repetía la operación. Por suerte lo atendieron rápido y horas después se recuperaba. Lenta agonía, horrible desesperación tener un hijo al borde de la muerte y ser impotente ante ella. Un reconocido médico de la American Long, institución especializada en enfermedades respiratorias nos recomendó buscar ambientes más secos por lo que decidimos hacer un viaje preliminar al oeste. A fuerza de trabajo intenso y mucho ahorro teníamos guardado una buena suma. Dos huracanes destruyeron nuestra vivienda por lo que FEMA, la oficina gubernamental para ayuda por desastres nos dio dinero para la reconstrucción, algo nos quedó de él. De regreso nos decidimos por New Brauwfels en Texas. ¡Allá fuimos a dar! Nos acompañaba en mejor de los ánimos. Nunca he pedido, agradecido a Dios como lo hicimos en ese viaje. Me sentía un hombre nuevo que iba a iniciar una vida nueva llena de buenos propósitos unidos a mi esposa y mis hijos. La fe, la disposición que derroché en esos días era tan firme e inmensa que no tenía ni sentía límites en mi fuerza ni en mis planes. Trabajaba sin parar por quince o más horas sin sentir el menor cansancio o rastros de agotamiento. Me sentía un superhombre. ¡Mala señal esa! ¡Se los juro! Gastamos todos nuestros ahorros en instalar dos negocios, uno muy bonito, de regalos, juguetes, navajas, en el *Down Town*, que lo atendía doce horas al día mi esposa y otro de soldadura y mufles que lo regentaba yo.

Rentamos además una amplia casa familiar en un sector discreto del agradable pueblo. No pasaron seis meses en que todo se vino al suelo. ¡Fracasamos rotundamente! No dimos pie con bola, los alquileres nos estaban arruinando, los "biles" se hicieron impagables, con todo y que éramos los primeros en abrir y los últimos en cerrar nuestras tiendas. Les dedicamos tantas horas de trabajo para no obtener siquiera un dólar de ganancia. ¿Mala suerte?, ¿falta de experiencia?, ¿castigo divino? ¡No lo sé! Pero desde ese momento, la fe, el ánimo, las motivaciones murieron para siempre. Creer en Dios se me ha hecho insoportable, el pesimismo, el sinsentido de la vida, el aciago futuro se enquistaron en lo más profundo de mí ser. Y no logro desterrarlos. Por suerte mi esposa ha capeado mejor el temporal, ha caído pero se ha levantado, no pierde su fe en Dios, acude a la iglesia Luterana donde es miembro desde niña, trabaja desde la madrugada hasta las tres de la tarde en oficios de la cafetería en una escuela, no ve el futuro tan negro como yo.

## Capítulo XVII

De cuando en cuando en las relaciones de pareja ocurren situaciones sorprendentes, incomprensibles, que revelan la baja condición humana. Una de ella tiene que ver con la comida como sustento familiar, su preparación, servir la mesa, el comer en grupo; se producen inagotables ejemplos que ilustran lo dicho. La Biblia, así como otros libros antiguos importantes hace continuas referencias mediante parábolas o moralejas, a la concordia, la armonía al pregonar que es preferible comer un mendrugo de pan duro en paz que buey bien cebado en discordia; que vale más caminar diez leguas bajo el ardiente sol al lado de una novia agradable, que pocos pasos acompañado de una mujer gruñona.

Puedo asegurarles que una mujer tozuda, peleona, altanera, amargará lo dulce. Tengo tristes experiencias que contarles: Mi primera esposa era cubana, mediocre en la cocina, monotonía y desazón eran la regla, quizás porque el régimen donde se crió no daba muchas oportunidades, lo cierto es que el arroz, cerdo, yuca y frijoles era la base de todos sus platos; vegetales, ensaladas, aves, pescado eran poco frecuentes; a ello se deba quizás que los cubanos no se la llevan muy bien con la cocina europea. Por ser hijo de italiano tengo marcada preferencia hacia las pastas, panes, harinas, por lo que su dieta no me hacía mucha gracia, pero trataba de sobrellevar en paz el asunto, cosa que no siempre lograba y venían las ofensas mutuas, cuando no era que los paltos salían volando por los aires. Tantas eran las disputas que mientras duró el matrimonio la mayoría de las comidas las hacia fuera de casa; también empujado por el instinto de supervivencia ya que sospechaba con base cierta de que mi esposa estaba agregando extrañas pócimas, por no decir veneno a mis comidas; no eran ideas obsesivas o tema de una película, era algo real. Las mujeres que ayudaban en las labores de la casa varias veces me lo advirtieron, la mayoría de ellas se marchaban a prisa, sin razón aparente, como huyendo de algo. Por mucho que trataba de sacarles algo por la súbita partida, esquivaban las preguntas y terminaban mirándome con lastima, se despedían como si nunca me volvieran a ver. ¡Claro! Ellas si sabían lo que estaba ocurriendo.

Mi segunda esposa descendiente de libaneses es una consumada cocinera, posee manos mágicas para la preparación de variados platos; integraba ese grupo de persona que preparan la comida y se sientan a comerla con agrado. Por más de diez años nunca tuve quejas al respecto, me gustaba mucho su comida. Pero aquí viene lo extraño. Cuando las cosas se fueron poniendo chuecas entre nosotros ocurrió lo impensable. Un domingo preparó uno de mis platos preferidos, cuando nos llamó a la mesa, mi apetito era voraz por lo que acometí la tarea con brío, solo que al tercer bocado sentí nauseas intensas que obligaron a levantarme y dejar la mesa. Fue algo inusitado, desagradable y hasta misterioso. Llegué a creer que se debía a problemas estomacales, alguna indisposición pasajera. Con los días no cesaba de pensar en lo sucedido, sentía miedo. ¿Era presa de una brujería o sortilegio?, ¿qué me estaba ocurriendo?, ¿porqué ese absurdo proceder ante una comida que durante años la consideré fantástica? Desde ese malhadado domingo las cosas nunca fueron las mismas, sentía repulsión por todo lo que provenía de sus manos, se me hizo poco menos que imposible comer en familia y eso me entristecía. ¿Como unas manos amadas, benditas, de una persona que significó mucho en mi vida, ahora las repudiaba? ¡Decepcionante! Cuando en un hogar las disputas se tornan ácidas, frecuentes las ofensas, pérdida del respeto, desatención, descuido a la pareja, un aire pesado, desagradable invade las paredes, cubre los lechos, se expande en todos los rincones y acaba por destruirlo. Nada escapa a su endemoniada influencia.

Mi actual esposa tiene una particular propiedad: Trasmite o transmuta su condición anímica al plato que está preparando. Es algo curioso. Cuando comencé a notar el detalle opté por no exigirle la preparación de alguna comida o postre si la notaba malhumorada, cansada, desganada o simplemente perezosa. Sabía que si me empecinaba en exigirle algo, la comida resultaría un desastre: Carne dura, desabrida, pasada de sal o condimentos, pastas recocidas, dulces o postres deformes, feos; en fin, miserable el yantar. Juro que lo que digo es cierto. Por lo tanto, si quiero comer a gusto, en paz, yo mismo preparo mi comida, me quita tiempo pero evito follones y disfruto de uno de los momentos claves, sublimes de nuestra vida como es el alimentarnos.

Siempre he oído decir que cuando emprendemos cualquier tarea, por pequeña que ésta sea debemos poner todo nuestro empeño en hacerla lo mejor que podamos. Todos nuestros actos debieran estar regidos por esta norma, de seguro nos evitaríamos muchos sinsabores y obtendríamos grandes satisfacciones aparte de beneficios monetarios. El entusiasmo, la buena disposición para hacer las cosas es algo difícil de tener y mantener, muchos elementos atentan contra él, cualquier nimiedad, frase, gesto, actitud de alguna persona lo desvanece. Otras veces son las circunstancias, el tiempo, el clima, los horarios, el tráfico, los conflictos sociales, una tragedia, enfermedad, noticia, la televisión, los hijos, quienes se encargan de matarlo. El buen ánimo es determinante en el grado de felicidad que pretendemos. No me gusta utilizar el término felicidad porque suena a quimera, a sueño, a idiotéz. Y con toda razón. Si carecemos de buena disposición, vehementes deseos de hacer algo, lo mejor es dejarlo para otra oportunidad, de lo contrario los resultados van a ser muy desgraciados.

Continuando con el relato de mi esposa, lamento reconocer que lo peor de su desgano, rabia, malhumor o lo que sea, está invadiendo otras aéreas de su vida y por lo tanto la de quienes convivimos con ella. Veo que cuando el desgano la abate todo le sale mal: Amarga la comida, al lavar la ropa queda sucia, hedionda, las bombillas se dañan, las llantas se desinflan, los objetos se extravían, se olvida hacer diligencias importantes, peleas frecuentes con los niños, retrasos, el policía te pone multas y un sinfín de desgracias porque el desaliento pareciera atraer calamidades, desventuras y malos ratos.

## Capítulo XVIII

Para finales de mil novecientos setenta y siete, en pleno desarrollo de mis enfermedades físicas y mentales, algo recuperado con las prácticas empleadas por mi madre y los brujos, pude retomar un mínimo control de mi vida. Al menos eso creía. Me emplearon como profesor en una pequeña ciudad distante un par de horas de la casa familiar. Mi estadía en dicha ciudad es recordable porque mis estados de ánimo pasaban en cosa de segundos de una alegría desbordante a una tristeza y llantos incontrolables. Todo cuanto ocurría a mí alrededor me emocionaba hasta erizarme los pelos. Experimentaba con frecuencia delirios y pensamientos obsesivos de persecución, veía fantasmas en cualquier lado, me acobardaba ante nimiedades, un profundo temor me acosaba. Cualquier comentario insignificante, suspicacia, chiste, crítica, me sumía en un mar de dudas, desconciertos, sobresaltos; asumía que todos estaban dirigidos a mi persona, era un infierno vivir en semejantes circunstancias, no sé cómo logré soportarlo. Solo o acompañado comencé a beber a diario desde temprano, incluso en horas laborables. Inicié amoríos pasajeros con jóvenes muchachas que me brindaron algo de placer, de sentido a mi vida. Pero no estaba bien. Entretanto había rentado una casa bastante grande donde veces había en que me ocultaba evadiendo el trato de cualquier persona; pasaba entonces varios días encerrado leyendo, escribiendo, consumiendo licor, oyendo música romántica. El dueño, un negro grandulón, albañil, había sufrido una aparatosa caída desde un tercer piso que le dislocó la columna, cuestión que lo obligaba a caminar encorvado padeciendo horribles dolores que lo obligaban a proferir quejidos y lamentos sin parar durante el día y la noche. En algo su condición me servía de consuelo. Ambas casas de su propiedad se comunicaban con facilidad por lo que cuando preparaba mi comida no me olvidaba de llevarle un buen plato, cosa que agradecía con sinceridad, aunque no padecía necesidades ya que unas parientes cercanas que vivían en frente lo proveían de vituallas y viandas de su diario consumo. Conversábamos un rato y sus quejidos se calmaban un poco. Otras veces entraban a su casa unos borrachines que frecuentaban el sector de la Cruz de* donde tenían su guarida. Llegaban de todo tipo y ralea, jóvenes, viejos, andrajosos., barbados, sucios, hediondos; con desparpajo se me acercaban a pedir dinero para comprar ron o un plato de "fritos" hechos de mezcla de tripas de cerdo que una vecina freía por las mañanas. Plato muy barato, sabroso, constituía el sustento principal de aquella trulla de rufianes de baja catadura que vivían en tugurios cercanos al rio. Algunas tardes cuando me sentaba al frente de la casa, veía pasar a uno de ellos empujando una vieja y oxidada carreta donde transportaba a una mujer cuyas piernas le faltaban desde la mitad del muslo. Regordeta aunque no mal parecida era dueña de unas abultadas tetas, el pelo cortado casi a machetazos le caía sobre la frente. Los miraba pasar sin malicia ni suspicacia hasta que una de esas tardes, un conocido que pasaba en su vehículo al lado del borrachín con su carga, sacando la cabeza le gritó: –¡Que vas a preñar la mocha, desgraciado! A lo que el aludido, soltando la carreta, agarrándole los testículos con ambas manos respondió: –¡Y para ti también hay, hijo de puta! Testigos de los que nunca faltan se echaron a reír, mientras el medio pelo retomaba su carga y se escabullía en un matorral próximo. A los meses cundió la noticia que la mocha había parido un hermoso y mofletudo niño que era la envidia de muchas madres mejor dotadas, bellas y jóvenes. ¡Que de cosas tiene ésta vida!

Cultivé en esa ciudad una entrañable amistad con Rafael *, algo mayor que yo era también profesor, simpático, deportista, sociable y leal. Una mañana me presentó como su novia a una hermosa morena de ojos negros, cabello largo, sonrisa a flor de labios, era educadora de párvulos, vivía con su hermana menor y su madre que rayaba los cuarenta, viuda, joven y bonita como sus hijas. Con los días y de muy buena gana quise meter baza entre tanta belleza y noté que mi amigo se escamaba lo que hizo detener mis pretensiones. Una noche, borrachos, le pregunté si tenía algún inconveniente en que yo pretendiera a alguna de las hermanas de su novia. Su revelación seca y clara me dejo perplejo: –¡Claro que me molesta! Las tres son mujeres mías, comenzando por su mamá. Con todas tengo sexo y ellas están enteradas por lo que no hay peleas ni disgustos entre nosotros. ¿Cuál es el problema? –No. Ninguno. Le respondí casi sobrio de la sorpresa. El tiempo y la amistad me hicieron corroborar harto que no me había contado un ápice de mentira. Mi amigo gozaba los placeres de las mujeres quizás más bonitas de la ciudad. ¿Las quería a todas o a ninguna?, ¿o simplemente las disfrutaba exprimiendo su juventud y belleza? ¿Alimentaba su ego? Lo ignoro, pero de allí en adelante mi mente comenzó a trabajar muy diferente a la hora de tratar asuntos de mujeres, sexo y familia. Sabía de sectas religiosas en el norte que practican la poligamia, no me parece nada mal, pero la confianza en las mujeres ya jamás seria la misma.

## Capítulo XIX

EL ALCOHOL TOMADO en cantidades moderadas, como vehículo socializador me sirvió para paliar algunos momentos de terrible depresión. No me refiero a caer en el alcoholismo, aunque me gustaría saber cómo piensa un alcoholizado, ¿porqué se refugian en el alcohol?, ¿qué piensan y sienten al beber? La pregunta abarcaría asimismo a quienes caen en el consumo de las drogas como la marihuana, cocaína, heroína, crack, bazuco, opio y tantas otras. Tuve amigos que murieron a consecuencia de cirrosis hepática por el alcohol. Tengo de ellos gratos recuerdos de ratos que pasamos juntos jugando al dómino o la baraja. Por regla fueron personas de temperamento alegre, apacible, pocas veces los vi disgustados o violentos. Y eso contando que algunos de ellos eran dueños de bares, sitios propensos a las peleas o discusiones. Cuando se les diagnosticó la enfermedad y con ello la cercanía de una muerte breve e irreversible, no experimentaron mayores cambios o sobresaltos, lo tomaron con resignación, casi con la alegría que supone salir de un desagradable trance. Creo que lloré su enfermedad más que ellos, todavía su recuerdo me conmueve. Se marcharon sonrientes, sin lamentos ni quejidos, pero me dejaron herido, intrigado, sabiendo que se llevaron algo de mí pero sin dejarme nada de ellos. Cantineros la mayoría, de grata y leve sonrisa, oído atento, voz pausada, oportuna palabra de aliento y comprensión. Muchos de ellos se revistieron de paciencia y discreción en algún momento para servirme de consuelo oyendo mis penas y quebrantos. Puede que se iniciaran en el alcohol sabiendo que ello le acarrearía una muerte segura, pero bien valía la pena por sus efectos inhibidores, transportadores a un estado anímico eufórico que no les permitía ver en su justa dimensión las amarguras que supone el vivir. Vieron pasar sus vidas, las de sus hijos y familiares, desde un plano de obnubilación, etéreo, entre los vapores del alcohol. No se percataron ni vivieron las intensidades de los problemas diarios que debe soportar el hombre sobrio. Atravesaron experiencias distintas a la mía, a la de tantos otros; si tuvieron problemas, los solucionaron desde su mundo empapado en alcohol.

Muchas veces he estado ebrio de irme contra el suelo, también en esa condición de estar bebido sin caer en la borrachera, especial situación anímica muy agradable que se puede alcanzar con unas tres o cuatro copas e irse manteniendo durante todo el día y la noche, bebiendo espaciadamente, comiendo poco, hasta agotarse y caer en un profundo sueño. Por la mañana al levantarse, en ayunas, tomar una o dos copas. Ya se está otra vez animado, fortalecido para dar la pelea a otro día. El alcohol ayuda a soportar la vida, es un maravilloso y seguro vehículo para sacarte de ella. Lo hace lenta, progresivamente, sin prisas ni dolores agudos. Debe ser por ello que muchos prefieren la muerte de esa húmeda forma. Consideran que es mejor morir de cirrosis que de un infarto, cáncer, aplastado por un camión, envenenado, ahorcado, de un disparo o de tristeza y depresión. ¿Puede un alcohólico sufrir depresión? En caso de ser cierto ¿qué se la produjo, el alcohol en sus venas o los problemas vivenciales que padece? No he visto todavía una persona ebria que esté deprimida. Posterior a la borrachera, sí; mientras estuvo bajo los efectos del alcohol, no. El dilema es que al parar de beber se deprimirá por lo tanto es mejor proseguir y se entra entonces en el círculo vicioso de la dependencia. Para todo requiere de un trago. Drogas aparte del alcohol no probé nunca por lo que no puedo opinar, solo me atrevo a suponer que deben producir efectos semejantes a los del alcohol, con ellas se busca salir de un mundo de problemas. Al rechazar la idea radical y tajante del suicidio, quedan las del alcohol o las drogas para ir tirando, soportar el día a día de nuestras miserables vidas. Me imagino los bellos cuerpos de Cleopatra, Marylin Monroe, Anna Nicole Smith, cientos de jóvenes, ricas, hermosas mujeres, atiborrados de drogas, desangradas, víctimas de un veneno mortal o colgadas de una cuerda, todas ellas sufriendo serias crisis depresivas. Y de hombres ricos, inteligentes, famosos como Periandro, unos de los siete sabios griegos, que vivió siglos antes de Cristo. Otros recientes como Hitler, el poeta húngaro Atila Jozsef, los actores David Carradine, Pedro Armendáriz, cantantes como Owen Wilson, Michael Hutchence que se suicida en el Hotel Ritz de Sídney, Kurt Kobain, escritores como Horacio Quiroga, su familia y allegados, Ernest Hemingway, Stefan Zweig, José Asunción Silva, el japonés Yukio Mishima, que se abrió la barriga practicando el ritual suicida del seppuku y miles de casos. Hombres y mujeres poseedores de todas las cosas que ambiciona cualquier ser humano, terminan por darle una bofetada al miserable mundo.

## Capítulo XX

Hubo episodios de mi vida que al relatarlos ilustran mejor la enfermedad plagada de ansiedad, angustias, prisas, estrés, reacciones violentas, celos obsesivos, mal dormir, desorden en las comidas, presión alta, hiperactividad. Lo cierto es que lejos de cumplir los treinta mi conducta fue cambiando: Comenzaron a aparecer sueños de grandeza, prepotencia, soberbia, mentiras frecuentes, derroche de dinero, estafar, engañar, actitud desconsiderada hacia los demás. Cometía actos crueles mezclados con actos de bondad. Yo era en mi interior una guerra civil y por lo tanto dentro de mí las cosas comenzaron a funcionar muy mal. Tomaba decisiones erráticas y descabelladlas, debido a mi prepotencia no admitía consejos, buscaba imponer mi criterio en todos los campos, en todas las conversaciones. A las mujeres de turno las trataba sin consideración alguna, escuetamente debían obedecer mis órdenes o en cambio soportar luego mis actos violentos o reproches. Azotado por los trastornos decidí volver al especialista. Psicosis maniaco-depresiva fue el diagnostico. Me recetó medicamentos muy fuertes que me mantuvieron fuera del mundo durante varios meses, tanto que no recuerdo las cosas que sucedieron en ese tiempo. Mi madre preocupada viéndome en tan lamentable estado dio con otro médico. Ya para ese entonces mi vida familiar estaba destruida, abandoné definitivamente a mi esposa e hija y vivía solo en un pequeño departamento.

El recorrido que siguió mi enfermedad durante unos diez años ha sido el viaje más horrible emprendido por la mente y el cuerpo de un hombre. Los altibajos que sobrevinieron, problemas económicos y de toda índole, inestabilidad, crisis, llanto, arrepentimiento, sentimientos de culpa, la vivencia de pasados errores marcaron mi destino. Comencé a ver mi vida como una cadena de errores y fracasos. Aún subsiste ese criterio. Durante ese tiempo cambié de trabajo, de residencia y con todo ese caos en mi vida era muy solicitado en reuniones por mi forma de ser, mi carácter comunicativo y parlanchín que animaba a otros a entrar en confianza. No sé por qué era tan polémico, controvertido. Además las conquistas femeninas siempre se me daban bien lo que se tradujo en una retahíla de amantes, algunas llegaron a darme hijos. Según el decir de mi hermano menor y sus cálculos he tenido más de cien mujeres; relaciones cortas unas, otras largas. Con ese ritmo logré acumular once hijos en seis mujeres. Sin embargo lejos de darme satisfacción me iba sumiendo más en el mundo de los desquiciados. Sin lugar a dudas los estados depresivos despiertan la inteligencia, la creatividad, la chispa y atraen a las musas. Quizás se deba a esa particularidad que nuestras conversaciones sean con frecuencia ricas, animadas, interesantes, llenas de una carga emotiva tan extraña que cautiva a hombres y mujeres. Los destellos de genialidad, inteligencia, ocurrencias sublimes e impactantes son corrientes, colocándonos en una condición, en una clasificación de seres especiales. A nuestro alrededor se va creando un halo de ficción y realidad. De nosotros se dice lo cierto y lo falso, lo irreal y lo verdadero, todo ello junto dando la impresión de lo que realmente somos: Unos simples locos.

Cuando se busca definir la depresión como un padecimiento constante, permanente en el tiempo, en el cuerpo, en el alma, es necesario desechar otros factores que puedan en un momento dado estar afectando nuestras vidas sin ser perenne o firme. Padecer dolor o tristeza por la muerte de un hijo, esposa, madre u otro ser querido, sentirse un día desdichado por tener un jefe cascarrabias e hijo de puta, perder el empleo, estar triste por no ganar la lotería, no tener suficiente dinero, ni casa propia o carro nuevo, son todas preocupaciones que nos alteran el ánimo pero no necesariamente es depresión. Padecer una enfermedad terminal, sentir temor ante la llegada de la muerte no es depresión. Encontrarse desdichado porque la amada esposa se marchó con nuestro mejor amigo, sentirse mal porque entre los ricos explotadores, los estúpidos políticos y los corruptos han sumido al planeta en la peor crisis que se ha conocido desde que desaparecieron los dinosaurios, no es depresión. Estar acongojado y triste ante las masacres de las guerras, el hambre en el mundo, el fenómeno del niño, las tragedias naturales, verse rabioso e impotente ante los sacerdotes, pastores, guías y consejeros religiosos pederastas, homosexuales y ladrones que pululan haciéndose pasar por mansos corderos no es depresión. Ver y sufrir porque nuestro planeta está siendo destruido por la mano del hombre contaminante, arrasador de bosques, eliminador de fuentes de agua, exterminador de especies vivas, no es depresión. Llorar un día al oír una vieja canción, no es depresión. Sentirse iracundo, estafado e impotente ante los médicos, psiquiatras, psicólogos que no tienen ni puta idea de lo que es la depresión, pero se auto consideran especialistas, no es depresión. Sentir desgano u odio por ir un lunes a trabajar a un lugar desagradable, no es depresión. Cuando reflexiono y segmento mi vida en diferentes etapas veo que la primera iría desde mi nacimiento hasta los treinta años. Sin duda que en ella surgen, crecen y se consolidan la mayoría de los factores que conforman mi actual estado depresivo, si es acaso depresión lo que yo padezco, porque cada especialista en su momento le asignó un nombre diferente: Fobias, enfermedad maniaco-depresiva, esquizofrenia, trastorno bipolar y otros. Si reviso y comparo los síntomas notos que son los mismos o muy parecidos. Al comienzo se habló de stress debido al tipo de vida que llevaba: Muchas horas de trabajo, de borracheras, de sexo, relaciones familiares tensas, yo era una maquinaria incansable que no paraba nunca y hacía la vida en medio de la guerra sin cuarten que libraba mi esposa contra mi familia. Leo páginas tras páginas sobre Sodoma y Gomorra y ambas se quedan cortas comparadas con mi vida durante esos años. No es de extrañar la lluvia de males que se desataron tiempo después sobre mi mente, mi cuerpo, mi espíritu. El segundo periodo va de los treinta a los cuarenta y tiene la marca de las desastrosas consecuencias de la primera con la salud física muy deteriorada sin lograr conocer las causas y la mente trastornada. Fue vivir un día bien y dos malos, deseando morir pero sin valor para optar por la solución final. Un tercer y largo ciclo de más de veinte años que comienza con mi tercer matrimonio y todavía no concluye.

## Capítulo XXI

Hoy es uno de esos días que aseguro el morir es lo mejor. No veo luz en el camino solo problemas y cuestiones desagradables, ha caído la niebla una vez más sobre mi azarosa vida. Trataré de hacer lo que recomienda el viajero de los andes, detenerse y esperar hasta que la niebla se disipe, luego proseguir el camino si es que puedes, las experiencias y sinsabores del diario vivir me van haciendo más egoísta, buscar más la soledad y el aislamiento. Se comienza a comprender que eso de ayudar y amar al pobre es una soberana pendejada. Hacer obras de caridad u obras sociales para ayudar a los menos favorecidos, a los enfermos, a los necesitados es una tontería, no ayudan en nada, lo más probable es que te arruines, la gente diga que estás robando en algún sitio y nunca quedan conformes con lo que se les da. Los más desagradecidos son los enfermos y los desposeídos, creen que todo se les debe, que los demás deben velar por sus males o carencias, pero ellos no hacen nada por solucionarlos Quien se meta a redimir los pecados y faltas ajenas, seguro que va a padecer muchas penurias. La vida con los años nos va tornando duros, desconsiderados y amargados. Eso de llegar a una vejez plena y llena de dicha es una gran mentira y una hipocresía de un grupo de viejos decrépitos que piensan que agradecer a Dios por llegar a los noventa los va hacer felices aquí y luego van al paraíso por el resto. ¡Patrañas! Eso es lo que son. ¡Viles patrañas! Suficiente hablar con ellos durante unos minutos y se abre la caja de Pandora, comienzan a vomitar sus amarguras que han tratado de tapar con buenas obras que nadie aprecia y que tampoco les llenan el espíritu. No creo en la abnegación ni en el desinterés de las personas, son simples máscaras que se ponen para distraerse y buscar un sentido a sus tristes y oscuras vidas. Pretender combatir la depresión, las enfermedades del alma, del cuerpo o del espíritu emprendiendo obras de caridad no dan ningún resultado, lo más probable es que se salga decepcionado y peor que antes.

Atravesando unas de mis etapas financieras difíciles, me fui a vivir con mi familia a un alejado campito donde una vez tuve sembradíos de piña. Era para aquel entonces y todavía sigue siéndolo uno de los lugares más pobres del país, por ello los terrenos eran baratos al igual que la mano de obra. Dentro de la pobreza pero con grandes deseos de superarme, ocupando mí tiempo activamente casi veinte horas al día, me dediqué a trabajar viajando como vendedor para sacar adelante a mi familia y construir una casa. En cuestión de un par de años la concluí y mi situación económica mejoró notablemente. Los diablillos de la depresión se asomaban de vez en cuando pero mi agotador ritmo de trabajo los mantenía a raya. Fue para ese entonces que casi de la nada una tarde apareció frente a mi casa una elegante señora de muy buen aspecto aún con sus cincuenta y tantos años a cuesta, conducía un lujoso vehículo cuya maletera estaba llena de zapatos, ropas y regalos para la gente pobre del sector que eran prácticamente todos. Solo recuerdo que se llamaba Graciela *, supongo que era de origen europeo por sus rasgos. Casada con un rico italiano dedicado a la construcción y el comercio, vivían en una lujosa casa de una exclusiva zona de la ciudad distante unos treinta kilómetros del pueblecito. Alguien le dio mis referencias como dirigente político y cuando sonriente tocó mi puerta pensé que se trataba una alta dirigente pero cuando me habló de sus pretensiones filantrópicas me quedé de una pieza. Conozco, trato y hasta he convivido con personas, sacerdotes, pastores que siempre andan en esas cosas de querer ayudar al prójimo, no les importuno ni me importa lo que hacen o dejan de hacer siempre y cuando no interfieran en mi vida o afecten mis negocios o intereses. Sin embargo ver a aquella elegante señora en ese plan me hizo pensar que estaba algo chalada. El país entero acababa de entrar en la peor recesión económica de su historia. La moneda nacional iba en caída libre devaluándose cada día, la inflación asomaba con fuerza, el desempleo, la escasés de productos básicos y la miseria se veía por todos lados. Y de repente surgía ésta señora con ganas de regalar su fortuna entre los pobres. Soy suspicaz y desconfiado por naturaleza pero no la desanimé, la conduje a pocas cuadras de mi casa y en cosa de minutos vació la maletera aunque la mayoría de las personas se quedaron sin recibir nada. No alcanzó para tanto necesitado. Prometió volver pronto y lo cumplió. Con los días la fui conectando con los sectores más pobres entre los pobres y dejé que hiciera su ansiada obra de beneficencia. Ocupado como andaba junto con mis compinches en los sucios asuntos de la politiquería no me quedaba tiempo para ocuparme en saber de ella. Pasaría un año o menos cuando la conseguí de nuevo sentada en la sala de mi casa platicando animadamente con mi mujer. Enseguida comprendí que las cosas no andaban bien del todo para ella. Mantuvimos una larga conversación que nos consumió almuerzo y cena. Cuando partió ya entrada la noche la noté algo serena. Las recomendaciones que pude darle le parecieron extemporáneas. Me reprochó severamente porqué no se los había dicho el primer día que tocó mi puerta. Realmente yo tenía veinticinco años menos que ella, por lo tanto no me veía con derecho ni autoridad para guiarla en su proceder. Los días que siguieron me sirvieron para sondear la opinión que había en el sector sobre la flamante y benefactora señora. Para ser honesto nada de lo que oí me sorprendió, me permitió confirmar que los seres humanos somos una mierda. Y los pobres peor aún. En primer lugar los hombres jóvenes y maduros, comentaron sin pena que los problemas de esa vieja eran por estar falta de hombre, en el aspecto sexual, claro, que el marido se había buscado una joven muchacha que le alegraba la vida y no quería saber nada del carcamal que tenia por esposa, que habían robado tanto en sus negocios que ahora la voz de la conciencia no los dejaba dormir, que estaban pagando una penitencia por un favor recibido de un santo en la sanación de un hijo. Por su parte las mujeres mantenían una opinión de cierto respeto con su ingrediente de burla, suspicacia y de secreto propio de féminas. Nunca supe los motivos reales que movieron a esa señora para andar haciendo el papelazo de buena samaritana y bondadosa con los pobres, tampoco me interesan, lo que si supe y sé positivamente es que no ganó el aprecio y el agradecimiento de ninguna de las personas a quienes ayudó. Incluso hoy cuando alguien la recuerda sigue siendo motivo de risas y burlas entre los habitantes de los ranchos del sector. Mujeres, niños que corrían tras su carro para recibir alguna prenda de vestir, un par de zapatos o comida hoy se burlan de ella de la manera más cruel y despectiva. Graciela * debió darse cuenta de todo, no me explico cómo y porque soporto aquello. ¿Debía acaso cumplir o pagar alguna promesa hecha a un santo? ¿O vino a satisfacer sus deseos carnales con los jóvenes pelagatos del sector? ¿Alejarse de su marido y de su familia? Lo ignoro. Hasta que un buen día nos dejó y jamás volvió a verse por aquellos parajes. Tal como llegó se desvaneció, solo quedó un vago recuerdo, de esos que parece que nunca ocurrieron, de alguien extraño que surgió de repente, hizo o deshizo y desapareció. Yo no la he podido olvidar. Nítida veo su figura rellenita pero elegante sobresalir entre los mugrientos habitantes que la jaloneaban por la falda gritándole o empujándola en medio de la polvareda o los charcos de agua, según fuese la temporada, siempre pidiéndole algo. El paisaje árido, rojizo de los cerros, roto por uno que otro ñaragato, cujíes, úvedas, cardones curvados o erectos con sus espinas al aire buscando adherírsele a un desprevenido caminante o a un arriesgado chivo, servía de fondo a las andanzas de esta extraña mujer. Dado que no hacía proselitismo político ni religioso la gente la miraba como una ricachona trastornada o aburrida de las salas de té, con hijos ya grandes que viven a miles de kilómetros de distancia y si acaso la llamaban por teléfono una vez al año. Los pobladores nunca la aceptaron ni como propia, que no lo era, ni como extraña, solo querían sus obsequios. Al vaciarse las cajas ella quedaba sola en medio de la nada, mientras, arrastrando sus pies descalzos, callosos, llenos de niguas, cada quien se metía en sus pobres casas hechas de barro, tablas, cartones y pedazos de láminas cerrando las puertas tras sí. Ese fue el trato que siempre le dispensaron y ella lo soportó por un buen tiempo hasta que supongo se cansó y los mandó a todos al carajo. Casi oigo su voz maldiciéndome por no haberla detenido en sus propósitos el mismo día que la conocí. Cuando sostuvimos nuestra larga y última conversación yo solo le dije que hubiese sido mejor haber tomado el dinero que gastó en obsequios para los pobres e invertirlo en un crucero por el mar Índico o un viaje a Groenlandia. De seguro obtendría mejores beneficios para su salud física y espiritual que andar tratando de aliviar o redimir las penurias de los desamparados. Me oyó callada, luego con lágrimas en los ojos se lamentaba de la ingratitud de las personas a quienes favoreció con su caridad, de los chismes malsanos que se tejían sobre ella y su familia. En fin que la pobre mujer decepcionaba se sentía víctima del desengaño y los malos tratos de quienes pensó eran buenas personas. Quisiera oír una opinión sincera, de gente normal, que me diga con honestidad si de verdad se siente realizado y feliz por haber dedicado su vida y su fortuna en beneficio de los desposeídos del mundo. Solo los tercos, tozudos y estúpidos mantiene estas creencia a rajatablas, aun cuando hayan sido heridos, apuñalados, apedreados o asesinados por los mismos a quienes pretendían ayudar. Hacer el insensato papel de mártir no es para todo el mundo, a la mayoría no les luce bien. Pero lo siguen haciendo. ¡Que se jodan!

## Capítulo XXII

Algunas preguntas están repiqueteando en mi cabeza desde hace varios días. ¿Cuando se agotan los parientes de un depresivo de lidiar con la enfermedad? , ¿cuál debe ser la conducta de la esposa o parientes de un individuo deprimido? Aclararlo es muy difícil ya que el trato con el afectado conlleva mucho amor, paciencia, comprensión, abnegación y otras mil virtudes escasas. Casi ninguna persona está dispuesta a hacer semejante sacrificio de soportar y atender debidamente a un enfermo de esa categoría debido a sus bruscos cambios, altibajos en el ánimo, reacciones del día a día que agotan. Estar pendiente del enfermo veinticuatro horas diarias, chequeando que no cometa tropelías, travesuras o trate de envenenarse, colgarse o asesinar a alguien, termina por enloquecer a cualquiera y por mucho amor y buena voluntad que se tengan, al final terminan por desear que desaparezca de una vez por todas. Comprendo perfectamente la situación, se está consciente de no querer ser una pesada carga para nadie, eso nos atormenta y con el tiempo se transforma en una básica razón para el suicidio. El deprimido cada vez exige mayor atención, afecto y tolerancia, que lo oigan porque se obceca en la idea que lo están dejando de querer y sus exigencias no las pueden satisfacer todas las personas salvo la madre, algún pariente cercano o una enfermera bien pagada. Múltiples son los casos en que la esposa, madre, hermanos, se saturan hasta el hastío de querer salir en volandas abandonarlo todo para nunca mas volver, cuando no es que se les pasa por la mente la genial idea de eliminar al enfermo; es la carga que supone convivir con un deprimido porque con su conducta afecta el entorno. Aceptarlo, comprenderlo, compartir unos momentos con él puede ser posible, pero convivir años es una tarea titánica. Para un enfermo de depresión cada episodio es algo nuevo, es una fresca vivencia con sus características y sufrimiento propios, para el familiar que convive con él es más de lo mismo, un ciclo que se repite día con día. He aquí el grave problema que se presenta cuando la esposa, madre, pariente o médico no le da importancia al episodio porque

## La depresión: El monólogo del diablo

lo ha vivido una y mil veces y asegura que mañana se le pasará o le durará solo unos pocos días. Es muy probable que no haya mañana porque el enfermo tome la fatal decisión de acabar con su vida o cometer una desgracia familiar. El individuo deprimido debe ser oído en todo momento, atendido como si fuese el primer episodio o la primera crisis. El asunto es ¿quién está dispuesto a soportar semejante castigo? Es una pesada cruz para todos los que comparten el entorno del depresivo. Mi madre y mi hermano menor fueron los parientes que noble y desinteresadamente me acompañaron y consolaron durante los primeros años de mi mal, cada quien me ayudó con sus medios, conocimientos, cariño y buena voluntad. Del resto, llámense amigos, vecinos, conocidos, colegas y demás afines poco les importó mi enfermedad y hasta me atrevo a asegurar que muchos se alegraron de ello; en cuanto a la flamante compañera con la que tuve el acierto de casarme la primera vez era la que más se burlaba de mi condición tildándome de loco. ¿Cuando se hartó mi madre de cuidarme? ¿O mi hermano de oírme en las largas y frías madrugadas en que le despertaba de su sueño para que me acompañara en interminables caminatas de horas por una ciudad casi a oscuras y en total silencio? Lo desconozco. Estoy lejos para preguntárselos y mi madre está muy vieja para recordarlo. Queda mi actual esposa que lleva conmigo los últimos veinte años y a quien recién le reclamé su desatención; ya no le agrada oírme, eso lo percibo claramente. Al principio me dijo que eran ideas mías, más tarde me aclaró que tenía razón, ella no quería seguir oyendo mis sempiternos lamentos porque eran los de siempre y no tenía armas para batallar contra ellos. Repliqué diciendo que ella nunca tuvo armas ni elementos ciertos para vencer mis tribulaciones, verdad es que estaba conmigo desde que tenía diecinueve años y a esa edad pocos recursos dispone una mujer para enfrentar las angustias de una persona deprimida, salvo regalar sus beldades como mujer enamorada y la paciencia que tuvo de oírme con amor y atención durante horas y horas hasta que mi alma se serenaba, sumados sus atributos físicos y mi enamoramiento terminaban por emparejar mi terrible condición. Su proceder en esa época hizo que la amara y respetara como nunca hice con otra mujer, me hacía sentir el centro de su mundo lo que me reconfortaba, animaba a salir pronto del hoyo. En ese plan anduvimos durante unos quince años, una verdadera hazaña y una demostración de paciencia, bondad y comprensión sin límites por parte de ella, cuestión que le agradezco inmensamente pero lamentablemente presagio pronto final. No puedo precisar la razón, solo que de una manera lenta pero progresiva, las atenciones, el esmero en oír mis quejas y lamentos fue muriendo dando paso a la indiferencia, la frialdad y el laconismo. Asoma entonces el dolor al querer contar tu triste condición y la otra persona corta el discurso a secas para atender una llamada al celular de sus compañeras de trabajo, su hermana o su madre. Cuando no es levantarse para ir a ver fotos en facebook o chismear con la familia, dejándote con las palabras en la boca y la mirada al suelo. Se llega a sentir rabia y repulsión hacia esa persona que una vez nos pareció un dechado de atenciones, comprensión y amor. Nos sentimos engañados, traicionados por alguien a quien es muy posible se ame aún. Comprendo que la paciencia se agota, la capacidad de oír, la tolerancia y el amor, con los años desaparece y se nos hace difícil admitirlo. La condición del deprimido cuando se ve desatendido por quien le cuidó con esmero por tan largo tiempo, es traumática, hiriente y desesperada. Se piensa en todo lo malo: Infidelidad, pérdida del amor, rencor, venganza, odio, repulsión y miles de cosas más que sumen al deprimido en un mar de dolor y confusión. Cuando le pedí que discutiéramos el asunto noté que su mente se abrió, hasta se sorprendió de haber hecho un descubrimiento importante sobre la enfermedad. Afirma que me quiere y le preocupa mi estado cada vez que me ve en una crisis, pero se marcha tranquila a cumplir sus ocupaciones porque tiene la certeza que "mañana se me pasará", mañana me sentirá mejor y todo volverá a la normalidad. De esa forma ha sido durante los últimos cinco o seis años y no va a cambiar. Pensar de esa manera es un gran error, el enfermo ve que sus crisis no se parecen en nada una a la otra, hasta se le olvida que han ocurrido. Cada sufrimiento es nuevo, agudo y el desánimo, la abulia, la sensación de impotencia dominan toda la escena. La mayoría de las personas cercanas no ayudan en nada, por el contrario muchas veces solo contribuyen a agravar la situación o a desencadenar una tragedia.

Algunos se burlarán del enfermo, otros darán consejos idiotas y carentes de sentido, hay los que orarán en forma exagerada, todos verán que provecho sacar de la situación y marcharse pensando en sus propios asuntos. No es una feliz idea tratar de rodear al enfermo de personas muy alegres o festivas, tristes, locos o religiosos con el propósito de que se le contagie viveza y mejore el ánimo. Eso de nada sirve, al contrario agrava la condición del enfermo. Nunca faltan los imbéciles que entran como una tromba donde se halla el enfermo, lo abrazan efusivamente para darle bríos y recomendarle dedicarse a beber licor, bailar, buscarse una joven mujer, tener sexo, darse un viaje al exterior o a una playa; en fin dedicarse a la buena vida y olvidarse de su mal. No se dan cuenta que el problema es del alma, de química cerebral o de la cagada de dios, nadie quiere estar es ese horrible estado, solo que en tu cerebro falta o sobra un componente químico. Nadie sabe todavía con certeza cual es y esa falta o exceso produce unos cambios inevitables en la conducta, personalidad y forma de ser de quien lo padece. Otros te recomiendan ingresar a una secta u orden religiosa para que la cercanía con Dios te ayude. Casi siempre esta vía solo conduce a un aislamiento del enfermo, crearse una falsa personalidad y sentirse un converso con propiedades o facultades divinas. Es parar en loco de remate como esos personajes que se consiguen con frecuencia en las plazas de las grandes ciudades donde se conglomeran muchas personas, con un libro sagrado en las manos, gritando, saltando y dando muestras de estar poseído por algún espíritu en un estado de frenesí y paroxismo. Me producen lástima y a la vez me veo con francas posibilidades de imitarlos si no me cuido de las religiones y sus santeros. Puedo asegurar que ninguna religión cura la depresión.

¿Por qué es tan difícil conseguir una persona que nos oiga? Oír no es regañar o aconsejar al enfermo tampoco es recomendarle formulas mágicas que le resuelvan el problema, escuchar es una virtud escasa, una técnica que va mucho mas allá del sempiterno e idiota consejo: Vamos, ¡desembúchalo todo! A quienes me trataron en esos términos los mandé a la mierda en las primeras de cambio. ¿Porque se agota tan rápido la paciencia del oyente y se hace tan difícil saber oír? Tan es así que hay que pagar grandes cantidades de dinero para que alguien preste atención a tus peroratas. Si no me creen, pregúntenle a un psiquiatra, psicólogo, orientador o consejero. ¿Qué es lo que hacen? ¿Por qué cobran tan caro? Han aprendido a preguntar y oír hablar a la persona con atención, paciencia, durante una hora o algo menos. El enfermo que no es oído constantemente, con paciencia, interés y afecto, no solo se aleja de su cura sino que está a un paso de la muerte o de cometer una tragedia con su vida o con la de otros, es una ley de la enfermedad que no admite cambios, debe acatarse sin ambages ni refistoleo. Si la paciencia llegó al límite debe buscarse otra persona que la supla, pero siempre el enfermo debe ser oído, sin importar el día, la hora, el lugar o la condición. El asunto es la manera cómo reacciona el enfermo ante la nueva situación. Es delicado tocar el punto ya que si se mantiene un poco de control –cosa bastante difícil– tratará de conseguir ayuda en alguien cercano que la sustituya pero el cambio puede causar conflictos en la pareja o en la familia porque la esposa o madre se sentirá desplazada. Hay quienes buscan y consiguen ocupar el tiempo en algo, distraer la mente en ejercicios físicos, trabajos al aire libre, leer, escribir, ingresar a alguna congragación religiosa, participar en obras comunitarias, pero dar el paso nunca es fácil ni garantiza buenos resultados. Salir por propio pie del atasco no es una conducta muy frecuente, lo común es que la condición del enfermo se agrave, surjan problemas más complejos, las crisis se hagan cercanas y aparezcan los intentos de suicidio.

Últimamente mi esposa todo lo ve normal que los vaivenes y trastornos del ánimo me ocurren cada cierto tiempo, la discusiones en las parejas es lo común y somos muy felices, que mi depresión cíclica me hace ver las cosas oscuras pero pronto volveré a sentirme de lo mejor. Ella se la da de sabihonda y no cae en cuenta que la relación se ha ido desmoronando. Y no me veo compartir con ella el resto de mis días, por lo menos mientras no cambie de actitud. Ayer doce de marzo del dos mil doce sostuvimos una agria discusión debido a que ella asegura que me ha brindado toda su atención, su tiempo, su vida en comprenderme, escucharme, consolarme a lo largo de nuestra unión que ya pasa los veinte años y yo solo escribo en el libro frases amargas, cargadas de resentimiento en su contra sin ningún tipo de reconocimiento. Todo vino por haberle hecho preguntas como ¿En cuánto tiempo se cansa la esposa de atender a un marido depresivo? ¿Cuándo sentiste que ya no podías más con mi carga y me fuiste dejando de lado? ¿Cuándo te aburriste de oír mis sempiternas peroratas, la negra opinión que tengo del futuro, de la vida, de todo? Según ella, nunca. Que el amor todo lo puede y bla-blá -bla… Le respondí que yo considero como tiempo útil en el cual me sentí atendido, oído, consolado, de los veinte años que hemos permanecido juntos, solo los primeros diez, el resto, por las razones que haya sido fueron muy diferentes. Percibía cada vez con mayor frecuencia que me evadía; iniciábamos una conversación normal y de repente se levantaba a hacer una llamada, pagar un "bill" o nada, dejándome sentado como un pelele en la silla. Se fue haciendo repetitivo, consuetudinario. Aprendí a soportar su actitud despectiva, indiferente, con rabia, dolor y un resentimiento creciente. Eso no quiere decir que no comprenda que una mujer en un país como lo es éste que salga a trabajar a las cinco de la mañana para retornar a casa a las tres de la tarde ya no tenga fuerzas ni deseo de nada, no puede atender debidamente a tres hijos adolescentes y un marido con depresión. Simplemente es imposible. Pues ella considera lo contrario. Eso encendió la mecha, la mesa estaba servida para la batahola. Ni ella ni nadie comprende que esa es la manera como un depresivo ve a las personas, queridas o no, que integran su mundo. Es probable que sean bondadosas, comprensivas, amables, abnegadas, pero uno no lo nota, no le da valor y pide más y más atención cada día. Sin duda que en otras etapas de mi vida, otras personas, esposas, familiares, amigos, nunca les importó la dura condición que atravesaba, hasta se alegrarían de ello. De las mujeres que pasaron por mi vida o mejor dicho, que yo pasé por la de ellas, unas cuantas son causas directas del padecimiento, otras fueron tan torpes y ciegas en estos asuntos que ni se enteraron de la enfermedad. Unas, muy pocas se preocupan por entender tu condición, ayudar, oír, comprender. Lástima que se fatigan pronto, dando paso a los malos tratos o sencillamente se marchan por donde vinieron. Me cuesta incluir la palabra amor en ésta relación, quizás se deba a que en mi vida profesional he visto con frecuencia parejas que se juraron amor eterno y al poco tiempo llegan a odiarse con tanta vehemencia que piensan en el asesinato. ¿Puede alguien rebatir esto?

## Capítulo XXIII

Hoy por la mañana como de costumbre fui a llevar a mis hijas a la escuela, por el camino vimos a un jovencito de unos trece o catorce años, iba vestido con una gabardina larga color marrón que lo hacía ver más gordo. Blanco, muy blanco, mofletudo, con el pelo rubio, caminaba lentamente como arrastrando los pies, la mirada al piso. Al oír el ruido del motor levantó la cabeza, miró a mi hija Sara que ocupaba la ventana y le saludó ofreciéndole una forzada sonrisa como queriendo ser agradable. Le pregunté quién era y me dijo: –Es alumno de la escuela pero no de mi grado, sé que su madre murió hará cuestión de un mes o algo así. Por eso en estos días anda algo raro. Me dijo secamente.

–Debe estar pasándolas muy mal. La sensación de vacío y soledad que deja la ausencia de una madre marca y rompe el alma como ningún otro dolor. Dije.

Les recordé como cuando siendo niño, mi madre enfermó gravemente coceada por una vaca bravía a quien acababa de ordeñar y con una vara de madera trató de quitarle la cuerda que le sostenía la pata amarrada a un grueso troco, pero el animal pateó fuertemente hacia un lado yendo a incrustar la punta de la vara en la ingle de mi madre quien cayó al suelo presa de intensos dolores. Amenazada seriamente con derrames internos tuvo que ser trasladada de urgencia a un hospital de la ciudad donde la mantuvieron durante dos o tres meses. En ese tiempo el miedo a la muerte, la soledad de la casa, de su habitación, sus olores, sus ropas, calzados objetos personales sufrieron a mi parecer tal transformación que parecían entristecerse, enmohecerse y a la vez cobrar vida para llamar a su dueña. Era la patética impresión que embargaba mi alma de niño. Yo los tocaba, los olía, me frotaba la cara con sus ropas para refrescar su presencia y sentir algo parecido a sus caricias. Podía ser un día soleado pero la casa permanecía triste, se vivía, comía, hablaba, pero de una manera maquinal, sin sentir lo que estaba ocurriendo. Al levantarme en las mañanas, la pereza, la sensación de soledad me embargaban, no quería salir de mi cama, arropaba la cabeza y el llanto afloraba a raudales. Mis hermanas mayores haciendo de tripas corazón, fingiendo ser fuertes me daban ánimos a empujones obligándome a asear, comer e ir a la escuela. Caminaba igual al muchacho que vimos, con la cabeza gacha, el corazón compungido, yendo sin sentido a ningún lugar. De pronto ya estaba a las puertas de la escuela y me obligaban a entrar. No sé cómo pero llegaba la hora de la salida. El retorno era como subir una cuesta muy empinada, daba un paso adelante y dos hacia atrás; el recorrido que antes hacía con extrema rapidez añorando los platos de comida preparados por mi madre, ahora tardaba horas en hacerlo. No deseaba llegar, sabía que me iba a encontrar una casa desolada y triste, los objetos tirados aquí y allá, platos sucios con restos de comida hecha por manos inexpertas y ese olor, ese olor a tristeza, porque aunque no lo crean la tristeza tiene su olor que la distingue de cualquier otro y que va directo al alma, a hacerte sufrir a sacarte el llanto a montón. En los momentos de dolor, aún estando rodeado de personas se experimenta la soledad. La soledad física es una cosa, la soledad espiritual es otra muy diferente. La primera algunas veces es necesaria, es buena y hasta la buscamos en determinadas ocasiones. Pero la segunda llega sin llamarla, como los gatos y se aloja en el mero centro de nuestra alma con el propósito de hacer daño, carcomer nuestras entrañas, destruirnos mediante un sufrimiento lento, sordo, implacable. La soledad espiritual no tiene olor pero contribuye a acentuar el olor de la otra tristeza. Es como la argamasa que sin ser ladrillo ayuda a unirlos. Estar en soledad física es algunas veces triste pero puedes salir de ella con facilidad. Estar en soledad espiritual y además agobiado por una profunda tristeza es mucho peor que estar en las pailas del infierno o en el purgatorio. Oí a alguien decir que el purgatorio es peor lugar, se sufre más que en el infierno y es allí donde mandan a los que fueron envidiosos en la tierra. Puede que tengas tv, radio, juegos, libros, cosas con las cuales divertirte y pasar el tiempo, pero todas están cubiertas por la tristeza, no te pueden ayudar, lo penoso es que esos objetos contienen imágenes o marcas de la persona ausente impresas de alguna u otra forma al obsequiártelas, quitártelas como castigo o que ella usaba, limpiaba o recogía del piso. Ahora los objetos cobran vida, sacan malévolamente ese detalle y te lo espetan en la cara, en la mente, para hacerte sufrir. El rastro que deja el ausente o el fallecido es mucho más visible, sensible y perceptible que la de los vivos y presentes.

Mi madre no murió, es más aún la tengo viva pero aquella amenaza de muerte y su prolongada ausencia me hicieron conocer el sufrimiento de la pérdida. Es probable que para el hijo varón la madre tenga una connotación diferente más intensa que con respecto de las hijas. Freud habla del complejo de Edipo a la relación hijo-madre y su significado. Desde la niñez hasta los doce o trece años mi madre encarnó para mí un patético símbolo sexual: morena, joven, bonita, sensual, con suficientes atributos como para enloquecer cualquier hombre. Su recio carácter se contraponía con el aspecto físico; siempre estaba asediada por hombres lo que me producía unos celos espantosos, rabiosos. Temía que le fuera infiel a mi padre toda vez que pasaban largas temporadas separados y había una marcada diferencia de edad entre ambos, eso me hacia sufrir. Para cuando dejé el internado después de cuatro años de encierro, las cosas habían cambiado mucho, la notaba diferente, distante y ya no representaba sexualmente nada especial, el afecto había madurado o perdido, era más calculado, casi como el que hoy siento por ella cuando está cerca de los noventa años. No puedo asegurar que la transformación del afecto fue provechosa.

No dejo de pensar ¿Cómo se sentirá ese muchacho? ¿Qué hará al llegar a su casa y no encontrar a su madre? Entrará a su recamara, verá su cama, su butaca, sus ropas, abrirá el closet y el olor a tristeza, a soledad le invadirá; punzadas en el corazón, un dolor que desgarrara el alma y el cuerpo, se desahoga en un llanto seco, ácido, profundo. ¡Eso es el infierno! Frases de consuelo por muy sinceras que estas sean no sirven de nada. Basta preguntarse ¿Que frase bonita o grata puede decírsele a un niño que ha perdido a su madre? No la hay. Maldita vida ésta que se nos ha dado. ¿Qué culpa tiene un niño de sufrir semejante castigo? ¿Cuál es el propósito de ese perverso dios que nos creó? ¿Que quiere enseñarle Dios a una tierna criatura que solo busca un poco de cariño de su madre para ir tirando y soportar ésta puta vida? Hoy será un mal día para ese joven. Amaneció nublado, con un gris húmedo, callado, solo se oye un canto feo, como el lejano graznido de un pájaro. Querrá ir al cementerio, abrazarse a la tumba de su madre, verá las flores marchitas, algunas todavía con buen color. Un gran jarrón de porcelana barata tumbado por el viento o algún animal yace en un rincón con la boca destrozada y un desbaratado ramillete de claveles comienza a secarse. Se ven algunas personas visitando tumbas, trabajadores preparando otros hoyos, pero reina el silencio. A los muertos no les gusta el silencio, ni el reposo eterno. No sé quien inventó esa patraña, pero nosotros no queremos complacer a los muertos. Por eso damos y exigimos silencio. El muchacho llega hasta la tumba, no comprende la muerte, no cree que allí en ese hueco cubierto con una losa de mármol negro yace su madre, la que hasta ayer le preparaba la sopa de pollo que tanto le gustaba o la lasaña los domingos. Su mente se llena de imaginarios diálogos: –¡No, ella no está allí! Se repite con los ojos llenos de amargas lágrimas. ¡Voy a regresar a mi casa y allí la encontraré! El médico dijo que se recuperaría en pocos días. Ella me está esperando. ¡Debo darme prisa! Se levantó con presteza montando en su bicicleta e inició alegre el viaje de regreso a casa. Su boca se hizo agua al recordar la deliciosa comida que le esperaba, los dulces besos de su madre que algunas veces rechazaba. Mientras en la casa, un viento gélido penetraba por las rendijas queriendo llevarse el olor a tristeza que se aferraba con fiereza a las paredes, techos, ropas, muebles. Una pertinaz lluvia comenzó a caer y un par de grandes cuervos se posaron en los escalones que daban entrada a la casa, chillando y graznando como enviados del averno.

Ayer lo volví a ver camino a la escuela: cabeza caída, la barbilla casi tocándole el pecho, usaba la misma gabardina marrón del día anterior, una bolsa plástica con las letras de Wal-Mart bamboleaba lentamente de su mano izquierda, en su interior se veía algunos envases plásticos con bebidas para el lunch. De seguro el mismo se preparó aquel frio avío sin cuido ni esmero, solo colocó en la bolsa lo primero que tropezó por allí para mitigar el hambre que implacable le atacaría en algunas horas. Ya las cosas no volverán a ser nunca como antes. Se dice que la naturaleza no admite los espacios vacíos, de lo que si estoy seguro es de que mientras llena de nuevo el espacio que dejan las ausencias de los seres que hemos amado, las gotas de hiel, de dolor que se derraman son muchas y jamás se llegan a borrar totalmente las imágenes, vivencias y recuerdos. Puede que nos hayamos mudado al rincón más apartado de la tierra, cambiado nuestras amistades, relaciones, hábitos, pero en el momento menos pensado la mente trae su carga de recuerdos para golpear cruelmente y hacernos tambalear de nuevo.

Una ausencia temporal o definitiva frecuentemente genera soledad o tristeza. O ambas. Y cuando se hace crónica, profunda conduce a la desesperación. Es curioso observar como los divorcios o las separaciones causan mayor dolor a las partes que la muerte misma de uno de los cónyuges. Vemos como los crímenes pasionales se producen a menudo porque el cónyuge no quiere sufrir la fase que supone la separación y para colmo estar viendo como su ex pareja rehace su vida buscando nuevas amistades, otro amor, viajando, retomando sus quehaceres volviendo a su vida anterior. Verla muerta es menos doloroso y busca entonces el asesinato como la mejor solución. Y esto se ve en cualquier tipo de familia, sociedad, clase o raza. Sentimientos como el dolor, la soledad, la tristeza, el odio son innatos en los seres humanos, no distingue que se viva en un país industrializado o del tercer mundo, que sea rico o pobre, todos los sentimos. Algunos logran controlarlos o dominarlos mediante conductas y acciones muy propias, personales, otros no pueden hacerlo; se sabe entonces que estamos llegando a las puertas del infierno en vida, tocando desesperadamente para entrar de cabeza en el.

Me invade un hondo pesar cuando miro hacia atrás y ver lo que he sido y hecho durante cincuenta y seis años de existencia. Para mí es un balance negativo, cero en rojo: Once hijos, tres matrimonios, cualquier cantidad de amantes, concubinas, queridas, adúlteras, barraganas, tres títulos universitarios que no sirven de nada, propiedades, bienes raíces, vehículos que producen mayores molestias que beneficios. Considero que todo eso es nada, fueron en su momento grandes objetivos que me propuse y se alcanzaron. Tarde te das cuenta que por mucho esfuerzo, estudio, tesón que pusiste en fijarlos lo más claramente posible, definirlos al extremo, al final no llenan las expectativas reales para sentirse bien y obtener un cierto grado de felicidad. Fijarse metas y objetivos en la vida es un consejo bastante trillado que nos meten en la cabeza desde niños como si fuera nuestra única misión en éste mundo; hay miles de libros que nos enseñan como establecerlos, perseguirlos y alcanzarlos incluso si en ello se nos va la salud. Al final caemos en cuenta que el gran y único objetivo en ésta puta vida se reduce a satisfacer nuestras necesidades vitales de alimentarnos, tener sexo, cagar y protegernos del medio ambiente de la mejor manera. Cualquier otra que le agreguemos nos traerá problemas, preocupaciones y desencanto. Tengo en mis manos la historia de un próspero agente vendedor y escritor de éxito del noroeste de Estados Unidos especialista en fijarse objetivos y alcanzarlos. A mediana edad y sin muchos recursos se propuso comprar una buena casa para su familia. Haciendo sacrificios y malabares lo logró, al tiempo se propuso entonces adquirir otra casa mejor en un selecto sector de la ciudad, también con mucho esfuerzo, saltando de banco en banco lo consiguió. Ya tiene dos casas, la misma mujer y sus dos hijos. Va ahora por la tercera en una bella isla del pacifico. De seguro lo conseguirá. ¿Cómo llamarían ustedes esto? ¿Un hombre de éxito o un estúpido que solo corre tras el viento? Tal como me veo yo después de establecer mis metas, de tantos años de trabajo, derrotas, triunfos, peleas, enfermedades, simplemente creo que hice una vida equivocada, cualquier hijo de nadie hubiera logrado lo mismo o mejor sin haber desperdiciado salud, vida, tiempo y esfuerzos, para al final terminar viejo, enfermo lleno de odio, resentimientos y tristeza. Harto estoy de preguntarme porqué las cosas se sucedieron de esa forma y no de otra. Debo estar demente o ser un imbécil. Hay quienes consideran que es un acto de flaqueza, de cobardía hacerse tal cuestionamiento, que es el destino y debemos aceptarlo con absoluta resignación. No comparto semejante criterio. Conozco personas que has sufrido hambre, muerte de seres queridos, fracasos en sus estudios, trabajo, vida familiar, cuernos de su esposa, enfermedades a escoger, en fin, las siete plagas de Egipto y he cometido la imprudencia de preguntarles ¿Cómo ha sido sus vidas? Y los muy desgraciados se han quedado poco menos que callados, responden lacónicamente: buena. Para nada les preocupa o incomoda sus fracasos, dolores pasados ni presentes, consideran que eso es y será la tarea del vivir, no quieren otra, no desean cambiarla, están conformes, agradecidos. Yo no he podido ser de esa forma, me rebelo ante todo, no acepto la vida que me ha tocado, la veo efímera, sin valor ni significado; voy pasando a través de ella y nada de lo que hecho me parece de valor apreciable. Quisiera antes de dejar el mundo de los vivos poder hacer algo que en verdad valga la pena, sea provechoso y duradero, sin importar si es un trabajo, una misión, no importa qué, siempre y cuando me genere satisfacción, paz.

## Capítulo XXIV

*Miami, Fl. Diciembre 1983.* No dudo que fue en mil novecientos setenta y ocho con veintisiete años de edad, tras la ola de fracasos y enfermedades que venía sufriendo debido a mi atormentada existencia, cuando por primera vez pensé con determinación en quitarme la vida, era una salida a los problemas que me abatían sin lograr conseguir solución alguna. Explicar cómo superé el difícil momento me resulta imposible, quizás a fuerza de pastillas, acudir a iglesias, consejeros, brujos. No recuerdo si alguno de ellos con el propósito de hacerme desistir de la idea llegó a hablar sobre los problemas o consecuencias de quitarse la vida, de caer en pecado mortal o que la existencia nos la concedió el Supremo para disfrutar de ella. Nada de eso, simplemente el viento se llevó los malos pensamientos. Luego vinieron actos exagerados, riesgosos, que con frecuencia ponían en peligro mi vida como consumir alcohol hasta la inconsciencia, manejar borracho a altas velocidad, buscar camorra a gente peligrosa, ofender a las personas. Me transformé en un hombre mordaz, sardónico, incisivo con propios y extraños; destilaba amargura, decepción y odio en acciones y palabras. En cuestión de segundos pasaba de la alegría al llanto explosivo, era un desastre, vivía en crisis permanente, mi cuerpo era como un arpa con cuerdas destempladas un momento y de seguidas tensas al punto de reventar. A menudo acudía a hospitales públicos a altas horas de la noche por mi propio pie o haciéndome acompañar de algún pariente solo para permanecer durante horas sentado en una larga banca al lado de otros enfermos. Pareciera que el especial olor de esas salas me calmaba, el ver a otros con sufrimientos peores, personas llorar sobre el cadáver de un ser querido o tal vez por aplacar el miedo que me invadía al pensar en que la crisis se agudizara. El hecho era que al estar allí rodeado de enfermos, médicos, heridos sangrantes, quejidos, parturientas gritando, enfermeras, ruidos de ambulancias, camillas rodando, me aliviaba; la sola presencia de los médicos me daba cierta tranquilidad. A mi lado durmiendo en el suelo, en las bancas, en los rincones, yacían niños con sus madres, famélicos ancianos, parientes de enfermos que no pudieron regresar a sus lejanos hogares o familiares de fallecidos en espera de que la morgue les hiciera entrega de sus restos. Sereno, agotado, saturado del dantesco y mórbido espectáculo propio de los centros de salud en nuestros países, podía regresar a mi casa a descansar. Hasta ahora desconozco la razón de tan extraño proceder.

*Caracas, Ve. Noviembre 1992.* Llegada la vejez cualquier cosa es bueno intentar con tal de salir del tormento que supone el diario vivir. Si se es joven nada preocupa o hace sufrir ya que poco es el trayecto recorrido pero a medida que nos acercamos a la madurez surgen los compromisos, la familia, el trabajo, es el inicio del viacrucis y se comienza a morir como individualidad. No conozco hombre o mujer que haya entrado a "vivir la vida" como debe ser y haya salido ileso de ello. Las experiencias desagradables, los tragos amargos, las relaciones tensas con el prójimo van marcando el paso. Tiempo atrás se comentaba con asombro sobre la vida egoísta, en aislamiento, propio de las grandes urbes donde vecinos de años con puertas contiguas jamás cruzaron un saludo efusivo, cada quien andaba en lo suyo. Nos causaba alarma tal conducta. Hoy hasta en ciudades y pueblos pequeños la gente se encierra en sus casas evitando el trato, la comunicación con el vecino; poco o nada se comparte quizás debido a que nos hemos dado cuenta que cada hogar es una babel que es mejor no conocer. La tesis del gregarismo se impuso durante una época alegando defensa, caza o cultivos en común; hoy se prefiere la vida en solitario, el aislacionismo familiar y social. Se busca mantener el contacto humano en su mínima expresión, el hecho de congregarse está dejando de ser una virtud de los humanos, el contacto cara a cara va quedando para la historia. Los llamados artículos electrónicos han ido cercenando los vínculos familiares, de amistad, que una vez unieron a las personas. Se ha llegado hasta el sexo virtual y el sexo con muñecos se pone en boga cada día más ya que se le confieren grandes atributos como no trasmitir enfermedades, no exigir compromisos ni responsabilidades, no consumen alimentos, ropas ni zapatos, no discuten, huelen siempre muy bien y están disponibles a toda hora. Creo que la razón de éste comportamiento asocial se debe en gran medida al nivel de conciencia que las personas vamos adquiriendo con la experiencia y llegar a la conclusión que las teorías sobre masificación, globalización, socialización, no son sino cuentos de camino; su verdadero fundamento se halla en los pingues beneficios que reportan a las grandes corporaciones el vender y comprar en grandes cantidades en muy corto tiempo, tener las masas cautivas consumiendo de todo agrupadas en grandes centros. Es una excelente manera de hacerse millonario a costa de los pendejos. Se vive en sociedad cuando nos mueve un interés, nos obligan las circunstancias; basta entender que los pecados capitales del hombre están consustanciados con la vida en sociedad. He comprobado una vez tras otra como la vida en grupo genera múltiples dificultades, destruyen las vidas de sus propios miembros. Vemos como la infidelidad, las traiciones, los pactos ocultos, el egoísmo, la maldad, la brujería son los principales ingredientes de la vida gregaria. He llegado a temer, ser escéptico incluso de las reuniones familiares cuando luego de años separados, sus miembros deciden un buen día reunirse para compartir tal o cual festividad, son los famosos "reencuentros" que casi siempre terminan muy mal. Las calumnias, chismes, mentiras y líos que de allí saldrán serán recordados por lustros. Cuando se es consciente de ello el no asistir es lo mejor, nos evitaremos decepciones y dolores de cabezas.

*Caracas, Noviembre de 1993.* Recuerdo que hace tiempo atrás, recién bajaba del avión en mi país en un viaje de separación de mi esposa recomendada como conveniente por el psiquiatra de Miami donde vivíamos dadas las graves dificultades que atravesábamos como pareja y que podían traer fatales consecuencias. Ya he relatado la condición ruinosa de mi retorno tanto en lo económico, social, físico, mental y espiritual. Tan pronto arribé comencé a sentir el menosprecio, el vejamen, la burla de la gente conocida. Casi no podía creer como personas que ayer eran mis lacayos, serviles, lameculos, hoy me miraran con sorna y desprecio. Comprendo ahora que la vil condición humana se regocija en la desgracia ajena, ver caído a alguien produce en muchos honda satisfacción, en cambio les genera envidia, encono, malestar, ver a otro ascender, ser exitoso. Es la sucia condición humana.

Aquella calurosa tarde me encontraba en un pequeño pueblo donde hasta hacia pocos meses era tratado con honores. Un colega amigo me ofreció gentilmente su casa mientras durara mi estancia. Luego de instalarme como mejor pude, caminé al centro, ya no tenía carro, comí algo ligero y al atardecer regresé para ordenar las ideas, leer un rato. Me desvestí y a eso de las diez de la noche me acosté. Una hora después de un gran brinco me levanté, estaba asustado, sudando frío, las manos me temblaban, el corazón palpitante, dolor en el pecho. No comprendía que estaba pasando con mi cuerpo, temí morir. Las piernas a duras penas lograban sostenerme, las ideas confusas, no lograba pensar con claridad, el pánico se iba apoderando de mí. Solo alejado de todos, sin conocer el vecindario, pueblo muerto a esa hora, el ladrido de los perros era lo único que se oían a la distancia. Con esfuerzos me vestí de nuevo y abandoné la casa, caminé por una carretera encharcada, sucia, hasta llegar al puente del tren el cual debía cruzar; estaba oscuro, pestilente por la caña podrida caída de los camiones y los perros muertos, aquel nauseabundo olor me ahogaba. Dando rápidos traspiés como si unas sombras me persiguieran alcancé las primeras calles alumbradas del centro. La caminata, las luces y una alharaca en la cercana plaza me fueron calmando, a medida que me acercaba al grupo de conocidos iba recuperando condiciones. Saludaron sorprendidos de verme caminando solo a esas horas de la noche, algo les respondí que les causó gracia, pero mi mente estaba en el suceso que acababa de ocurrirme. A poco el grupo se fue disolviendo y volví a quedar solo en medio de la noche en aquella íngrima plaza. Cuán desdichado y triste me sentí, olvidado de mi familia, amigos, de dios. Aunque hago esfuerzos por recordar no logro descifrar cómo terminó esa noche, si me fui con otra persona o dormí en una banca, pero de alguna forma regresé a casa. Bien entrada la mañana me desperté en casa de mi madre, había dormido en el suelo con una almohada hecha de ropas y toallas, cubierto con una ligera sabana. Percibí un ambiente hostil en la familia por lo que sin mencionar palabras salí pronto de allí y tomé el bus que me llevaría de nuevo al pueblo donde llegué a hora de almuerzo. El hambre apretó por lo que busqué un popular restaurante de comida típica, pedí de comer pero apenas terminé los alimentos, las lágrimas invadieron mis ojos, recordaba a mi pequeña hija dejada en un lejano país a merced de su perversa madre. Un terrible miedo me invadió al repasar lo que me había sucedido la noche anterior. ¿Qué era aquello? ¿Por qué se produjo? Nunca lo he sabido.

*Maturín, Ve. Agosto 1998.* Desde hace algunos días he estado sintiendo frecuentes palpitaciones, el ritmo cardiaco acelerado y la presión sanguínea fuera de lo normal lo que me ha llevado al cardiólogo. Durante una semana me practicó análisis rigurosos que dieron como resultado el detectar una especie de "estiramiento" en mi corazón, no es el término científico pero fue el que consideró más apropiado el doctor para explicarme mejor la lesión y la cual atribuyó a la sobrecarga que sometí el corazón durante una buena parte de mi vida. Los excesos, mala alimentación, emociones negativas, odio, rabia, resentimientos, borracheras, muchas horas de trabajo, discusiones con la esposa, problemas familiares, mala convivencia con el prójimo. Sin duda que todas las he vivido y sufrido al máximo. Por lo tanto no debe extrañarme las úlceras estomacales, la hipertensión, la depresión, la tristeza y ahora una lesión porque el corazón como músculo, en una de tantas locuras "se estiró" o lo estiré.

¿Debo atribuir mi malvivir a la formación que me dieron mis padres, el colegio, la universidad o a una predisposición congénita al pecado, a cometer errores? Cuando se nos enseña a competir, a obtener títulos y diplomas, a ser el mejor, a la búsqueda de la felicidad a través del dinero, poseer buenas casas, vehículos, mujeres hermosas, lujos, viajes, fiestas y demás metas propias de nuestra sociedad, nadie se da cuenta que nos están inculcando una manera de vivir equivocada, soy el resultado de ella y se me considera un triunfador. Lo peor es que ni siquiera he logrado convencer a mis hijos de lo errático que es vivir como lo hice yo, de una manera erratica, estúpida e inservible. Al referirme sobre lo inútil que son la mayoría de los conocimientos que nos inculcan en la escuela y en las universidades, sé que estoy luchando contra la corriente, se me mira como un loco, un inadaptado protestatario. Veo a diario miles de jóvenes graduarse y obtener diplomas honoríficos para colgarlos de una pared y salir a buscar un trabajo que no tiene nada que ver con sus estudios. ¿Cuantos choferes de taxi, camioneros, cocineros, barrenderos, vendedores de libros seguros, carros, tienen arrinconados en sus casas diplomas de muchos años de estudio? Al mirarlos se dan cuenta de lo estúpidos que fueron al perder tanto tiempo de sus vidas para conseguir algo que de nada les sirve.

Es el sistema, la sociedad, la familia, que no quieren dar el gran paso y reconocer que los principios en que se basa nuestra educación formal en los siete continentes están desfasados, anacrónicos e inútiles. Cualquiera que desee salirse del molde recibirá un castigo, el rechazo de todos. El ritmo de vida que impone la sociedad que escogimos, la lucha contra el tiempo, estudiar y aprender cosas inútiles, competir con los demás nos llevará inevitablemente a pelear, rabiar, sufrir derrotas que nos conducirá irremisiblemente a la enfermedad. No a los ochenta sino a los veinticuatro años como me ocurrió por vez primera. Al recuperar un poco la salud, la sociedad de alguna forma te vuelve al ruedo, reclama tu accionar, debes seguir dando muestras de valor, de entereza, de que eres un gran hombre. Y transcurren otros treinta años, empujados por las circunstancias sin asomo de libertad, sin ser dueño de ti mismo. Con inmensa decepción y amargura comprenderás muy tarde que la puta vida consiste solo en tener algo para comer todos los días, dos pares de zapatos, tres o cuatro mudas de ropa y un techo que cubra tu cuerpo de la intemperie. La mujer, los hijos y demás accesorios son electivos, no estamos obligados a ellos, aunque las religiones e incluso leyes quisieran imponerlos. ¡Trabaja! ¡Compra una buena casa! ¡Educa a tus hijos en buenos colegios! ¡Paga excelente seguro para proteger tu salud y el futuro de la familia! Mensajes que nos atacan a toda hora poniéndonos a correr tras el vil dinero. Vienen entonces las lesiones cardíacas, las úlceras, la angina de pecho, la depresión.

*Maturín, Ve. Febrero 1999.* Para mil novecientos noventa y ocho estando trabajando en mi país con una empresa que me obligaba a viajar continuamente, logré controlar la depresión a fuerza de un extenuante trabajo. Permanecía en movimiento por casi veinte horas al día. Cansado de tanto trajinar llegaba a mi hotel directo a dormir sin dar tiempo a que los diablillos me dominaran, lo que me permitió recuperar el deseo de vivir y establecerme nuevas metas. Hoy a pesar de la edad puedo efectuar cualquier actividad pero sin el deseo de mejorar u obtener provecho; carezco de motivación, me da igual una cosa que otra, sentirme alegre me resulta lo mismo a estar triste, cosa dura en una persona como yo que ha vivido intensamente, probado placeres y emociones durante más de cincuenta años, al tener hoy que apartarme de ellos por razones de salud, edad o hastío, me hacen caer en una insoportable condición.

El camelo de envejecer a plenitud me parece la gran trola de algunos pensadores y escritores con mente nublada. Si mi vida hubiese sido serena, tranquila, sin grandes altibajos, posiblemente el llegar a viejo no supondría un problema ya que sería como una prolongación de la madurez, una línea recta y plana. Debo tratar de girar sobre mí tratando de morderme el rabo como hacen los perros, al no poder aceptar con resignación que se trata de un proceso inevitable, decadente y triste. Conozco personas que desde jóvenes actuaron como viejos, nunca tuvieron prisas. Paso a paso, sin alteraciones atravesaron la niñez, adolescencia, madurez sin dar problemas de ninguna naturaleza ni a sus padres, amigos, sociedad. Llegaron y salieron de la universidad sin saber de una borrachera, de un hurto juvenil, de una pelea, de tener sexo con animales, prostitutas, tener choques con la policía, ser desahuciado por una hipoteca, estar preso. Obtuvieron su titulo, consiguieron un empleo en el gobierno, en la oficina contable de equis empresa, abrieron una consulta médica o un bufete de abogados. En el ejercicio profesional no hicieron proezas ni defendieron casos riesgosos. Casaron con una prima o con la muchacha que conocía desde el kínder, de temperamento parecido y tuvieron hijos semejantes a ellos. Nunca se mudaron de casa, barrio, ciudad y mucho menos de país. Sus amistades fueron las mismas desde la infancia; hasta los gustos, ropas, comidas, juegos, fueron los mismos. Y así llegaron a los ochenta. Los cuentos para sus nietos son sacados de libros de autores europeos, profusamente coloreados, nunca de sus perfectas, aburridas y casi monásticas vidas. Al verlos pasear serenamente la gente malpensaba comenta ¿cómo será este par de tortolos haciendo el amor?

Por mi parte he llevado una vida desordenada, plena de emociones, altibajos, sinsabores y alegrías. Poco me ha quedado por experimentar; he probado manjares y comida de la peor calidad, dormido con vírgenes y también con rameras de la peor calaña, de esas que usan dentro de la boca una hoja de afeitar por si el cliente sale perreroso, he interactuado con hijos de reyes, aristócratas, presidentes, santos sacerdotes así como con plebeyos, ladrones, marginales, asesinos; he dormido en mullidos colchones y también en el duro suelo, recibido premios, halagos así como golpes, ofensas, maltratos, traiciones, vergüenza, decepciones. Creo haber transitado por casi todo lo bueno y lo malo que ésta sucia vida nos depara, pero no podré decir jamás que he vivido. No me gusta la frase porque pienso que vivir debe suponer algo más profundo, significativo e importante que toda esta mierda que he hecho a lo largo de sesenta y un años. Y si esto es realmente vivir lo veo despreciable. Siempre creí que la vida era algo superior, completo, lleno de logros, grandes realizaciones, obras perdurables. Sin dudas que me equivoqué de plano. Muchos son los años transcurridos y pocos los que me han de quedar por vivir para pretender en tan corto espacio realizar mis sueños y alcanzar la gloria. Y si por casualidad llegaran con la vejez muy desdichado me sentiría, como para ahorcarme del disgusto. Ver llegar dinero a montones, éxito, fama, reconocimiento para cuando sea un anciano y falte la vitalidad, alegría, ánimo, energía para disfrutar del sexo con una bella mujer, saborear platos exquisitos, caminar por los bosques, ir de caza, pesca, paseos en bote, emborracharme, cantar canciones hasta el amanecer. Si nada de esto puedo hacer, ¿de que me sirve estar vivo? Asistir a la entrega del Nobel, del Oscar o de cualquier gran premio, babeando, apoyado en un bastón y sujetado por la enfermera de cabecera es un espectáculo que veo con frecuencia en las noticias y me invade la rabia, la tristeza, me mata el dolor ver a la idiota entrevistadora inquirir al ganador sobre el uso que le dará al millón de dólares que recibió como recompensa. Los incentivos en metálico deben otorgarse durante la vida útil del designado para que pueda disfrutarlos plenamente, no cuando ya se está "mascando el agua" y no le quede otra que donarlo a una institución de caridad para ver si de esa forma se salva de ir al infierno y Dios tenga piedad de su arrugada alma. Presagio en mi futuro, si es que lo llego a tener, una situación que hoy aborrezco, similar a la que tuvo mi abuela en su vejez: pasar el día entero orando, leyendo la biblia, dándose golpes de pecho y asistiendo dos o tres veces a la iglesia. Me quejo por no haberla pasado muy bien en ésta vida, tocaría ahora rezar con miedo para que en la otra, si es que existe, no vaya a ser peor. Difícil la cuestión ¿No creen?

## Capítulo XXV

*Belle Glade, Florida Enero 2005.* Hoy me han asaltado recuerdos de mi niñez cuando estando internado en el colegio de *, por las noches antes de dormir rogaba a Dios con todas las fuerzas que cualquier enfermedad, accidente o infortunio que pudiese sobrevenirle a alguien de mi familia, me lo enviara a mí y si el caso era la muerte, yo quería morir antes que ellos. Esa oración o pedimento lo hice durante muchísimos años. Tengo ahora cincuenta y tres años me noto cambiado, he perdido la fe, las plegarias carecen de valor, la forma de ver la vida y la muerte es completamente distinta. Antes al ver figuras, vitrales, pinturas de santos me transportaba a un estado anímico de recogimiento, fe, oración. Entrar a cualquier iglesia suponía respeto, adoración a los santos, paz espiritual. Pero de un momento a otro todo cambió. Ninguna persona intervino en ese proceso, no hubo inducción alguna, ni lecturas adversas o favorables a religiones o sectas. Nada de eso. Simplemente algo se quebró dentro de mí que de golpe y porrazo pasé de crédulo a incrédulo, de respetuoso a blasfemo, de la fe a la duda. Dios, la iglesia, los sacerdotes, la biblia, pilares de mi vida, se derrumbaron en cuestión de días.

Simultáneo a ello comencé a sentir cierto rechazo hacia la familia, llegando a circunscribir mi relación a esposa, madre e hijos, quizás algún hermano, pero el resto ya no los consideraba familia, muchas veces sentía mayor estima por algún amigote. También comencé a hacer una vida desordenada llena de errores y locuras que me condujeron a la enfermedad. En los momentos en que los males de salud me atacaron, sé que acudí arrepentido a las iglesias, rogaba a Dios y todos los santos que me sanaran, pero no lo hicieron. Imagino que estarían ocupados en cosas más importantes. Para cuando me recuperé ya la fe en todo lo que creía había muerto, desaparecido por completo de mi vida, su lugar fue llenando con odio, amargura, resentimientos hacia Dios y las personas. Muchas fueron las ocasiones que traté de volver a ser el mismo de antes, pero se fue haciendo cada vez más difícil, solo conseguía en mi camino razones para enriquecer mi nueva forma de pensar y vivir. Hoy compruebo que la reconversión de la fe, el retorno a los caminos místicos o religiosos que una vez se transitaron es algo imposible porque ya se ha producido un endurecimiento de nuestros sentimientos más sencillos. Desconfiamos de todo, nos transformamos en escépticos irrecuperables y hasta llegamos a creernos autosuficientes de tal manera que cuando alguien nos aconseja que debemos acudir a Dios, temerle a su poder, rogarle y encomendarle nuestros planes, congojas, sufrimientos, preocupaciones, enfermedades, nos parece un camelo, una bufonada. Siento vergüenza al entrar a un templo a darme golpes de pecho carentes de fe y sinceridad, lo veo como un irrespeto, una blasfemia hacia los que si creen. Prefiero entonces mantenerme alejado. El almanaque señala que nos encontramos en plena Semana Santa, fecha solemne que en nuestros pueblos es propicia para el recogimiento, la reflexión, conmemorar la muerte de Cristo; tiempo en que dejamos de hacer ciertas cosas rutinarias para entrar en una fase más espiritual, alteramos incluso nuestras comidas. En cambio aquí el trabajo no para en ningún momento; de refilón en algunas escuelas donde la población hispana es alta, las autoridades escolares se ven obligadas a suspender las clases durante el viernes santo y eso porque los católicos dejan de asistir y las aulas estarían prácticamente vacías. El norte en esta sociedad es el trabajo incesante, el "over time", la búsqueda del dios dólar para poder pagar los "biles" y si algo queda salir disparado a los grandes malls o centros comerciales a gastarlo hasta que no tengamos ni un centavo de todo lo ganado con tanto esfuerzo. Simplemente son mundos distintos.

*Belle Glade, Fl. 19 de marzo 2005.* Pienso que el sexo en mi vida ha sido y es punto de especial connotación, probablemente por una razón genética o debido a la cultura de mi país donde el hombre vive haciendo gala de su potencial como macho. Nuestra ascendencia indígena todavía muy cercana con sus ancestrales rémoras, la disponibilidad de tiempo, la poligamia, el ocio cultural, la pereza para el trabajo, son caracteres, hábitos y costumbres que nos permiten tener una vida sexual intensa, promiscua. No con esto quiero decir que seamos buenos amantes en el sentido novelesco o hollywoodense. Es mas bien una relación física, de contacto, de roce y fecundar aquí, allá y acullá. En nuestro mundo no se adquieren responsabilidades en forma seria sobre la familia o la pareja, preferimos vivir el momento presente dedicándonos solo al mal comer, emborracharnos, ir al rio, la playa, descansar en una hamaca y tener sexo varias veces al día. Lo cierto es que si ese mismo hombre decide venirse a vivir a Estados Unidos donde las cosas son muy diferentes lo veríamos entonces llegar a su casa viniendo de la factoría agotado, sin ánimos de nada aún cuando le esté esperando una bella y sensual mujer; pudo haber tenido en un momento la libido muy alta pero sesenta horas de trabajo agotador, una multa de transito de vuelta a casa por $ 300, simplemente ponen los deseos carnales a dormir a muy bajo nivel. Hay una cultura del trabajo especialísima que obliga a las personas a cumplir largas jornadas incluido el sobretiempo para lograr mantenerse. Muchos hacen chistes del hábito que mantienen parejas modernas de asignar un día a la semana para el acto sexual, lo marcan en el calendario como si fuese una cita con el dentista. Los de la gracia que se creen sementales casi siempre son personas ignorantes, turistas o recién llegados que no saben "cómo se bate el cobre en éste país". ¡Cómo me he cansado de ver a esos parlanchines latinos con quince horas de trabajo diario en el lomo, tragarse sus exageradas frases sobre el potencial sexual! Es un secreto a voces entre las esposas, pero a nadie le gusta reconocer que tiene en casa un fornido y atlético marido que posee un músculo que no le trabaja muy bien.

*New York , Diciembre 24 del 2005.*

Decidimos en familia tomarnos unas vacaciones navideñas distintas después de haber sufrido dos grandes sustos por las vivencias de fenómenos naturales desconocidos para nosotros como lo fueron los huracanes Katrina en Agosto y Wilma en Octubre, ambos tocaron con fuerza la población de Belle Glade en el condado de Palm Beach donde vivimos antes de irse a otros lugares a continuar con sus destrozos. La experiencia es inenarrable e insólita. Nuestro mobilhome fue destruido en gran parte, árboles de gran tamaño que estaban frente a mi taller fueron arrancados de raíz por la fuerza de los vientos. Fuimos declarados zona de desastre por el presidente G.W Busch lo que permitió que las agencias federales nos brindaran ayuda suficiente para recuperar nuestros hogares. Otras organizaciones religiosas, grupos civiles, bomberos, preparaban para los damnificados tres comidas al día que eran repartidas en plena calle. No salíamos del asombro al ver el derroche de recursos y la manera tan ordenada como actúa la sociedad entera en estas especiales circunstancias. Los grupos civiles conocen perfectamente su trabajo; vemos mujeres encaramadas en los techos de las casas haciendo reparaciones o cubriéndolos con grandes plásticos, hombres, ancianos, niños, todos colaboran, incluso llegan personas provenientes de otros estados a ofrecer ayuda. Comprendo que la cuestión no es solo de dinero, es que ésta gente posee una capacidad de servicio admirable y una excelente disposición de tender la mano a quien la necesite. Carecemos de luz, agua y otros servicios, pero el gobierno trata en lo posible de hacernos la vida más llevadera. Frente a la oficina del alcalde hay personas repartiendo cajas con agua embotellada que introducen en nuestras maleteras. Sin intención observo que detrás del edificio hay personas de color cargando en sus camionetas mucha más agua de lo que necesitan bajo la mirada cómplice de la autoridad. La corrupción y la ambición no tienen enemigos en ninguna parte del mundo donde haya un ser humano. Veinte días después del desastre restablecieron los servicios en el pueblo, como pude reacomodé mi negocio y fuimos recobrando el ritmo normal, por extraño que parezca, lo novedoso de los sucesos, las extremas condiciones en que vivíamos, no permitieron que las crisis depresivas me doblegaran. Agotados por el trajín tuvimos tiempo suficiente para pensar y planificar el viaje al norte. Pudimos dar con un paquete familiar que se ajustaba a nuestro presupuesto y a mediados de diciembre aterrizábamos en el aeropuerto de La Guardia en Queens.

Ha transcurrido algo más de un año que dejamos nuestro país; antes de salir elaboré una minuciosa lista de serias razones para abandonarlo y lanzar a mi familia a la aventura del destierro voluntario. Hoy, solo, sentado en una banca en una fría plazoleta de Unión City en el Estado de New Jersey, población vecina a la gran metrópoli y aprovechando que el resto del grupo recorre algunas tiendas, la leo y releo. Creo que hicimos lo correcto. Y detallo que la lista vista desde aquí es inminente ampliarla. Hago un análisis retrospectivo breve y hasta ahora la depresión aguda no me ha atacado, pero la nostalgia, melancolía y tristeza por todas las cosas que quedaron atrás si me afectan con frecuencia. Mantengo la esperanza que la situación política y social en nuestro país cambie pronto y podamos retornar. Continúo tomando *Tafil* pero en pocas cantidades sea cuando voy a tener un día especialmente difícil o al no poder conciliar el sueño. El trabajo en el taller es extenuante pero remunerador; tenemos días en que la caja registra entradas cerca de mil dólares y eso para nosotros es bastante dinero. Trabajo solo o con un ayudante aparte de mi esposa. Muchas veces debo entrar y comenzar con carros a las tres de la mañana. El sector es de afroamericanos y mexicanos pobres dados siempre a meterse en problemas; las relaciones con clientes y vecinos es muy poca. Desconfío de ellos. Comienza a caer una leve lluvia con hielo. Entro por un café a un restaurante latino de los cientos que hay en el sector, un fuerte olor a puerco asado y fritangas me da de lleno en las narices. Al rato llega mi familia cargada de bolsas y paquetes para la cena de navidad que haremos en nuestras habitaciones del hotel.

## Capítulo XXVI

*New Braunfels-Tx. Lunes 18 de sept.2006.* Varios de estos relatos demuestran el espíritu y el ánimo cambiante, confuso, errático de un deprimido. Hoy agradeces a la vida y mañana la maldices, en ambos casos nos asiste la razón. He aquí un ejemplo. Ayer asistí con mi familia al culto en una iglesia Luterana. Mi hijo Franco de siete años me había insistido tanto al respecto que se lo prometí y tuve que cumplir mi palabra empeñada no con mucho agrado. Inexplicablemente asistir al evento, permanecer dentro de la hermosa capilla en un ambiente fresco y calmo, en un principio me resultó chocante pero a fuerza del confort reinante produjo el efecto de serenarme. Algo ocurrió en esos minutos dentro de mí ser, si fuese creyente diría que Dios me tocó y se produjo un milagro porque de una manera repentina conseguí diciéndome: "eres un estúpido –única revelación milagrosa– desde que naciste, la vida te ha tratado maravillosamente, de verdad que nunca la había visto de ese modo, y es verdad, pocos hombres han disfrutado como yo lo he hecho, tuve una familia que me cuidara, buena educación, buenos colegios, buena comida, estudios en Europa, viajes, carros, títulos, mujeres, fiestas, reconocimientos personales, profesionales, reuniones con amigos. ¡Cuantas vírgenes han sido mis amantes! ¡Como las disfrute! Pero ha sido hoy que todo se me ha revelado como un milagro el hecho de valorar todo lo bueno que la vida me ha dado: Mi familia, la abundancia, triunfos en diferentes facetas, hijos, bienes materiales; puedo decir que ha habido momentos regulares y pocas vivencias malas o negativas, el balance es positivo, muy bueno. Decepciones, celos, frustraciones, ofensas, agresiones, fracasos, heridas, enfermedades, nervios, estrés, depresión, llanto, amarguras, de eso también ha habido, no soy un tonto para engañarme, creo eran necesarios, eran, son y serán la sal de la vida, sin ellos no tengo punto de comparación; no puedes disfrutar, saborear lo bello, lo sabroso, la paz, la alegría, si no conoces la otra cara de la moneda. Un proverbio dice "Cada día trae su afán". Y eso no quiere decir sino que cada día traerá para mi ratos buenos, la mayoría; ratos regulares unos pocos y ratos malos, pocos o ese día no los trae. Al final todos esos ratos van a pasar. El tiempo, cada instante, cada segundo, cada hora interviene y pasa la hoja. Nadie, nadie puede evitarlo. En eso consiste la vida. Y yo vengo a descubrirlo hoy, cuando tengo cincuenta y cinco años". De tal forma discurría mi soliloquio por horas; ya en la noche ya mi ánimo había cambiado como el clima y con él la apreciación de mi vida. Sentía dolores en todo el cuerpo, el pecho, la espalda, el estómago y terribles náuseas. Eso es ser depresivo: Por un momento ves la vida con un lente de bellos colores, al rato con el cristal hecho trizas. Lo que aprecié hace unas horas dentro de la capilla como una bendición, un milagro, ahora es solo basura, engaños y torpezas.

La mayor parte del tiempo que pasé en mi país fue desgraciado, salvo los primeros años de mi niñez y los últimos de Bachillerato en el Instituto D*, el resto está lleno de momentos desagradables, tensos, dolorosos e incómodos. Desde que regresé de Europa con veintidós años, los tiempos fueron calamitosos, sobre todo en lo que se refiere al trato con adultos. La experiencia fue una de las peores, como ingresar a las propias pailas del infierno porque en la mayoría de ellos priva el egoísmo, la miseria y la envidia. El mercado laboral dentro del gobierno quien prácticamente es el único empleador, constituye una fuerte experiencia para cualquier joven profesional porque la vida gira alrededor del chisme, la mentira, zancadillas, traiciones, todo en uno. De haberme quedado en mi campo, sembrando, comiendo lo que se produjera o instalar un negocio propio sin entrar en tanta interacción social, hubiese sido mejor persona y con menos problemas existenciales. Pero tarde, muy tarde se aprende eso. Ya la vida de uno está sujeta y depende de otras personas que lo transforman en marionetas, llámese mujer, hijos, familia, patrones, sociedad. Como todas las cosas de ésta puta vida no llegan o lo hacen cuando ya no las quieres o es muy tarde. Experiencia no es más que eso: Vivir años y años cometiendo errores, sufriendo decepciones, pasando amarguras, trabajos, para al final darnos cuenta de que nada valió ni vale la pena y que todo es una mierda. En eso consiste ser "Un hombre con experiencia". Me siento ofendido cuando alguien me imputa esa frase. Batallar, pelear, esforzarse, madrugar, ser tesonero, cumplido, responsable, emprendedor, audaz, ingenioso, ¿para qué? Todo lo que puedas lograr no sino porquerías que solo sirven para atarte, esclavizarte, quitarte la libertad y la tranquilidad al estar sujeto a ellas. Aparte existe la alta posibilidad de perderlas por robo, deterioro, descuido o mal uso. Basta con revisar los esfuerzos, trabajos y sacrificios hechos en obtenerlas o en adquirir diplomas y títulos. ¿Dónde está el real beneficio? Ni los hubo ni los habrá, todo queda tirado cual desperdicios a lo largo del camino llamado vida. ¿Acaso valió la pena tanto sacrificio, incluso enfermarte, robar o estafar a la gente, descuidar o abandonar la familia, pelear con el mundo? Allí veo esas propiedades, inertes, muertas, improductivas, generando solo malestar o preocupación. ¿Y los títulos? Debajo de la cama sin ninguna utilidad, los sueños de grandeza y de triunfos yacen en una vieja maleta tirada en el suelo. Tener lo mínimo, lo esencial para vivir. En eso consiste la vida. Si pretendes más llegarás a ser "Un hombre de experiencia": Viejo, enfermo, tenso, acabado, amargado, sin norte ni aspiraciones, con un gran desdén por la vida; el sinsentido de la existencia cobijará y dominará tus últimos años, la alegría desaparecerá para no retornar jamás. La "bella experiencia" te traerá siempre recuerdos acerca tu pasado tanto que casi vuelves a vivir en él. Tus oídos oirán gritos que todo ha sido una mierda. ¿Puede alguien estar alegre si sabe a ciencia cierta que eso es la gran verdad del vivir? La tal felicidad es el estado típico de los retrasados mentales y de los pendejos. Ni siquiera los niños son felices porque los adultos siempre estamos interfiriendo en sus momentos, en su libre accionar, llenándolos de miedos, tabúes y mentiras. Nuestra tal "experiencia" no los deja vivir tranquilos, en libertad, a gusto. Parece que el trabajo del adulto es propiciar la infelicidad de la niñez. No les permitimos siquiera reír con total libertad. Cuando se tiene una ilusión, un hermoso proyecto, entusiasta, prepárate a que la vida en un segundo te lo transforme en mierda; en cualquier edad, sea cual sea el plan, la vida no discrimina, lo destroza, sufres, te decepcionas. Pero eso se debe a que somos estúpidos, a que se nos ha enseñado que debemos esperar "cosas bellas de la vida", de su color rosa, que todo es coser y cantar. ¡Váyanse muy largo al carajo!

Por suerte desde un tiempo para acá no espero nada bueno ni grato de ésta desastrosa existencia, porque no lo tiene, no lo hay. Lo lamento por quienes son ilusos, tontos que creen en cuentos de hadas, en que aquí vinimos para disfrutar y ser feliz. Puedes hacer planes pero piensa que hay un noventa por ciento de probabilidades que la vida los transforme en mugre y te la haga comer; así son todos los momentos de nuestro absurdo peregrinaje. Te levantas sano, alegre, bien dispuesto y al momento de desayunar te atragantas, sobreviene un accidente cerebro-vascular, te atropella un carro, te despiden del trabajo, tu mujer se va con otro, caes preso, el policía te pone un ticket que no puedes pagar, o se inunda tu casa, o tu estomago se enferma o abres el correo y consigues malas noticias. En fin, prepárate para lo peor. Si no ocurre nada malo, siéntete dichoso. Y ya. No agradezcas nada a nadie. No le pidas nada a la vida, no esperes nada bueno de ella. Confórmate con poder satisfacer tus necesidades básicas: Comer, mear, cagar, dormir, tener sexo, trabajar en algo y ya. Vayas donde vayas, tengas la edad que tengas, limítate a eso y no sufrirás grandes decepciones. Del prójimo, tus amados semejantes, no esperes tampoco nada bueno, nunca, porque la bondad es un cuento, es hipocresía. ¿Gentes buenas?, ¿donde están? Estoy cerca de cumplir cincuenta y seis años y aún no he logrado conocer una sola persona buena. Pensé que podría encontrar alguno entre los guías espirituales, pastores, sacerdotes de las diferentes iglesias y sectas, pero descubrí que son pecadores y corruptos en extremo, cometen sus fechorías y delitos ocultos en sus investiduras, hay que temerles tanto o más que a cualquier criminal. Vivir los años que nos puedan quedar tan alejados como sea posible del género humano, tratar siempre que puedas, donde vayas, de no relacionarte con el prójimo sino lo estrictamente necesario. Observa que cada vez que conoces a alguien o te relacionas con determinada persona aparecen los problemas. El egoísmo, la codicia, la envidia, son los primeros en dar la cara. Sea en ti o en el otro. Si esto es casi una ley, ¿por qué carajo debo relacionarme con otras personas?

*New Bauwfels Tx Octubre del 2006.* Sueños de grandeza se tienen desde niños en donde la imaginación nos transforma en héroes, personas ricas, poderosas, bellas, perfectas. Normal sería que con la superación de las edades tales ideas desaparezcan, de no ocurrir y fijarse o si reaparecen en la edad adulta ya es un trastorno que puede llevarnos al desastre emocional, porque vivir en y de la fantasía nos aleja del entorno real conduciéndonos al mundo de la locura. Al pretender imitar la vida de grandes personajes reales o ficticios, nuestra personalidad se distorsiona, adoptamos poses, actitudes estereotipadas, buscamos calcar e imitar artistas, celebridades, actuar, caminar, comer, sentir como ellos, llegamos a ser personas muy distintas a nosotros mismos. Mentimos, engañamos, falseamos la realidad tratando de convencer a los demás de lo real de nuestra fantasía, de nuestra perfección, sin importar que nuestro aspecto físico, ropas, manera de vivir desdiga y choque con lo que preconizamos. Podemos andar con los zapatos rotos, harapientos, con hambre, sin medio de transporte y asegurar que somos pudientes e inventamos otra mentira que nos excusa y nos parece válida, cuando solo estamos haciendo el ridículo o el papel de energúmeno. Una mentira trae consecuentemente otra y otra. Ya no hay manera de parar. Muchas veces la mentira se transforma en nuestra forma normal de vivir. Tejemos una verdadera maraña de cuentos y embelecos que hacen que nuestra mente confunda realidad con fantasía. Difundimos en nuestro mundo cotidiano mentiras sobre nuestros éxitos, viajes a lugares exóticos, logros profesionales, conquistas femeninas, riqueza, alcurnia, condición social, aventuras. No es el típico iluso que tropezamos a diario del hablador de zoquetadas, es algo peor, es un desquiciado. Llega el terrible momento en que ambos mundos se entrecruzan, se hacen uno solo impidiéndonos distinguir uno del otro, ya el daño es irreversible.

Fácilmente se puede pisar el terreno de la depresión o a la demencia al no haber logrado cumplir el anhelo de ser importante, reconocido y si a cambio se recibieron castigos, desplantes, frustraciones y con ello los sueños se desvanecieron; desde ese instante comenzó la rodada cuesta abajo sin parar porque ya no hay motivaciones, lo mejor entonces es tirarse al abandono, maldecir y culpar la familia, amigos, esposa, hijos, a todos, del fracaso. La caída es inevitable. A mi edad me siento frustrado, deprimido y loco; mis sueños y anhelos vueltos mierda. Años atrás cuando las cosas iban mal fantaseaba refugiándome en un mundo de sombras, de mentiras, creado por mi mente trastocada, se corre el peligro de quedar entrampado en él, tal como me ocurrió. Se asegura que el profundo anhelo de querer ser grande, importante, reconocido, muy rara vez se ve satisfecho. Las maneras de intentar alcanzarlo son múltiples: estudio, trabajo arduo, fundar una secta religiosa, robo, asesinatos, enfermedad, llamar la atención. En esa disparatada búsqueda tras los sueños, lograr la importancia que el áspero y desgraciado mundo nos ha negado, se puede parar en la locura.

Con frecuencia leo u oigo hablar a personas preparadas quienes aseguran que el mayor anhelo del hombre sobre la tierra es llegar a ser reconocido, ser grande e importante. Todos tenemos en nuestra alma ese profundo y natural deseo que sobrepasa al de tener buena salud, alimentarse o los deseos sexuales. El problema es que muy pocos son los que logran satisfacer ese anhelo. Las circunstancias de la vida, fracasos, las tragedias, frustraciones, enfermedades, miseria, hacen que ese deseo quede destrozado antes de alcanzar la mitad de la existencia. Y viene entonces la depresión, los trastornos mentales o el suicidio. Se busca escapar de la dura realidad, de la vida que te ha tocado, creando fantasías y un mundo falso adaptado a tu conveniencia, alejado por completo de la verdad, en donde se es el héroe, el personaje famoso. Ya no logras adaptarte al mundo real porque tienes otro creado por tu mente desquiciada, donde puedes escapar cada vez que lo desees o cuando los problemas te agobien. La raya que separa ambos mundos es muy estrecha, se vive prácticamente en ambos; si el extraño comportamiento en sociedad no llama la atención es muy probable que se pase desapercibido, quizás digan que es una persona solitaria, introvertida. Pero si en la vida social se es de los parlanchines, ostentosos, embusteros, presuntuosos, la gente se dará cuenta que no es sino un vulgar embustero y desquiciado y comenzarán las burlas por la espalda. La novia o esposa que tanto se ama estará alerta, lanzará miradas de incomprensión o de sospechas de haberse casado con un maniático.

No caerás en cuenta de lo que te está ocurriendo, para ti es normal porque seguirás falseando, distorsionando la realidad con mentiras, fantasías, cuentos, donde eres una persona de categoría, que sales exitoso de cualquier aprieto, eres importante, la gente te aprecia, te halaga. Llegar a ésta etapa y reconocer su peligro es en extremo difícil. Pocas son las personas conocidas que sufren de delirios de grandeza, saben de su problema y acuden a tratamientos con especialistas. La gran mayoría siguen sus vidas locas, víctima de burlas o se han lanzado del vigésimo piso de su edificio. Hay quienes transcurridos largos años ávidos de reconocimiento pero llenos de fracasos, envidias, egoísmo, enfermedades, siguen rogando a la providencia por llegar a ser importante, reconocido, aplaudido, respetado. Puede que ciertos días manden esos deseos a la mierda y quieran ser un asceta o justificar los actos de sus vidas como positivos. Pero dura poco porque aflora el descontento, la inconformidad, el reclamo al creador, a la vida, por haber llegado a la vejez y los anhelos se desvanecieron. Es lo que genera la mayor frustración, la depresión que nos atormenta.

Muchas veces adoptamos conductas extrañas, violentas, absurdas, para ocultar nuestro fracaso en lograr el anhelo de grandeza. Buscamos refugio en la mentira, el engaño, la ilusión, para eso tenemos nuestra propia "fabrica de fantasías" que nos permite ser grande solo en nuestra mente y en la vida real un fracasado, pequeño, minúsculo, pusilánime. Es la doble vida del demente. Trato de hacer la distinción en lo que la gente llama "sueños de grandeza" que no son sino ilusiones, quimeras, fantasías de una mente calenturienta y enferma, como el creerme un personaje de la realeza, rico, poderoso y llegaría a casarme con una bella princesa de la nobleza europea. Son prácticamente irrealizables a cualquier edad o etapa de la vida de una persona y están los llamados "anhelos de grandeza" los cuales se ven como deseos posibles de ascender en la condición social, política o económica. Cae aquí la búsqueda de altos cargos, ser dignatarios, políticos connotados, médicos famosos, científicos de obtener el Nobel, grandes escritores, artistas, actores de cine. Son posibles hasta el último momento de la existencia, no requiere edad, ni lugar; cualquier cambio en las circunstancias puede hacer un héroe de un hombre común en cosa de minutos. Puede que los anhelos decaigan, oculten e incluso desaparecer por años, pero su renacer es posible mientras haya vida. El mismo carácter contingente de la existencia humana le concede esa posibilidad. Mientras se mantenga viva la frase: "Algún día llegaré a ser grande, famosos, reconocido", la condición es dable. Solo la muerte física arrastra los anhelos hasta la tumba. ¿Se pueden cumplir los anhelos de ser grandes, post morten? A mí no me parece. La sociedad parece esperar cruel y pacientemente que algún valioso miembro fallezca para rendirle tributos, honores, reconocimientos fama y dinero. Eso es una felonía, una canallada muy común. El dignado murió sintiéndose un pendejo y eso es lo que vale. Si llegara e enterarse en la otra vida que su mujer y herederos están gozando de lo lindo por haber visto cumplido sus anhelos después de muerto, muy grande sería su disgusto. Hoy me explico porque muchos bandidos, forajidos, narcos, prefieren morir jóvenes pero con éxito, enfrentándose a cualquier enemigo sintiéndose importantes, reconocidos en su mundo, rechazan una vida mediocre. Otro tanto ocurre con personas reconocidas que por los avatares de la vida dejan de serlo y caen en el desprecio, la ignominia, que los llevará a los trastornos mentales, a la depresión y la locura. Se puede perder el dinero, pero si se conserva el prestigio social, la fama, el reconocimiento, el mal no es tan grave; caso contrario el problema es de serias consecuencias. Parece increíble que en los malditos anhelos de grandeza radica la esencia de la vida del ser humano, todo gira alrededor de querer ser importante. Si un famoso actor, atleta, deportistas, deja de figurar en la televisión, revistas, caen en estados depresivos extremos que los conducen a las drogas, a atentar contra sus vidas. No sé mucho sobre la adrenalina y esas cosas, pero pienso que el empeño en sobresalir, causar asombro, arriesgar la vida haciendo proezas, no son sino maneras de buscar reconocimientos, son quienes poseen un temperamento hiperactivo, violento, impulsivo, aunque también un ser humano pasivo, introvertido, callado, tiene igual o mayores ansias de grandeza que el locuaz, alegre e hiperactivo. Todos nosotros, seamos taimados, violentos, taciturnos, pacíficos, viejos, jóvenes tenemos sin distinción alguna nuestras aspiraciones de grandeza. Es de esa forma que logramos entender a la naturaleza humana. Hasta que no logramos conocer y comprender los anhelos de las personas que conocemos y tratamos, nunca podremos tener una opinión cierta de quienes somos. Basta con preguntar a otros sobre sus sueños para comprobar que lo principal es el ser reconocido, admirado y respetado por los demás; llámese títulos, notas, forma de hablar, bailar, comer, de vestir, de conducir, de caminar, se busca es que le concedan importancia, relevancia a todo lo que hace, es la gran meta de todos nosotros, la única que consideramos nos hará felices. El objetivo fundamental que persigue la humanidad no es hacer el bien o el mal al prójimo, a la sociedad, ni tampoco alcanzar la salvación eterna; sino que se le de importancia y significado a todo lo que hace, se le admire, se le considere grande. Tras ese propósito vital y grandioso el ser humano emprenderá empresas y actos sublimes como también crueles y dramáticos, es una esencia vitamínica, un líquido mágico que lo hace sentirse persona. Eso es el reconocimiento.

Las grandes obras del ingenio humano, los holocaustos, actos de fe asombrosos, la magia, acciones heroicas, aventuras, las grandes empresas que marcaron la historia, fueron realizadas con un solo propósito en sus protagonistas: Ser reconocidos, considerados personas valiosas. Es un anhelo insaciable, permanente hasta la mismísima hora de la muerte, circunstancia ésta no desaprovechada por muchos para hacer alguna proeza, una ridiculez o pronunciar frases lapidarias para que lo recuerden a través de los tiempos. Cada minuto, con cada acto por minúsculo que sea, queremos que se nos admire. Es algo más que simple vanidad. No lo podemos evitar, somos así. Las falsas modestias, los gestos de humildad, también en el fondo pretenden lo mismo: llamar la atención, que se hable de ellos y se les reconozca. Sabiendo esto es lógico que cuando nosotros logramos valorar, considerar importante lo que otra persona dice o hace a diario, en su casa, en el trabajo, en la escuela, bailando, nadando, comiendo, escribiendo, y se lo hacemos saber, allí tendremos un amigo, hemos ganado un aliado. Desde que nos levantamos hasta la hora de dormir andamos detrás del halago, que se nos admire, hable maravillas de nosotros, nos feliciten por las cosas que hacemos, nos tomen en cuenta, nos den importancia, es un absurdo y extremo afán de reconocimiento. Que nos lo merezcamos o no eso es otro asunto, la puerta al éxito estará garantizada cuando actuemos pensando en lo que quieren oír los demás de nosotros; lo importante es lo que quieren y esperan los otros de mí. Y solo quieren halagos y reconocimientos. Incluso se habla de una práctica en las empresas que ayuda a aumentar la producción y el rendimiento de los trabajadores, basada en que a cada momento el patrón debe halagar, reconocer el trabajo que cada uno ejecuta, en vez de criticarlo o condenarlo. Prefiero no opinar al respecto.

*Nuevo Laredo, Mx, 24 de Noviembre 2006.* Ayer fue feriado por ser día de Acción de Gracias o "Thanksgiving", quizás la fecha más importante en el calendario festivo norteamericano por su gran contenido simbólico dentro de su historia y cultura; le asignan el cuarto jueves de noviembre. Fuimos invitados de honor en un hogar amigo México-americano, opíparo banquete con el pavo como figura central. Devoramos con voracidad nuestra porción de las setecientas cincuenta mil toneladas que se consumen por estas fechas en el país. Luego de la comida decidimos acercarnos a Corpus Cristi donde los niños se fotografiaron con la famosa estatua de Selena y de allí a Laredo donde pernoctamos. Por la mañana cruzamos el puente peatonal fronterizo sobre el sucio y contaminado rio Bravo hasta Nuevo Laredo en México. Mientras caminas miras consternado el lecho del rio repleto de basura, llantas usadas, refrigeradores, animales muertos, fetidez y una espesa espuma de color indefinido. Ya comienzas a notar los cambios, es increíble la enorme diferencia entre ambos países aún cuando solo lo separan escasos metros. Logramos alcanzar el centro de la ciudad abarrotado de transeúntes de todos los estratos sociales, básicamente de los bajos, venduteros, buhoneros, comerciantes, camionetas llenas de militares o policías mal encarados con las piernas colgantes y armados hasta los dientes. Daba la impresión de una ciudad sitiada, un espectáculo deprimente cargado de pobreza, suciedad, delincuencia y prostitución, típicos de nuestros países del tercer mundo. Pudimos comer algo en un lugar sobrevolado por cientos de moscas que se posaban sobre platos, alimentos, mesas, ante la mirada impávida de los empleados, aquello me hizo recordar los mercados populares de mi país. Anduvimos dando vueltas y hasta nos atrevimos a entrar a un salón donde cortan el cabello, lugar atestado de maricas vestidos de mujer pero con voz de trueno, uno de ellos le hizo un especial corte a mi hija Lluvia de siete años. Abandonamos a los maricones y nos dedicamos a adquirir algunas curiosidades; pasado el mediodía decidimos retornar. Con papeles en regla es muy rápido y fácil entrar o salir, pero sin ellos debes cruzar el rio por la noche, oculto en algún lugar distante donde los guardias fronterizos no te atrapen o disparen. Mis hijas me confesaron que después de cruzar el puente y pisar de nuevo suelo norteamericano sintieron un gran alivio. No puedo decir lo mismo ya que vengo de un lugar con condiciones similares, anímicamente si me afligió ver que con el paso de los años nuestros pueblos retroceden, no sé cuando irá a parar tanta miseria y ladronismo.

## Capítulo XXVII

*San Antonio,Tx Junio del 2007.* Si lo tienes todo, ¿porqué sufres?, ¿qué te aflige?, ¿tu pasado, las equivocaciones y errores cometidos? Ya no puedes hacer nada por él, solo aceptarlo, corregir el presente y olvidarlo. Es fácil decirlo, pero los recuerdos y las imágenes vividas regresan para atormentarte, tanto los buenos como los malos. Estar deprimido es vivir en un estado anímico-espiritual en donde todo se ve gris, triste, negativo, sumido en una congoja, un sinsabor por la vida y lo que ella supone. Comidas, bebidas, sexo, diversión, trabajo, juegos, viajes, todo lo que ves está asociado con algo pasado o presente que te conmueve, te hace llorar. La mayoría de las cosas que conforman tu entorno cuando estás en crisis produce llanto. Por muy fútil que sea el motivo, una película, una canción, una noticia, el pasaje de un libro, nos conmueve tanto que las lágrimas afloran en abundancia por largo rato. Muchas veces corres al baño o a un lugar solitario para llorar en paz, desahogarte sin que te avergüences ante la mirada de otros. Lloras y maldices porque desconoces lo que ocurre y produce ese llanto tan desgarrador y doloroso. Llegas incluso infligirte castigo, golpearte con las paredes tratando de salir de tan vil condición, rezas sin fe, no creyendo, escéptico, sabiendo que el rezar ayudará en nada. Y te preguntas: ¿Que pasó conmigo?, ¿que ocurrió con mis sueños de juventud?, ¿qué fue de mi fuerza de voluntad, mi alegría, mi deseo de hacer siempre las cosas rápidas, de buen talante y con agrado?, ¿A dónde se marchó tanta energía? Está claro. Todo se fue a la mierda.

Execro la desgraciada premisa que me inculcaron desde niño de que todo esfuerzo, todo sacrificio hecho con tenacidad y perseverancia te conducirá al éxito. ¿A cuál éxito?, ¿a obtener lo deseado, a alcanzar la meta? Eso no es éxito y mucho menos felicidad. Son solo sacrificios tras nada, todo lo logrado se transforma en apestosa carga. Los esfuerzos que haces para lograr algo en la vida siempre son excesivos, pagas demasiado por nada a cambio. Pero muy tarde lo ves. Debemos limitarnos a hacer lo que realmente vivimos a hacer: Sentarnos tranquilamente a la orilla del camino y esperar que la vida pase ante nosotros, si trae algo se nos entregará y ya. Mientras tengamos y podamos comer, mear, cagar, respirar, dormir, de la manera más sencilla y primitiva todo lo demás es exceso. Casas de lujo, joyas, muebles, carros, manjares solo te traerán sufrimiento y dolor.

San Antonio Tx. 06 de Junio 2007. Son las 4:30 am. Ayer fue mi cumpleaños, otro más. ¿Hasta cuándo? Es acaso válido o estúpido preguntarme ¿Por qué tuve la suerte de recorrer este camino?, ¿porqué en el momento menos pensado tropiezas con una persona que da un vuelco a tu vida transformándola en una porqueriza? Atraviesas un momento de tu vida bueno, sin mayores problemas, casi a gusto; de repente aparece alguien que entra como una tromba para trastornarla. Me resulta raro ver a un individuo en la miseria, enfermo, tirado en la calle y sin ton ni son surja un ángel salvador que lo redima, le dé de comer, cambie su condición y lo haga feliz. Pero casos contrarios sí que se producen muy a menudo. La desdicha llega para el venturoso, quien tenga algo que perder, algo que se ama, no le va a caer a un pobre desgraciado.

Durante cuarenta años no he parado de preguntarme si es el destino, la cruz que dicen nos toca, la mala suerte, mi karma, no sé cómo llamarle, pero es cierto que existe, lo he comprobado miles de veces, es quien inexorablemente impone la ruta a seguir. Transitas serenamente por el mundo sin mayores preocupaciones creyendo que todo va a resultar de maravillas. Una noche, inocentemente decides ir de farra a un mesón a celebrar que culminaste los exámenes con éxito, disipar una pena o pasar un rato ameno. El verano se acerca y el pasaje a Londres lo tengo en la bolsa, razones me sobran para sentirme feliz. De pronto en la tasca conozco a una mujer, bailamos hasta bien entrada la noche pero sin conversar mucho, nos despedimos sin compromiso alguno. Al siguiente día repica el teléfono, tengo resaca, a duras penas tomo el auricular, era ella. Me costó recordarla, me pidió si era posible venir a ducharse a mi casa ya que en la suya estaban haciendo reparaciones a las cañerías. Desde aquel maldito momento en que la dejé entrar a mi apartamento, mi existencia quedó trastornada, con consecuencias que perviven en la actualidad. ¿Cómo pude haber evitado que eso ocurriera?, ¿qué me faltó?, ¿acaso el consejo de mi familia, de un amigo?, ¿o fue que el destino me jugó una mala pasada? Recomendaciones de un amigo para romper la relación las tuve, solo que provenían de un colombiano que hacía vida marital con una veterana prostituta que prestaba sus servicios a los soldados acantonados en la base americana de Torrejón de Ardoz. Pensé que con ese hándicap no era la persona mejor indicada para dar consejos. Quizás la intervención de mi madre o hermanos hubiesen ayudado, pero estaban a miles de kilómetros y yo enamorado, "empepao" como estaba, no iba a esperar para meter la pata hasta el fondo. Asi que me casé. No era amor lo que yo sentía por esa mujer, era un "enculamiento" extremo, enfermizo, una atracción sexual inusitada y desconocida que me arrastró al fondo del abismo cuando solo contaba con veinte años de edad.

Eso realmente ocurrió, pero no lo considero pasado; nada es pasado mientras tenga significación e influencia en tu vida actual. Nuestra existencia se nutre básicamente del pasado, de cosas que sucedieron hace tiempo atrás; pretender negarlo sería una soberana estupidéz. Olvidar las cosas malas y recordar las buenas es un ejercicio nemotécnico propio de una mente débil, enferma; ambas aparecen simultáneamente o por lo menos seguidas. Las malas son las que afloran fácilmente, casi de forma automática, mientras que los recuerdos gratos hay que traerlos mediante un esfuerzo mental. Las experiencias desagradables surgen de forma espontánea, se repiten en nuestra memoria cada vez que ellas quieren, me resulta verdaderamente difícil mantenerlas alejadas aún estando alerta para ahuyentarlas cada vez que aparecen, son tan persistentes esos desgraciados recuerdos que si logras mantenerlos a rayo en vigilia, al estar dormido, inconsciente, buscan introducirse en tu cabeza a través de los sueños. Es un proceso tan complejo, misterioso, oscuro que se han escrito miles de libros al respecto y ninguno logra descifrar la incógnita. Así como la vida, nuestro origen, su razón de ser, él porque estoy aquí, quien me puso, para qué, hasta cuando, es todo un misterio impenetrable; otro tanto ocurre con nuestra mente. Cualquier criterio cae en lo arcano, lo insondable.

*San Antonio Tx. 10 de Junio 2007.* Una horrible sensación de rabia, decepción, malestar físico, como si fuese a ser presa de una muerte súbita: presión en la cabeza, el pecho, estar a punto de explotar, no poder resistir una conversación con alguien, llámese esposa, hijo, vecino, porque sientes deseos de pegarle o matarle. En ese maldito momento todo resulta molesto, tenso, desagradable. Lo viví hoy por la mañana al informarme mi esposa que unos deudores nuestros a quienes como abogados defendimos con probidad durante casi tres años sin recibir emolumentos, ofrecían como pago por nuestros honorarios una cantidad irrita comparada con la que realmente correspondía. No debiera culpar a otros de mis desgracias ni considerarme víctima de su proceder, sin embargo no logro comprender como la acción innoble de alguien puede llevarte a la tumba.

*San Antonio Tx. 11 de junio del 2007.* La equivoca manera de ver la vida que nos inculcan desde el nacimiento hace que el ínterin entre la vida y la muerte cause pánico. Observo como casi todas las cosas que inventamos o realizamos en los días y noches de nuestra vaga existencia lo hacemos para superar ese terror. La televisión de hoy es una compañía valiosa e importante para muchos humanos; con su magia aleja la soledad, ahuyenta los pensamientos miedosos sobre lo que significa vivir y morir. Al invadirnos un pensamiento de muerte, la hora, aislado, de un infarto, un accidente de tránsito, aplastado, ahogado, quemado, de un disparo, por una caída, hace que nos despertemos sobresaltados, encendemos entonces el televisor y los sentidos entran en contacto con una falsa visión, pero es bonita, agradable, tiene un efecto tranquilizador. Hay quienes en vez de la tv buscan el alcohol, las drogas, los tranquilizantes, otros se sumergen en el trabajo, ejecutan gimnasia hasta caer agotados. Los hay quienes se refugian en la religión, obras sociales, guerras, delinquir. La meta es distraer la mente durante el mayor tiempo posible para que no se ocupe de aterrorizarnos con pensamientos de la vida, de la muerte, lo aleatorio, lo contingente. ¿En que consiste entonces el vivir? En tratar de huir de pánico que supone analizar el significado de la vida, en el día y la hora de la muerte. Eso es lo que llamamos vivir. Pero, ¿cómo huimos? Mediante las distracciones, ocupando el tiempo en hacer algo, lo que sea, desde emborracharnos hasta quedar inconsciente, consumiendo marihuana, cocaína, crack, éctasis hasta salir de éste mundo, trabajar veinte horas seguidas con solo quince minutos de break, caer agotado, correr, ejercitarnos hasta que la sangre embote el cerebro y le impida pensar. De hecho se ha descubierto y considerado un gran logro que cuando malos pensamientos, ideas compulsivas, locas, tristes, invaden la mente, lo recomendable es correr, caminar a buen ritmo durante una hora, de esa forma según los defensores de esta tesis, los malos pensamientos se van y la mente se aclara. Puede que sea verdad. Otros llenan sus vidas con los juegos de la guerra, de la sucia política, las conspiraciones, asesinado gente, terrorismo, pilotando aviones, jugando football, base ball, tenis. Están los que matan el tiempo buscando al dios que nos metió en este lío y en ese sentido fundan religiones aquí y allá, sectas, cultos para todos los gustos. Los que abrazan el sacerdocio, papas, pastores, diáconos, brujos, gurús, monjas y pare de contar. Hay quienes se lanzan al cine, tv, teatro, música; el todo es conseguir o hacer cualquier cosa que nos aleje del terror que produce pensar en la vida y en la muerte. Todo es permisible.

Ninguna persona puede ser juzgada por la manera o medios que utilice con tal de superar ese pánico; es libre de escogerla. Probablemente sea el derecho que mejor debe ser respetado porque es permitirle protestar ante la atribución inconsulta, la usurpación, que alguien absolutamente desconocido se tomó para colocarnos en éste mundo a vivir y morir a su antojo. Nadie pidió que lo trajeran a ésta vida, a un mundo de terror, de dudas, miedos, plagado de misterios, ser parte de un universo inmensurable. Nos toca meter la cabeza bajo las sábanas, como el avestruz lo hace en la tierra para conjurar nuestros temores. Sabemos que eso nos alivia, tanto que cuando niños ante cualquier cosa que nos producía miedo, sin importar cuán grande y peligrosa fuera, buscábamos cubrirnos, taparnos el rostro con una manta. Observen el gesto de un individuo que esté bajo la inminente e inevitable amenaza de ser atropellado por un tren o un vehículo; su instinto lo lleva a cubrirse la cara, cerrar los ojos, creyendo que con ello evitará la tragedia, su muerte; andamos por el mundo abovedándonos la cabeza tratando así de alejar el terror que significa el vivir. ¿Cómo se explica que las guerras, por muy cruentas, crueles que sean son apreciadas por los bandos en conflicto? Sencillamente porque les distrae la mente, el miedo a la muerte desaparece. El soldado terrorista vive en y del terror que puede ocasionar en otros, ya él no lo siente, está superado. Al final también las victimas se harán insensibles, saben cuándo y de qué van a morir. Y eso es grandioso. Son los políticos quienes después de propiciarlas tratan de darle otro sentido a las guerras por inhumanas, se derrama sangre inocente. Todas pendejadas. Las ha habido de todo tipo a lo largo de la historia de la humanidad: Santas, diabólicas, persecuciones bíblicas, por tierras, alimentos, mujeres, padres, hijos, se libran en el agua, mar, aire, con bombas, piedras, machetes, barcos. Y continuaremos fomentando las guerras porque ellas nos alivian, apaciguan el terrible peso del misterio, del miedo por nuestra existencia y su impredecible final. Observemos como Hitler y los judíos crearon su guerra porque ambos grupos la necesitaban. Consideraron que habían dedicado suficiente tiempo a pensar, al ocio, a la paz y el terror los invadió. Vieron en la guerra la mejor opción del momento. Los incursos en ella conocían perfectamente a qué atenerse, sabían lo que vendría y lo aceptaron con agrado. El tercer grupo, los aliados, fomentadores, conspiradores de postín en la gran guerra, les correspondería hacer lo que hicieron que consistía en acabar con todo lo que pudo quedar en pie. Y todos contentos. Lógico era la reconstrucción, el movimiento, tesón incansable, siempre ocupando la mente, buscando huir de miedo de pensar en nuestra propia muerte. Con el tiempo el género humano ha vuelto a caer en el terror al pensar en la existencia, lo efímero, lo contingente. Se deben conseguir medios, métodos que nos alivien, seguimos con los jueguitos de las guerras en cualquier rincón del orbe, consumir drogas, alienarnos en los deportes masivos, ejercitarnos, alcohol, sexo, gula. Y estamos en nuestro real derecho, sea a título personal o colectivo para escoger la manera que mejor nos cuadre para escapar del terror que produce pensar en nuestra vil existencia a la que inconsultamente fuimos condenados.

*San Antonio Tx. Sábado 15 de Junio 2007.* Hoy trabajé en la tienda de Potet con Mr. Baily, buen día, no hizo mucho calor, poco agitado de clientes y problemas; los niños, que debo tener conmigo se comportaron bien; al llegar a casa me acosté temprano a eso de las 8:30 me dormí. A las 10:30 desperté sobresaltado, noche lluviosa con mucho componente eléctrico que mantenían el área muy alumbrada, truenos que retumbaban casi sobre mi cabeza; me levanté, sentía palpitaciones, la cara caliente, ansioso, nervioso. ¿Porque?, ¿quién carajo lo va a saber? Es la vida. Hoy te encuentras sano, mañana enfermo, hoy vivo mañana muerto. ¡Que importa! Eso es el vivir. Afuera sigue la lluvia con vientos que peinan los arboles, más truenos, relámpagos, chorros de agua que caen por las ventanas. Una buena noche para morir. Me acurruco en un mueble, la mente ociosa me trae recuerdos de las historias de mi amigo Nené Arroyo siendo niño y viviendo en C*, pueblecito montañoso del interior del país. Época de invierno, cuatro o cinco meses de lluvia cerrada, torrenciales aguaceros que incomunicaba los poblados e impedía a los lugareños abandonar sus casas durante largos y tediosos días. Lo que hubiese dentro de la casa se enmohecía oliendo a podredumbre; las paredes verdosas por el moho se descascaraban salpicadas de barro por los torpes brincos de los sapos, grillos, alimañas que abundaban en la zona. Alguna que otra mañana un barquero cuya barcaza sostenía en su proa una roída campana que repicaba continuamente avisando de su paso a quienes vivían a la orillas del río, era la única señal de vida por los contornos, valioso contacto con el mundo exterior, con la gente de la capital, de la costa que se aventuraban a hacer el recorrido para visitar algún pariente o comerciar con los campesinos. El capitán, un negro alto, fuerte, feo, debía mantener a fuerza una constante sonrisa para parecer amigable, era quien les proveía de víveres, pescado seco, enlatados, azúcar, tabaco, kerosén, velas, cecina, manteca, botas de hule, ron, machetes, cazuelas, cucharas, platos de peltre y otras baratijas. El trueque constituía la manera más común para negociar por lo era raro ver monedas o billetes en manos de aquellos labriegos de piel oscura y sonrisa fácil. Amarrando la embarcación del primer palo o raíz que encontraba a las orillas, recalaba en cualquier descanso del profundo río. La gente iba saliendo de sus humildes casa de bahareque a paso lento, sin prisas, con el agua chorreándole el plástico que cubría sus cuerpos a medias, otros menos favorecidos, se tapaban con sacos de sisal que a poco dejaban filtrar el agua haciéndose pesados y molestos de cargar. Algunos niños traviesos se protegían con trozos de zinc viejo para al rato dejarlos tirados en cualquier lado, dedicándose a bañarse bajo la lluvia en medio de retozos, gritos, lanzadera de barro y los gritos incesantes de sus madres: –¡Métete a la casa muchacho del carrizo, que vas a coger una gripe! El padre ocupado en ver las novedades que ofrecía el feo negro se limitaba a lanzar gruñidos, levantar los puños en señal de sorda amenaza. Culminaban el trato sin parar de llover, con poco dinero a la vista pero si muchos animales y bienes canjeados. Cerdos hocicones, jabadas gallinas, patos, carne de báquiro, lapa, racimos de plátanos, bananas, sacos de yuca, ñame, ocumo, frijoles, maíz, dulces nísperos, aguacates, fina madera, yerbas medicinales eran cargados en la barca en medio de gritos y chillidos. Sueltas las amarras la barca continúa su ruta aguas abajo. Antes del mediodía ya estaba la familia reunida alrededor del humeante fogón degustando las vituallas adquiridas, un hirviente "guayoyo", arepa recalentada, tostados cachitos, cazabe con azúcar y algún trozo de carne de báquiro o pescado seco.

 Salgo del arrobamiento sobresaltado por los ladridos desesperados de "Tin tin" el negro perro de mi hijo. Olvidé llevarlo a su caseta, quedó encadenado a la pata del árbol, la lluvia lo azota inclemente, los relámpagos lo asustan, debajo de sus patas se han formado charcos, de seguro teme morir ahogado o víctima de un rayo. Tengo ganas de salir y soltarlo para que se refugie en algún sitio, decido esperar por si amaina un poco. Mala vida, mala onda. No sé porque la alegría, el vigor, huyeron de mi vida, por mucho esfuerzo que hago me siento taciturno, triste, sombrío. Desde mi butaca observo mi entorno: hermosa mujer, gratos y sanos hijos, casa cómoda con todos los servicios, dos vehículos parqueados al frente, dinero suficiente. ¿Qué me falta? Nada. Solo alegría, motivaciones, deseos para seguir viviendo, disfrutar de las cosas que tanto me ha costado conseguir. Pero no lo tengo, es una canción repetida, trillada, que se tropieza en casi todas las páginas que escribo sin poder evitarlo, la sempiterna condición del deprimido.

La lluvia, los ladridos, el viento, mi tristeza, mi soledad es todo lo que hay. Con rabia abro la puerta que da al patio, un golpetazo de agua baña por completo el cuerpo, el viento ruge y me impide distinguir al perro que al verme salir cesó de ladrar; con ayuda de la linterna y la luz de los relámpagos logro llegar al árbol cuyas gruesas ramas se mecen alocadas amenazando con caerme encima; desato la cadena con dificultad y dejo que el animal se escape asustado a refugiarse debajo del tráiler. Retorno al interior de la vivienda, me cambio con ropa seca y vuelvo al sillón. ¿Quién iba a pensar que aquel joven pleno de vida de hace cuarenta años, cuando cursaba bachillerato en el Colegio *, se transformaría en el mamarracho de hoy? Que las risas, juegos, alegría, tornarían por lágrimas, tristeza, soledad, abatimiento, abulia. Es un andar penando como el judío errante, sin saber que hacer, porque lo haces ni hacia dónde vas. ¡Esto es el vivir! No hay dudas. ¿De que otro modo podría llamarse? Ando en busca de un camino, pero al parecer no es un camino común, el que siguen las personas normales. Percibo mi camino muy diferente. Uno de ellos, el suicidio me parece una falta de valor, una carga adicional para mis hijos; podría adoptar una secta orientalista de esas que pululan en las calles o en las revistas, pero no tengo fe, por lo tanto no creo que me sirvan de algo. Refugiarme en el alcohol, la cocaína u otra droga, no le veo ningún sentido práctico, útil; Volver a la religión católica lo veo como una vergüenza, una hipocresía, un engaño a dios, si es que existe. Varios son los que ven en mi madera para ser pastor de cualquier iglesia, es posible. Por supuesto que lo haría solo por obtener dinero. Observo a diario como unos "pelados", que nunca han tenido un cinco, al hacerse pastores de iglesias mejoraron grandemente su estatus socio económico, tienen hermosas mujeres, lujosas casas, buenos carros, excelentes colegios para sus hijos, seguro médico, viajes a las Bahamas, a Europa, como broche de oro están muy cerca de Dios y al morir irán derecho al paraíso. ¿No les parece tentador? Hace pocos días llegó a mi E-mail la historia de la ostentosa vida de uno de los hombres más ricos del planeta; no me sorprendió que se tratara de un pastor religioso, creo oriundo del Brasil y quien ha amasado millones con su secta donde acuden miles de personas que desean parar de sufrir debido a alguna enfermedad, dolor o mal. Todos deben dar un diezmo que va a parar directo a la cuenta bancaria del guía espiritual. Millones caen a diario para hacerle la vida muy placentera. Investigue su vida y no conseguí ninguna condición extraordinaria en su persona, no sabe hacer milagros ni trasmuta el barro en oro, solo es un tesonero hombre de negocios. Debo por lo tanto revisar en detalle ese campo laboral.

Me quedan otros caminos: Seguir soportando la pesada cruz, marchar lejos de todos, dedicarme a trabajar hasta el agotamiento como un "workaholic", sentarme a la orilla de este hediondo camino, esperar, esperar que la vida vaya pasando, si trae algo para mi, tomarlo y ya. Traerá lo que sea, desde la muerte hasta longevidad, de la riqueza a la miseria, de la alegría al llanto, del lo grandioso al fracaso. El actual camino supone masticar, morderme la lengua, mirar sin mirar, oír sin oír, comer por el solo hecho de hacerlo, sentir sin sentir de verdad, esperando un no sé qué, que ocurra no se sabe cuándo, así pasaré los días que me quedan por vivir. ¿Quién iba a creer, que el niño que corría en su caballo desbocado por las pedregosas y polvorientas calles de su pueblo natal, espantando las gallinas, asustando los transeúntes, que disfrutaba saboreando un refresco del tiempo con una paledonia, unos cambures asados con leche de vaca, llegaría hoy, con todo lo que ha logrado a no conseguir nada que lo regocije, lo alegre y le permita ver un futuro alentador?

*San Antonio, Tx. 19 de junio 2007.* Egoísmo e Indolencia: Dos rasgos tan propios y ligados a los seres humanos que asustan. Salta a mi mente un pasaje ocurrido después de retornar de un largo viaje y llegaba a casa de mi madre muy de mañana, acaso serían las 7:00 am. Mi hermana salió a recibirme, la noté demacrada, tenía a su pequeño hijo enfermo de bronquitis, no paraba de toser, su cuna forrada de sábanas por los cuatro costados, debajo había una gran cacerola llena con agua hirviente y mentol para hacer inhalaciones. Tos teca, fea, frecuente, la habitación toda reflejaba enfermedad, tristeza, agonía; un olor penetrante a sudor mentolado, húmedo se pegaba a la cara. En la habitación contigua estaba mi madre, recostada en su cama con una bolsa de hielo en la cabeza para aliviar su sempiterna jaqueca que le producía náuseas y solo alcanzaba vomitar una pastosa saliva con bilis. Olor a medicina, a enfermo. Quien haya entrado a un aposento de ese tipo sabe a lo que me refiero. Otro cuarto, tapizado con objetos de caza, pesca, instrumentos musicales, afiches con descoloridos paisajes lo ocupaba mi hermano quien en ésta oportunidad no sufría de sus ataques de asma; estaba acostado ensimismado en la lectura de un libro, preocupado por la cercanía de sus exámenes para profesor. Pregunté por mi otra hermana, lacónicamente me respondió que en su casa, llena de preocupaciones por tener sin ayuda de nadie y sin que el dinero les alcanzara, sacar adelante una familia de tres hijos y un amante lascivo y perezoso. Por mi parte, venía arrastrando la cobija, separado de mi esposa, harto de grescas, viviendo solo en un pequeño apartamento, con problemas en el trabajo, con los colegas. Un infierno de vida. Con esa preciosa carga en los hombros entré a la casa, observé sin inmutarme el deprimente espectáculo, no sentí preocupación ni condescendencia por ellos, ninguna frase de consuelo, de aliento. Ellos actuaron igual conmigo. Cada quien estaba en lo suyo sufriendo en soledad su aflicción. Comprendí con amargura que a nadie le importa el dolor ajeno cuando se tiene el propio, aunque lo esté padeciendo un ser querido. Razón tienen algunos pensadores al decir que no debemos dar importancia a lo que la gente diga de nosotros, hablen mal, nos injurien, ya que esa misma persona al sentir un mínimo dolor de muelas, de oído, de estómago, no poder defecar, ya nosotros dejamos de importarle, se nos olvida mágicamente, ahora su atención estará en su muela, oído, culo, todo lo demás carece de importancia. Así de inmunda es la naturaleza humana. Desprecio a quienes dicen que fuimos hechos a imagen y semejanza de nuestro creador. Vaya replica: Egoístas, indolentes, falsos, hipócritas, codiciosos, glotones, lujuriosos, iracundos, holgazanes… eso somos los humanos. ¿Quién se atreve a decir algo diferente?, ¿quien sufre por el dolor ajeno? Incluso cuando regañamos u orientamos a un hijo pequeño: "Cuidado, no hagas esto o aquello, te vas a hacer daño, es peligroso, cuidado te caes, te puedes cortar…" La insistente recomendación se hace no por el dolor que él pueda sentir si se produce el accidente, sino para evitar sufrir nosotros, sentir el martirio en nuestro cuerpo al verlo lesionado, herido o muerto. Protegiendo al ser que queremos buscamos esencialmente nuestro bienestar. Y si esto ocurre en el interior de una familia que se dice unida, ¿que quedará para el prójimo, los ajenos, los enemigos, quienes no comparten nuestros valores, ideas, creencias? Por eso el mundo es como es. Y así está bien.

## La depresión: El monólogo del diablo

No nos engañemos creyéndonos personas nobles, buenas, dadivosas, humanitarios, comprensivos. ¡No somos sino mierda! Con frecuencia se me pregunta: ¿Acaso no has conocido a una persona buena a lo largo de tus sesenta años de vida? La respuesta es un ¡No! rotundo y sonoro. Mi contesta no sale de un odio absurdo hacia la humanidad ni de un arranque de locura, ni producto de decepciones, nada de eso; sale de un exhaustivo análisis que me propuse hacer de una manera honesta para lo cual elaboré una larga lista de mil ochenta y cuatro personas con las cuales mantuve en los últimos cuarenta y cinco años algún tipo de contacto o relación que pasara de doce meses. Al lado de su nombre dejé un buen espacio para colocar todos sus atributos, virtudes y en un pequeño margen a la izquierda sus posibles defectos. Me asombré al notar que a medida que analizaba a la persona en cuestión debía invertir los espacios porque las dos líneas que había dejado para sus defectos eran insuficientes, mientras las de las virtudes quedaban casi vacías. De esa forma barajé a hombres, mujeres, viejos, adolescentes, niños, amigos, familiares, maestros, religiosos, esposas, queridas, conocidos, tratando de no olvidar a ninguno con los que sostuve una relación más o menos larga. Todos, absolutamente todos estaban preñados de defectos, vicios, taras, pecados. Caí en cuenta que ni los santos que hoy adoramos fueron tan santos como dicen; tuvieron su "rabo de paja" que ni la beatificación ha podido borrarles. ¿Que quedará entonces para mí y para quienes conocí y traté?

Estando joven conocí a un señor de unos cuarenta años que visitaba de tiempo en tiempo nuestra casa; persona muy religiosa, seria, nos servía de chofer porque ninguno de nosotros tenia edad ni pericia para manejar. Era todo sonrisas, oraciones, amabilidades, casi lo teníamos como uno de los "escogidos". Hasta que una tarde de carnavales, andando con un grupo de amigos en un balneario llamado "Titicare", noté en una mesa algo apartada a un grupo de hombres y mujeres con no muy buena pinta, haciendo chistes, bebiendo ron y armando una ruidosa alharaca. Cuando me acerqué lo suficiente para saber de los escandalosos, casi muero de la sorpresa: el centro de la cháchara era nuestro ídolo, el magnífico personaje que andaba siempre con una biblia bajo el brazo. De no haber sido porque me acompañaban otras personas que vieron lo mismo, mi familia me hubiera considerado un mentiroso, un calumniador. Creo que el susodicho también se percató de nuestra presencia porque pasaron muchas lunas hasta dejarse ver de nuevo. Para cuando el muy granuja tuvo la osadía de tocar orondo nuestra puerta ya lo habíamos desterrado como amigo de la familia.

Ya adulto tuve un amigo místico, de esos de hablar pausado, leve sonrisa, estudioso de extrañas sectas, no tenía mujer ni hijos, con un consejo apropiado siempre a la mano y dispuesto a darlo. De oficio albañil, honesto, solidario con los precios, utilizábamos sus servicios con frecuencia. Realmente me formé una excelente opinión de él, que iba en aumento con el paso del tiempo. Me mudé a una lejana ciudad y dejé de tratarlo. Mi hermano mantuvo su amistad y sabía cosas que yo ignoraba sobre su vida, hasta que una noche estando de vuelta en la ciudad, caminando por una penumbrosa calle vi al amigo venir casi de frente acompañado de una mujer bastante joven y tres niñitos casi del mismo tamaño. Hablaban casi a gritos por que por un momento pensé me había equivocado de persona. Me arrimé a un portón cediéndoles el paso, no me reconoció por lo que les seguí de cerca durante un buen rato. Entraron por fin a una humilde vivienda, desde fuera seguía oyendo las discusiones, frases groseras y hasta amenazas de golpes. No pude contener mi enfermiza curiosidad y esa misma noche fui a ver a mi hermano. Resultó que el amigo místico tropezó con una mujer soltera madre de un niñito, se hicieron pareja dándole dos hijos más. Esa vida le era totalmente desconocida, no tenía ni puta idea en que cuneta había caído. A poco ya había mandado al carajo los libros sagrados, sus conocimientos esotéricos, la postura angelical de los entendidos, en fin se llenó de los pecados que tanto condenó. Con razón dice el proverbio popular: "Cuando el pobre va de culo, no hay barranco que lo ataje". Estos dos fueron las personas que más se aproximaron a "buenos". El resto ni se le acercan. ¡Es que yo ando buscando personas perfectas! Me reprochan. ¡No! Yo no ando en la búsqueda de perfectos porque sé que en el género humano esa especie no existe. Solo quisiera antes de morir conocer a un ser bueno o que alguien me diga por favor donde existe una persona asi, no importa lo lejos que se encuentre. Pagaría lo que poseo por tener ese privilegio. Un compañero del bachillerato que en sus años jóvenes hizo de hippie, viajó por la India, Goa, Katmandú y otros lugares famosos por su aislamiento y misticismo, me recomendó conocer personas que viven en esas altas y frías montañas dedicadas al culto y a la oración. Estaba dándole vueltas al asunto cuando me entero que en tales monasterios la pederastia y el homosexualismo son prácticas comunes entre monjes e iniciados. Hasta allí llegó mi entusiasmo de partir a tan largo viaje para conocer maricones en largas túnicas.

*San Antonio, Tx. 22 de junio 2007.* Reconozco que soy ambicioso, egoísta, orgulloso, pero me considero en extremo responsable y un buen profesional del derecho, lo que me da derecho a obtener beneficios y si son míos legalmente los quiero en mi bolsa y procederé en consecuencia. Lo que se oponga a mi justo propósito como en éste caso de los M* que tantos esfuerzos y estudios me costó para llevar a buen término, me provoca tanta ira, malestar e impotencia que amenaza con producirme un daño físico irreparable. No he aprendido a controlar mis instintos ni los bellos sentimientos que me infundió el creador hasta el punto de permitir que me lleven al infierno. ¡Debo tener cuidado!

*Del Rio,Texas Junio 27, 2007.* Son las 5:00 am. Bonita ciudad pegada a la raya mexicana, me agrada. Estamos alojados en un discreto hotelito donde hemos recalado en otras oportunidades, buena atención, cómodo, con una buena piscina. Me he despertado con la misma sensación de hastío, desánimo, abulia, de otros momentos. Sufro de una terrible falta de motivación, de estímulo, de algo que me anime a vivir. Miro a mi alrededor, allí están mis tres bellos, sanos e inteligentes hijos; a mi lado palpo el cuerpo semidesnudo de mi mujer a quien siento amar y me gusta. No tenemos grandes problemas de dinero ni de salud: dos vehículos, mobil home propio de tres habitaciones, ropas y comida suficiente. ¿Qué otra cosa puedo pedir?, ¿porqué no agradezco ni disfruto esas bendiciones como debe ser? , ¿qué me esta haciendo falta para alegrarme, reír y dejar de estar amargado? El cambio de vida que hice al venirme a USA fue radical, no tengo amistades, ni conocidos, no converso con nadie, no asisto a reuniones, me alejé de las parrandas, las serenatas, bañarme en los ríos y playas, de salir de caza, pesca. No hablo ni discuto con familiares, dejé de sembrar plantas con mis manos, ya no camino por bosques ni montañas, se acabaron los viajes, las aventuras riesgosas. Ayer después de tres años fue la primera vez que me zambullía en un río de verdad. Sin dudas que en tan corto tiempo el cambio fue total. Los patrones cristalizados en mi mente por más de cuarenta años simplemente los mandé al carajo. Haciendo un simple balance aquí estoy mejor, mayor seguridad personal, menos sobresaltos, buena salud, mucha tranquilidad. Tanto que he acudido al doctor solo para chequeos de rutina. Mientras viví en mi país debía acudir al médico dos o más veces a la semana por dolores en el pecho y espalda, presión alta o baja, nervios alterados y otros mil achaques. Y no hablemos del ambiente de trabajo de un abogado cuyo ejercicio profesional es angustioso, tenso, desagradable y hasta peligroso. Desde los Tribunales de justicia donde lo único que se tropieza es ineficacia, suciedad, desidia, incompetencia y corrupción. El personal completo es de terror, son chismosos, ineptos, miserables, tramposos. Desde el Juez superior hasta el bedel son toda basura con los que hay que convivir durante el año redondo. Las vacaciones que puede uno tomarse son para alejarse por un tiempo del contacto con tales personas que agotan, consumen la paciencia y la salud, no porque el ejercicio profesional sea fuerte o agotador. La presión de trabajo es muy grande que no logra uno adaptarse a un medio tan bajo y hostil; quienes lo han logrado los considero héroes. Ganarse la vida en el litigio, en los pasillos de los tribunales de mi país es harto difícil, hasta los clientes representan un problema, algunos por necios y maulas, la mayoría porque están viciados, el sistema judicial los ha dañado, la corrupción de las secretarias, alguaciles, el negocio, el compadrazgo con jueces, fiscales, todos han acochinado la justicia de tal manera que cualquier "pico redondo" sin profesión alguna puede obtener sentencias o documentos a su favor sin necesidad de acudir al abogado como lo establece la ley. Es un desastre. Al caer la tarde estaba tan agotado por ese desagradable trajinar que tan pronto llegaba a la casa, me metía en unos pantalones cortos, subía alguno de mis hijos al carro y me marchaba a un río cercano donde al zambullirme en sus frescas aguas lograba retomar fuerzas.

Decía entonces que necesito motivación, razones para seguir viviendo con ánimo, alegría. El tiempo se me va pasando, sigo levantándome sin esperanzas, con una mueca de amargura en la boca, el ceño fruncido, el corazón entristecido, melancólico, irritable, sensible a cualquier nimiedad para agriarme el momento. Mis continuos cambios de humor, mi carácter irascible, un rato alegre y juguetón, otro inestable, triste, rabioso, me tiene cansado y también a mi familia. La comida –algo que he valorado, degustado, disfrutado al extremo– ha perdido estimación. No la agradezco aunque a diario me sirvan manjares, platos maravillosos preparados por nosotros o adquiridos en buenos lugares. Antes, cualquier vianda por humilde que fuera me producía gran placer, sentado sobre un tronco la devoraba con infinito gusto. Debo hacer algo al respecto, mi vida no puede continuar siendo una muerte lenta, sufrida, ácida, carente de sentido. Pienso que es mi alma, mi mente enferma, loca, estúpida la que no me deja vivir en paz. Intento mejorarla, limpiarla de las porquerías que pueda tener dentro pero se me hace casi imposible. Me deprimo con frecuencia, sin razón alguna, ni real ni aparente, la depresión simplemente aparece, se instala dentro de mi cual convidado de mierda hasta que le da su real gana. Veces hay en que se marcha pronto, una corta visita, otras se queda durante varios días y hasta meses. Es cuando se piensa en tomar decisiones, locas, trágicas, descabelladas, que pueden conducirte a la ruina, al fracaso o a la muerte. Por lo general las resoluciones que toma un depresivo son incoherentes, fatales, torpes, agresivas, hirientes, destructivas. La depresión es un personaje que como huésped acaba con todo, es maledicente, aguafiestas, violento, taciturno, contradictorio, engañador, mentiroso, taimado, que con su llanto, su paz, violencia, tristeza, todo lo baña, corrompe y destruye. El llanto, los quejidos de un depresivo corroe las paredes y techos de una casa peor que la polilla y acaba con la familia peor que una peste bíblica. Su tristeza, sus palabras, la opinión que tiene de la existencia sume a quienes le rodean en un pantano de inmundicia, de pútrida mierda. El depresivo sufre y hace sufrir grandemente. Al principio las personas le prestan poca atención, lo que hace que se envalentone, cobre fuerzas para hacerse sentir, cuestión que logrará en breve tiempo y hasta puede que llegue el día que haga sufrir a otros la misma sensación. Se asusta, es el comienzo del contagio. Los entendidos dicen que la depresión no es contagiosa, yo tengo mis dudas al respecto. Se asegura que el sida, el flu o gripe para propagarse necesitan del contacto sexual o viral. Para mi criterio la depresión muchas veces se pega con solo observar a quien la padece. ¿No lo creen? Convivan algún tiempo con una persona con trastornos mentales, en especial con quien padezca depresión y luego me dirán. ¿Por qué creen ustedes que quienes tratan a estos pacientes tiene un aspecto "tan especial"?. Llevan vidas extrañas mustias, violentas, ideáticas, contradictorias, confusas. Creo que han sido tocados por el mal; que lo puedan sobrellevar mejor que el enfermo crónico, es otra cosa.

*San Antonio, Tx. Martes 10 de Julio del 2007.* Es la 1:08 de la madrugada no me encuentro bien. Fui a la cama a eso de las 11:30, estaba muy decaído, desalentado, triste, sin razón alguna lloré y me dormí. Algo me despertó un par de horas después. Entreabrí los ojos, sentí los brazos adormecidos, entumecidos. Me levanté para ir al baño, defequé sintiéndome mal. Pude llegar a la mesa y comencé a escribir las sensaciones que estoy experimentando en éste preciso momento, no quiero dejar escapar ninguna. Es un cosquilleo en brazos, manos, dedos, un hormigueo dentro de la piel, alrededor de la cara. Algo de temor hay, pero conociendo el malestar busco controlarlo, me rasguño, froto, pellizco con fuerza los miembros para sentir que estoy vivo y aventajar el susto. Por la noche había estado nervioso, alterado, malhumorado. Los niños inquietos como siempre ahora se me hacían insoportables ante la desazón, la angustia, la inquietud que me embargaba e iba en aumento; a ello se le sumó una molestia a la altura del estómago. Me hormiguea la cara y el cuero cabelludo, respiración entrecortada, trago una pastilla de tafil 0.5 mg. Las sensaciones no me son extrañas, otras veces cuando he tenido dificultades o algún problema al cual no le consigo salida indefectiblemente afloran; hay miedo, incertidumbre, ansias, cuando no consigo un desahogo, es como ser presa de algo poderoso y suena la alarma, el aldabonazo manifestado por la angustia para que ponga los correctivos o me deje vencer. Se han hecho las 3:34 Am el medicamento está haciendo un tardío efecto, no logró doparme como en otras ocasiones, estoy aletargado pero alerta. Oigo ruidos que me producen miedo, asomo a la ventana, es el viento que ruge haciendo mecer las ramas que rozan el techo. Posiblemente mi organismo ya es reacio al medicamento o el problema está anquilosado. Voy a meterme a la cama y tratar de dormir.

*San Antonio Tx. Julio 21 del 2007.* Estoy trabajando en unos de los grandes almacenes de JC Penney desde las tres de la madrugada; hoy es un día especial de ventas y hay que poner todo a punto para las ocho. Me robé unos minutos de la faena, me escondo entre grandes cajas de edredones con papel y lápiz a la mano. Hasta para escribir sandeces hay que sentirse con un estado anímico especial, no puedes estar cansado, trasnochado, alterado, en ascuas esperando algo o alguien, intromisiones a cada rato. Cuando esto ocurre las palabras no salen, se traban. Aparte se requiere energía, el poder de concentración es tal cuando se escribe que se pierde la noción del tiempo, hambre, sensaciones, solo se está en lo que la mente expulsa y se transcribe. Es un proceso especial, coherente, coordinado, se está viviendo el momento.

Pienso que el escritor vive muchas vidas en diferentes épocas. Cada vez que hago remembranza de algún pasaje significativo de mi vida, por muy lejano que esté en el tiempo, lo revivo con tal fuerza que los sentimientos que otrora experimenté, se repiten incluso con mayor intensidad. No sé si ese proceso de evocar situaciones pasadas aumenta los años de vida o nos haga más viejos; es como vivir el momento doblemente, el presente en el cual escribo y el que estoy retrotrayendo a mi mente. Sea bueno o malo, grato o desagradable, la experiencia evocada me hace sufrir. Si fue agradable ¿porqué el presente no lo es?, ¿por qué no perduró? Si fue un mal recuerdo, una mala vivencia, un error del pasado, me entristece, me aflige porque resucito los sentimientos de derrota, frustración, de dolor que lo acompañaron. Caso de haber actuado bien, ese recuerdo no llena ningún vacio, no mitiga la tristeza, no genera una satisfacción presente, hasta puede crear cargos de conciencia porque el actuar bien no garantiza a nadie que va a dar buenos resultados. Muchas veces haber actuado con bondad, benevolencia y buena fe ha ocasionado verdaderas tragedias; por el contrario cometer un acto canallesco, una bellaquería ha traído buenas y nobles consecuencias. ¿Cómo se puede explicar esto? La contingencia marca el azaroso paso de nuestras vidas. ¿Cómo se debe actuar?, ¿en base a que principios? La ética, la moral, la religión, la ley, son todos productos de las mentes humanas y por lo tanto erráticas e imperfectas. Por siglos las hemos seguido y tratado de vivir según su contenido. ¿De que nos ha servido? ¿Nos han llevado a la felicidad? ¿Han evitado la depresión, la angustia, la tristeza, las guerras, los suicidios, las violaciones, los delitos sexuales, lo crímenes cometidos por sacerdotes, pastores? ¡No! Nunca.

La vida del individuo depresivo es un callejón sin salida. Muchos neurólogos, psiquiatras y especialistas ven en los malos recuerdos la piedra angular de los trastornos mentales como la depresión porque son los generadores de la culpa, el auto reproche, la autocompasión. Comparto la idea toda vez que los malos recuerdos, negativos, de culpabilidad, de queja, de resentimiento por haber hecho esto y no aquello, por haber causado un daño a Sutanejo o Perencejo, hacen que uno salte de la cama, sudoroso, el corazón palpitante, enfermo, sintiendo el castigo por el peso de la culpa. Los recuerdos adversos más frecuentes que provocan mayor alteración son los relacionados con el maltrato, las ofensas, los golpes, el vituperio, el rechazo, las burlas, el desdén, los abusos cuando se es un niño, los castigos excesivos, el hambre, la miseria, el abandono. Recordar la época de mi niñez me afecta por igual al hacerme sufrir, llorar y disfrutar cada momento; durante ella cometí actos inocentes buenos y malos que llegan a trascender por el resto de tus días. Cuando oigo a alguien decir que tiene gratos y bellos recuerdos de su niñez, me suena a queja porque superó la etapa, esa forma de vivir y hoy vive otra distinta que debe parecerle un asco. Evoco las tardes en mi pueblo cuando junto con mi hermano mayor salíamos a recoger el ganado para llevarlo a los corrales. Estando bastante lejos de la casa, traspasando cerros y cañadas nos llegaba el olor de la pasta con carne que nuestra madre preparaba; apurábamos el trabajo para llegar a tiempo de comerla caliente. El recuerdo placentero me hace sufrir porque es irrepetible, las circunstancias han cambiado; no es la falta de recursos, simplemente que el ambiente es otro, las personas son diferentes, nada de aquello existe ya y si perviven se encuentran lejos, muy viejos o muertos, tampoco la finca existe. No puedo evitar la congoja que tales recuerdos me producen. También traigo al presente recuerdos de los desastrosos días anteriores a la boda con mi primera esposa. Mis amigos, compañeros de estudios, todos me aconsejaban no casarme, que me fuera de la ciudad por un tiempo, cualquier cosa menos unirme definitivamente con quien era mi novia. Pero no los oí. En un instante cometí la peor locura de mi vida presente y futura porque todavía cosecho maldades y tragos amargos de aquel matrimonio.

Hay quienes recomiendan aprender de los errores pasados, sacarles el mayor provecho. ¡Me parece una idiotez! ¿Cómo lo hago? ¿No volviéndolos a cometer? Estúpida e inútil conclusión. A ningún recuerdo grato o desagradable se le puede sacar ningún provecho, son solo habladurías de charlatanes, imbéciles, gente bisoña, inexpertos, de pastores, curas, místicos que no saben lo que es realmente vivir, o de estudiosos universitarios que aprendieron unos cuantos libros caducos, rancios, basados en experimentos con personas conseguidas a través de los periódicos mediante un pago, locos, borrachos, enfermos y con ello creen tener ya la panacea para los males universales. De esa manera nacen y prosperan las consultas psiquiátricas, mentiras, patrañas, dinero, terapias, test, análisis, pastillas, ansiolíticos, antidepresivo, curas de sueño, invocaciones, recomendaciones religiosas, la oración, penitencias, el perdón, en fin, cuanto engaño se conozca es válido. Pero a mi esas opciones ya no me convencen. Dios no cura ni quita la depresión; las oraciones puede que sirvan para algunas cosas, pero las tribulaciones del alma, de la mente, los recuerdos, no los cura nada ni nadie. Debemos aprender a soportarlos, convivir con ellos si es posible, caso contrario queda la opción del medicamento mágico o el suicidio.

## La depresión: El monólogo del diablo

*San Antonio Tx, agosto 07 del 2007.* Cuando los días son agitados, tensos, convulsos, los detesto sobre todo cuando me he dado cuenta que todo lo que hice, hago o haré no vale ni valdrá nada, es solo basura. Miro hacia atrás para horrorizarme de la inútil e infructífera vida que he llevado. Es probable que la vida de los "escogidos", grandes atletas, creadores ingeniosos, artistas, potentados, esté llena de cosas agradables, pero la de uno, personaje mediocre, pusilánime, casi pobre, no es otra cosa que ver pasar todos los días frente a tí "un algo" indefinible, como un soplido pegajoso; es la existencia simplona, sin norte ni sur, el sinsentido de encontrarse uno en este mundo miserable e idiota. Repaso el tiempo en que ejercí cargos y funciones de relevancia, ninguno es de grata recordación, la gente que conocí y trate mientras estuve en ellos son todas basura, hipócritas, hijos de nadie, codiciosos, miserables, con hambre atrasada de siglos, malos profesionales, mentirosos, envidiosos, traicioneros. Siento asco por ellos. Me parece increíble hacer tenido contacto con ese tipo de gentuza, hombres, mujeres, jóvenes, viejos, están llenos de maldad. Debí ser mafioso, criminal, de seguro le hubiera encontrado algún valor a la vida

*San Antonio, Agosto 21 del 2007.* Esperar, esperar, saber esperar, ha sido una especie de consigna a lo largo de mi vida aprendida de grandes hombres en la historia que supieron esperar el momento para alcanzar sus metas y sueños. Yo ni siquiera he logrado aprender a esperar, siempre me ha marcado la prisa, el precipitar los hechos, no tener paciencia. Esperar y esperanza a mi modo de ver son cuestiones muy distintas. Yo puedo esperar que se den las doce del mediodía, pero no puedo tener esperanza en lo mismo, salvo que haya una especialísima razón para darle una significación extrema al arribo de esa hora. Puedo tener esperanzas que al morir mi alma vaya al paraíso, pero no puedo sentarme a esperar que eso suceda. La espera es casi tangible, la esperanza no. Cuenta la mitología griega que en la famosa caja de Pandora entre los males de la humanidad se incluyó la esperanza como un bien que sirviera de consuelo para los que sufren; pero mientras aguardamos su llegada los padecimientos son mayores pensando en que puede venir o no y serán sanados, salvos, prósperos o no. La vida me ha mantenido siempre en espera que ocurra algo, se cumpla una condición, término o plazo, un milagro, una respuesta, una carta, el cambio del clima, la llegada o partida de alguien, mejora de la salud, un bus, un avión, un barco, una mujer, un hijo, un amigo, un enemigo, una novia, el salario, una edad para hacer algo, siempre esperar. Me he despertado a las 4:00 am. La pregunta asaltó mi mente de manera abrupta e incontrolada: ¿Qué estoy esperando que suceda hoy? Y por primera vez en toda mi existencia la respuesta fue: ¡Nada! A los 56 años llegó por fin el día en que no estoy esperando nada de nadie o como dicen por allí, "nada de nada". No es una actitud derrotista sino un plano de madurez, de conciencia o de locura que adquiere la mente cuando acepta que toda espera es inútil, torpeza, idiotez, imbecilidad. Siempre esperé cualquier cosa grata de la vida, la gente, un buen empleo, amistades, reconocimientos, el clima, mi esposa, mis hijos, mi vehículo, mi casa, mi perro. Esperé noticias, hechos, cosas, respuestas y de nada me sirvieron; tanto si las recibía como si no. Espera inútil. Hoy me embarga un sentimiento de desesperanza, de futilidad aguardando que algo bueno suceda pero con la oscura certeza que nada vale la pena. La muerte es lo seguro de aguardar. No espero llamadas de nadie, ni visitas, ni cambios en mi vida. Hoy no hay esperas con su carga de ilusión, frustración, decepción, ansias. Veremos mañana.

*San Antonio Tx, agosto 2007.* El cuadro pre-depresivo se ha ido completando. Dejé un trabajo en JC Penney que pensaba me podía durar hasta finales del invierno, pero las pugnas con el jefe me hartaron. Los compromisos no esperan, renta, servicios, gasolina, medicinas. Estoy tenso, preocupado por conseguir un trabajo bien remunerado. Apliqué en una escuela como empleado para la limpieza. ¡Insólito! me exigieron les presentara mis diplomas de Sociólogo y Abogado; supongo que la mentecata mujer que me atendió lo hizo para poder comentar luego entre sus amiguitas de cómo hay profesionales limpiándoles la mierda a ellas y a sus hijos. Por suerte no me llamaron para tan digno trabajo.

Escribí una carta al Arzobispo planteándole mi precaria condición económica. Me respondió dos semanas después sugiriéndome ser voluntario en una universidad auspiciada por la iglesia católica. No lo podía creer: ¿Será posible que un prior piense que en mi situación, con tres hijos y una mujer que mantener voy a tomar un empleo sin salario? Pues tal cual sucedió. Concurrí puntual a la cita. La persona que me entrevistó me hizo ésta pregunta cinco veces: ¿Qué le ofrece Usted a nuestra Universidad? Le respondí my ufano y seguro: Mi experiencia, mis conocimientos, mi capacidad… El hombre con aspecto de taimado cura del Vaticano, vestido de negro, con las manos entrecruzadas, oía mirándome fijamente como un dios de las alturas. Terminaba mi disertación volvía a repetir la pregunta, yo por supuesto palabras más palabras menos le decía lo mismo. No llegamos a nada. No le convencí. Parecía una conversación entre dos tarados. ¡Claro! Ellos aman el voluntariado, yo también, pero con la barriga vacía no es mi fuerte servir por amor sin nada material a cambio. Sería una idiotez. Yo sé lo que ellos querían oír de mi boca: que no me importaba el oficio que me asignaran, ni el horario, ni la paga, ni el clima, ni las condiciones, mi cuerpo y alma estarían al servicio de la universidad sin ninguna exigencia ni contraprestación, haría todo con amor, obediencia y entrega en aras de la sociedad, de la educación, del bien común y en mis ratos libres, si es que los tendría, serviría en la iglesia o donde me pusieran ... .

Pude haberle dicho esas hermosas frases a mi entrevistador y era muy probable que me dieran el empleo, pero doblegar la dignidad de un hombre de esa manera no es justo. Al despedirnos me pidió que antes de abandonar el edificio viera a otra persona en la recepción. Era un hombre hispano, de mediana edad, rasgos aindiados, de mirada esquiva y hablaba casi en susurros. Me hizo entrega de varios papeles metidos en una carpeta con el símbolo de la Universidad. Mientras caminaba hacia el auto saqué de entre ellos un tríptico con la fotografía del misántropo que comencé a leer y en cual se narraba la historia del personaje que ahora formaba parte del personal y estaba a punto de adquirir un título en Administración. Leí que un día, años atrás, éste joven después de atravesar el yermo desierto a pié, había llegado a las puertas del edificio muerto de hambre, harapiento, sin documentos, ofreciéndose a hacer cualquier oficio sin compensación alguna. Como las oportunidades las pintan calvas, el rector que no era ningún tonto lo acogió en sus caritativos brazos asignándole tareas de jardinería, limpieza, mantenimiento de equipos y todo en lo que podía ser útil. A cambio le daban un refugio donde dormir, ropa y comida. Para un "mojao" aquello era la gloria. Con el tiempo se ganó la confianza de las autoridades, le arreglaron los papeles y pudo comenzar a estudiar. Es el trillado cuento sobre el hombre que comenzando desde abajo y con grandes esfuerzos logra alcanzar la cima y ser feliz. Hay sociedades que aman y enaltecen estas sacrificadas figuras y no logran entender que no todos queremos comenzar desde el barro, ascender con años de esfuerzos para poder llevar un trozo de pan a nuestros hogares. Por mucho que me digan que tal o cual gobernador hizo sus inicios barriendo el piso en los estudios de Hollywood, logró ser un famoso actor y exitoso hombre en la política, no me convence. Sé también de cubanos que salieron de la isla en balsas caseras arriesgando sus vidas en aguas tempestuosas infectadas de tiburones hasta alcanzar las playas de Florida. Lograron amasar dinero y crearon prósperas factorías. El problema es que llegaron a ese punto siendo personas amargadas queriendo hacer que sus empleados paguen de alguna forma u otra el brete y los apuros de su loca aventura. Es una especial manera de venganza que los complace como a cualquier psicótico.

Volviendo al papelito que me dieron a leer, decidí darle el mejor de los usos: tirarlo al bote de basura. Puedo asegurarles que la iglesia católica es históricamente famosa por la indolencia de sus autoridades ante las vicisitudes de la gente; mal sentimiento, pésimo proceder que poco a poco trasmiten a la feligresía. Es triste. Para colmo, el ambiente que se respiraba por esos días en el estado y el país era de crisis, recesión, bancarrota, fraude, bonos balón, crisis inmobiliaria, ataques terroristas, desempleo, aumento del petróleo. Un panorama poco halagador. Peor confusión en mi cabeza: ¿Nos quedamos en los Estados Unidos o retornamos a nuestro país?, o vamos a Europa o las canarias, ¿qué haremos?, ¿de qué viviremos? Eran las preguntas que asaltaban mi mente a cualquier hora. Logré un empleo de fin de semana como cuidador de un parking de autos, sueldo miserable pero era lo que había. Lo bueno que no tenia trato con nadie, solo dirigir los conductores que detrás de los cristales de sus lujosos coches, con el timón en las manos se creían dioses, yo reía, parecían más bien perritos de circo. A los que notaba muy presumidos le asignaba los peores y más alejados lugares, para luego poder verlos caminar bajo el ardiente sol tejano que hacia subir el termómetro a ciento quince grados Fahrenheit. Sudorosos, jadeantes, ya no se notaban tan fatuos y engreídos. Pronto me cansé del oficio y de nuevo a buscar empleo.

*San Antonio, septiembre 6 del 2007.* El no decir la verdad, o decir algo que no es cierto es una conducta muy propia del ser humano. Prácticamente desde que nacemos estamos mintiendo, se transforma en un mal hábito. Puede que decir mentiras no ocasione problemas, molestias o discordias pero de seguro que bien no hace; incluso las llamadas "mentiras piadosas" no son tan buenas aunque lleven buenas intenciones. Por naturaleza tendemos a ser mentirosos y embaucadores en extremo, nuestros actos del diario quehacer se basa basicamente en mentiras. Mentimos a Dios, en el trabajo, en el hogar, a nuestros hijos, esposa, al gobierno, a las autoridades, a los amigos. Es un mal nacional. En nuestro ambiente se nos enseña a mentir para poder alcanzar nuestros propósitos, conseguir lo que deseamos. Y vemos que en la mayoría de los casos funciona. En mi país el que no miente no progresa; el gran embustero ostenta los mejores puestos de trabajo, goza de la mejor posición social y económica, es apreciado por el grupo. Preparamos las mentiras, las calculamos incluso con el orquestamiento de otros y hasta de comunidades completas que se prestan a la farsa. Somos falsos en un noventa por ciento, es nuestra cultura, nuestra idiosincrasia. Cuando pasamos a vivir en sociedades donde la mentira está mal vista, es condenable, nos sentimos mal, desadaptados y confusos. Creemos que somos muy astutos y que con nuestras mentiras logramos engañar a los demás, sin darnos cuenta que casi siempre somos atrapados en su red, pero a ellos no les importa, no es su problema si mentimos o no.

*San Antonio Tx. Domingo 9 de septiembre del 2007.* Estos días mi condición ha empeorado, estoy nervioso, la angina de pecho repite cada cierto tiempo durante el día, la depresión avanza. Ayer lo pasé terrible, parecido a los que me tocó vivir con mi primera esposa hace treinta y cinco años atrás. Estoy atravesando una situación económica difícil, no tengo un trabajo fijo, los niños siguen con el asma y el seguro médico está por prescribir; no podemos regresar a nuestro país, mudarnos a Europa no parece ser una buena idea, he perdido definitivamente la fe en Dios. Tener que sacar una familia adelante en esas circunstancias es una ardua y difícil tarea; abro la bragueta para orinar y mientras lo hago comprendo lo que significa ser macho, algo vencido pero macho al fin. Debo continuar.

Lejos, en mi país una de mis hijas acaba de dar a luz, eso me tenía preocupado porque un embarazo siempre supone riesgos. Mucho objeté el matrimonio, su preñez, lo que significa traer un hijo a este cochino mundo sabiendo que inexorablemente va a sufrir, es un error. Cuando una mujer se propone tener un hijo ¿Quién le saca la idea de la cabeza? En su objetivo utilizará todos los recursos y atributos de que dispone: sensualidad, llanto, belleza, gracia, hasta conseguirlo. Los argumentos, las razones que puedan esgrimirse en contra, por muy de peso que sean, son solo basura para ellas, sus mentes son simplemente refractarias a la lógica.

La confusión y la inestabilidad emocional está alcanzando niveles peligrosos, lo noto con mayor frecuencia en casi todas las cosas que emprendo a diario, hasta en las mínimas e insignificantes. Por un momento deseo hacer algo, una hora después cambio de parecer, al rato se me ocurre otra cosa para volver a cambiar de opinión. Estoy vacilante, extraviado, desequilibrado, hasta para escoger un plato de comida, leer un libro, entrar o salir, tomar unas cervezas, hacer el amor, ver la tele, en fin soy un caos, en cosa de segundos cambio de parecer. No tengo poder de decisión, cometo muchos desatinos debido a la misma inestabilidad. He querido cambiar el aceite al motor de la podadora de cesped comprado desde hace un mes, una tarea que no lleva sino diez minutos y no lo he usado. Cuando vivo en el caos, en lo contingente, la falta de perseverancia, no emprender ni concluir nada, pienso que estoy traspasando la raya amarilla de la cordura, entrando en el área de luz roja. ¿Qué puedo hacer?, ¿a quién acudir? Y pensar que hace pocos días atrás hablaba de mi recuperación, de mejoría en la salud y el ánimo. Ayer volví a ser el mismo enfermo, atribulado y desgraciado de épocas pasadas que creí superadas, irrepetibles. Pero no fue así. Nada ha cambiado, ella, la depresión, ha regresado tan campante como si nunca se hubiese ido. ¡Asqueado estoy de todo esto!

*San Antonio Tx, Septiembre 14, 2007.* Demencia, depresión, angustia, son endémicas en mi cerebro, no puedo dominarlas. Las cosas hoy no están tan mal, hasta parecieran mejorar con los días, pero nada de eso me anima, veo a mi familia, el lugar donde vivo, los bienes que poseo que exceden en mucho lo que merezco, pero no los valoro. Minucias, pendejadas de diario suceder me hacen pensar en abandonarlo todo, familia incluida. No sé porqué, no le consigo razón. Me amargo con frecuencia, rechazo, hiero, fustigo a mis hijos en lugar de sentirme dichoso, orgulloso de tenerlos a mi lado, sanos, hermosos, buenos y con méritos. Qué es lo que me ocurre? Porqué actúo tan estúpidamente?

Es posible que me encuentre solo y esté resintiendo la falta del ambiente de mi país, los amigotes, las parrandas, los viajes. Es viernes, me encuentro malhumorado, con deseos de emborracharme, de hablar tonterías con alguien, pero no lo hago. Los bares de aquí no me agradan, me resultan fríos, no paso de tomarme unas cuantas cervezas mirando las caras de aburrimiento o de rabia de la gente o las nalgas regordetas y fofas de la mesera algo pasadita de edad. Últimamente he estado tomándome una copa de whisky seguida de una cerveza, buscando embotar la mente con mayor rapidez, pero tampoco lo logro. Regreso al Mobile home que me sirve de hogar a mirar las paredes, el techo, preparar algo de comer, ver la televisión y dormir. Me siento preso.

*San Antonio Tx, Septiembre 17 del 2007.* El ánimo, los cambios de humor, de temperamento son la constante; pasar de la alegría al llanto con una rapidez pasmosa, causa estupor. En cualquier estado en que me encuentre sufro y esto causa un enorme agotamiento. Se llega a pensar que todo es igual, el valor entre una cosa y otra no existe, que ocurra algo o todo lo contrario es indiferente. Ser rico o pobre, tener o no tener, comer bien o mal, tener hijos o no, parientes o no, trabajar o vagar, todo parece igual, nada nos motiva. Estar en el hoyo que supone la pérdida de los apetitos, deseos, anhelos, marca la pauta; cuestiones que antes podían llamarnos la atención para bien o para mal, agradarnos o molestarnos, al estar deprimido se ven con absoluta indiferencia, con desdén y hasta con repulsión.. Desorden basura, ruidos molestos, desatenciones, ofensas, que antes te enervaban ahora no les prestas la mínima deferencia.

No ceso en mi empeño de conseguir un término, una palabra que recoja con exactitud la condición, el estado anímico de una persona deprimida: Tristeza, melancolía, impotencia, rabia, desvarío, confusión, desesperación, aislamiento, demencia, ninguno de ellas describe por completo la condición. Todo lo que se ha escrito sobre depresión es inexacto, puras especulaciones, hipótesis y charlatanerías. No existen métodos ni investigaciones científicas serias, estamos casi como al principio. Para efectos de un enfermo de depresión da igual oír el veredicto, la versada opinión de un psiquiatra que la de un brujo o chaman. Se han visto casos donde los últimos de los nombrados han acertado mejor en sus diagnósticos que los estudiosos ante una persona que siente que el espíritu, la mente, el corazón o todo junto esta siendo azotado por un mal invisible que hace sufrir: Dolor de cabeza, de espalada, de las articulaciones, sudoración fría de manos y pies, temblores, vista nublada, respiración entrecortada, difícil, lengua reseca, comezón en la comisura de los labios, sensación de adormecimiento en manos y piernas, pulso acelerado, ansiedad, nerviosismo, temores. Todo esto ataca de manera real y como tal se sufre. El miedo invade a la persona, desconoce lo que le está ocurriendo. Piensa en salir corriendo sin rumbo, huir o conversar desesperadamente con alguien, sin importar quien, la hora ni el momento, son momentos angustiosos donde el pánico hace que se cometan locuras, actos descabellados o ridículos.

La crisis puede durar en su clímax entre treinta minutos a una hora, creo haberlos contado cientos de veces, de prolongarse por mayor tiempo el cuerpo explotaría, desfallecería de alguna forma, sin embargo en ese corto tiempo se pueden cometer verdaderos disparates y tragedias. En caso de que nada grave ocurra sigue otro lapso de algo menos de una hora donde se mantienen ciertos malestares pero menos intensos, luego tiende a declinar en especial cuando se ha recibido alguna atención que no es necesariamente un medicamento, puede ser un té, un refresco, un fuerte masaje en las manos, una conversación. ¿Que produce todo este desastre? Nadie lo sabe. Unos dicen que es congénito, se hereda, otros que es algo adquirido. ¿Quién o que la causó? Tampoco se sabe. Pudo haber sido la pobreza, la riqueza, el trabajo extenuante, el desempleo, la ciudad, el campo, el verano o el frio invierno, un mal matrimonio o uno muy bueno, comer mal o comer bien, tener una bella esposa o una fea, tener hijos o no tenerlos, ser huérfano o tener padres, ser santo o pecador, mujer u hombre, viajar o ser sedentario, blanco o negro, heterosexual o gay, todo puede producir depresión o ninguno de ellos. Nimiedades, insignificancias de la vida nos pueden sumir en un estado depresivo o no, grandes tragedias o serias dificultades puede que sí, puede que no. Cualquier cosa puede ocasionarla o nada. He aquí el meollo del problema.

*San Antonio Tx. Jueves 20 de septiembre 2007.*Sigo confundido, desesperanzado, aunque hay días en que creo tener otra oportunidad de retomar las riendas de mi vida, lograr ser y hacer las cosas que siempre quise. Los anhelos de ser alguien importante, admirado, reconocido, han permanecido enterrados baja la basura acumulada durante más de treinta años, yo los cubrí tratando de ocultar mi verdadero yo porque las decepciones, enfermedades, frustraciones, crisis familiares, morales, hicieron verme como un ser pecaminoso, malo, detestable, y mis ansias de grandeza como pretensiones abominables. Con las exhaustivas revisiones, análisis, los continuos reproches que hice a mi corta vida, legué a fomentar un gran sentimiento de culpa, era un completo inútil, un fracasado. Semejante conclusión sobre mi persona me llevó a sepultar mis sueños por muchos años en los que he estado viviendo reprimiendo mis deseos de grandeza bajo un manto de falsa humildad, de resignación, de aceptación, de querer ser un hombre que busca la paz, el sosiego, la armonía, alejarme de factores estresantes, de la agitación mundana. Los ideales que me inculcaron no pasan por tan encomiables condiciones. Como resultado brotó lo que soy hoy: Un ser temeroso, amargado, frustrado, sin motivaciones ni alegrías, triste, taciturno, quejoso, inculpador de la humanidad de todos mis males. ¿Porque ocurrió de esa manera? Simplemente porque dejé de ser yo mismo, lo maté y enterré, tomé otros modelos que creí buenos, me puse sus mascaras por casi la mitad de mi vida. ¡Craso error! Fue mi obra. ¿Porqué lo hice de esa forma? Una sucesión de errores, enfermedades, crisis emocionales, depresivas. Cuando se pierde familia, trabajo, estatus social, prestigio, amigos, a causa del destino, la mala cabeza, mala suerte, falta de guía o lo que sea, se piensa en la culpabilidad, el auto castigo. Esa represión continua, permanente, va haciendo mella hasta que te quiebra e incluso puede llevarte al suicidio.

El crucial momento cuando comienza la caída es el ideal para que surja alguien o algo que te ayude, guie, reconforte, pero no llega. Y sales a buscarlo en los libros, religiones, trabajo, psiquiatras, familia, mujeres, amigos y nunca los consigues. ¡Óigase bien! ¡No los consigues! Pareciera que una extraña fuerza dentro de tu alma, mente, cuerpo, espíritu, se opone a que los mensajes y las ayudan lleguen. Las redes de comunicación interior están rotas, destruidas y mientras el psiquiatra, médico, libro, cura, familiar, van dando señales y recomendaciones del buen actuar, los diablillos que están dentro de ti, lo rechaza, confunde el mensaje, lo distorsiona y por lo tanto lo que llega en definitiva a nuestro interior son mensajes de negatividad, pesimismo, inductores a la depresión, la culpa, al suicidio, a la destrucción.

Hoy cuando tengo cincuenta y seis años trato de recordar la cantidad de personas, profesionales, sacerdotes, consejeros, libros, películas con los cuales tuve contacto buscando alivio, frases de aliento y no me quedó nada, absolutamente nada. Únicamente la clara imagen de sus caras y cuerpos como seres malos, egoístas, envidiosos, ignorantes, unos verdaderos estúpidos. ¡No puede ser! Debo estar loco de remate para sostener semejante aseveración de que todas las personas y libros que consulté por más de treinta años solo me hayan dado malas orientaciones, actuado de mala fe. De seguro son los diablillos de mi mente que rechazan, confunden y enredan los buenos mensajes que me envían maravillosas personas. Son ellos quienes buscan destruirme y lo han conseguido. Esos pequeños demonios hicieron engrandecer y fijar mi complejo de culpa que llevó subsiguientemente a enterrar mis sueños y anhelos. Ellos hacen verme como culpable de mi fracaso como profesional, como padre, esposo, marido, empresario, como el incapaz que no logra dar pie con bola, progresar, lograr metas. Si hoy tardíamente me he dado cuenta de esto, ¿podré acaso desenterrar mis sueños?, ¿tendré aún tiempo de cumplirlos?, ¿cómo, dónde, cuándo?, ¿de qué manera podré recibir el buen mensaje sin que se contamine?, ¿Qué armas debo usar neutralizar, ahuyentar o aniquilar a los diablillos?, ¿qué debo hacer para recuperar mi propia personalidad, mi propio yo?

*San Antonio, Tx. Septiembre 26 del 2007. Miércoles.* Ayer me vi obligado a acudir a la consulta con mi médico de familia para que con urgencia me refiriera al psiquiatra. La depresión me ha vuelto a derrotar, en esta oportunidad no me han valido los recursos aprendidos con los años; la ansiedad, angustia, miedos me han rebasado. Es tan o más aguda a la que sufrí en 1977 producto de mis múltiples y desastrosas vivencias familiares, matrimoniales, laborales, que me pusieron muy cerca del suicidio. Supuso en ese entonces la pérdida del empleo, prestigio, reconocimiento, poder, posición social y económica, de halagos, amistades. Todo desapareció en un abrir y cerrar de ojos, en cosas de horas el seguro mundo en el cual vivía se vino abajo estrepitosamente. Lo triste de aquellos momentos es que no me daba cuenta de lo que estaba ocurriendo realmente con mi vida, sufría de una ceguera total, dando bandazos, tomando decisiones locas, apresuradas, que me hicieron rodar hacia el profundo despeñadero. Tampoco tuve cerca a alguien que me hiciera ver, me advirtiera lo descabellado de mis actos. No hay familiares, amigos, guías espirituales que sabiendo de tu fatal condición se interpongan, intervengan decididamente para obligarte a parar de cometer actos tan descabellados y absurdos. Veces hay que creo que las personas disfrutan de ver como alguien cae, se destruye irremisiblemente, esa conducta pareciera formar parte de nuestra innata maldad. Bajo ese estado de locura llegué a desprenderme de mis pertenecías, mi patrimonio, todo lo regalé o vendí a precios irrisorios para irme a vivir al extranjero. Perdí también mis anhelos de ser famoso, importante, reconocido. La absurda y confusa determinación la tomé sabiendo que amaba a mi esposa pero también buscando deshacerme de ella porque había hecho de mi vida un verdadero infierno; se negaba al divorcio, a una separación amistosa, estaba obsesionada con hacerme daño, destruirme y sin dudas que lo logró con creces. Han transcurrido treinta y cinco años desde nuestro divorcio y todavía sus heridas y su presencia me causa molestias.

Quien haya tenido la terrible experiencia de convivir con una pareja problemática, enferma, psicótica, obsesiva, compartirá conmigo la opinión de que es lo peor que puede ocurrirle a una persona. Ni una dolorosa enfermedad, ni la muerte se compara con ese suplicio. De allí nace mi justificación plena de los llamados "crímenes pasionales" que no son otra cosa que una natural consecuencia de sentirse hartos del proceder de una persona de la cual quieres huir y ella no lo permite. Preferir la cárcel o la pena de muerte antes que seguir al lado de alguien a quien no se soporta, da una idea de lo difícil y amargo que es la situación. Una mujer obsesionada, perseguidora, agresiva, tesonera en querer mantenerse ligada a alguien a la fuerza, es un gravísimo problema que pocos especialistas, leyes o autoridades logran superar o controlar. El viejo cuento del "sexo débil" es tan creíble como el de caperucita. Si logras retomar en algo el camino luego de "la caída", no por ello dejas de ser un fracasado, rechazado por familiares, amistades que ahora hacen burlas a tus espaldas. Tanta desgracia junta es demasiado para ser soportadas por cualquier ser humano. Debes quebrarte y eso me sucedió cuando contaba solo veintiséis años.

En el transcurso de este largo periodo entre la crisis de mil novecientos setenta y siete y la de hoy en el dos mil siete se han sucedido episodios críticos, agudos, pero nunca tan severos como ahora y su duración no pasaba de una semana. Al estar en mi país podía sortearlos con un corto viaje a la playa, la selva, un paseo, ir de compras a lugares tranquilos, sembrar plantas, visitar amistades, irme de parranda. Pero aquí en Estados Unidos donde ya llevo cuatro años viviendo o muriendo lentamente, las condiciones son muy distintas. No tengo amistades ni siquiera para conversar a ratos, tampoco las distracciones propias de nuestros países como el jugar al dómino, bolas criollas, ir a un río a bañarse, cuestiones que podemos hacer cuando nos plazca, no hay horario, el tiempo poco nos importa. La cultura e idiosincrasia aquí es diferente, no lo permite, está mal visto pretender ocupar el tiempo de otro; además de las otras barreras como el estatus migratorio, el idioma, hijos, empleo; cada una por separado supone una franca dificultad. Por último están las razones que nos hicieron dejar el terruño y que por mucho que queramos olvidarlas las tendremos presente por largo tiempo: Inseguridad personal y jurídica, haber cometido un delito, sufrido persecución política, daños o amenazas, pobreza extrema, enfermedad, arranques de locura...

Razones hay cientos, algunos se las inventan para engañarse y engañar a los demás, otros, debido a su gravedad las ocultan, mezclándose con personas comunes, haciéndose pasar por buenos cuando no son sino criminales de alta peligrosidad. Aquí no sabemos con quien estamos tratando, quien es nuestro vecino, hasta que un buen día se arma un zafarrancho y vuelan las verdades. Calmados y honorables vecinos, rubios ojitos azules, nativos, hispanos, europeos, asiáticos, sudamericanos, mexicanos, a quienes saludamos con mucho respeto, de repente se ven envueltos en un problema con la ley y caemos en cuenta lo peligrosos que son; incluso asesinos, narcotraficantes, violadores, criminales de alta monta. Todos con cara de no haber roto un plato. Cuando sabes lo fácil que es toparse con esta clase de personas en un país tan grande y diverso, los deseos de compartir a través de la cerca o en el jardín se reducen considerablemente.

Lo cierto es que llevaba cuatro años sin ser atacado seriamente por la enfermedad. Lo atribuyo a los diferentes tipos de vida que hice entre aquella primera crisis y la de ahora, también la edad, experiencia, mi familia actual, la comprensión de la esposa, estar alejado del resto de la familia, la buena condición de mi salud en éste país, la seguridad personal, la educación y mejoria de los niños. Creo que estos aspectos fueron durante un tiempo determinantes en el alejamiento de la depresión que hoy renace y vuelve a vencerme. Grandes esperanzas tengo en que tanto los medicamentos como las técnicas para enfrentar la enfermedad desde mi última visita al psiquiatra, hayan avanzado lo suficiente para vencerla pronto, de lo contrario temo lo peor.

*San Antonio, septiembre 27, 2007.* La desesperanza, los deseos de morir, la sensación de que lo que hago carece de valor, de sentido, conforman el cuadro que estoy viviendo en estos días. Reviso algunas páginas escritas hace cierto tiempo atrás y noto una repetición de mi condición anímica, solo se diferencian en intensidad. Lo definen como trastorno bipolar. Alternar estados hiperactivo, de gran desarrollo y productividad con periodos depresivos, de tristeza, decaimiento, abulia. Estoy atravesando momentos en que con gran animo y tesón proyecto e inicio ambiciosos planes de negocios o de estudios para luego decaer, dejarlos inconclusos o simplemente no iniciarlos. Hay veces que hago gastos para quedar en nada, cuestión que me molesta generando inconformidad y depresión. Paso entonces a pensar sobre mi persona, mi vida, los actos pasados, presentes y futuros. Analizo hasta la saciedad cada cosa que hago o dicen sobre mí. Es un constante juicio que no me produce ningún beneficio. Ser machacoso sobre mi pasado me hace mucho daño pero no puedo evitarlo.

Pienso que cuando dudo en acudir a la ayuda psiquiátrica, someterme a un tratamiento serio, estor rehusando a curar mis males, a salir de mi angustia, del llanto y del sufrimiento. Pero son tantos los años que he estado en el hoyo de la depresión, sintiéndome victima de mi mundo, padre, amigos, esposas, hijos, sociedad que se me hizo costumbre. Me da miedo sanar y asi poder entrar al mundo de la realidad, de las cosas buenas, de las alegrías. Siento temor de descubrir que hay personas nobles, que soy bueno, que nuestro mundo de humanos es aceptable. Me da miedo abandonar el círculo lóbrego, oscuro, triste que he creado en mi cerebro, miedo de reír, de tomar la vida sin mucha seriedad, de ver el lado bonito de las cosas. Quiero ser el perfecto deprimido. Tanto tiempo he permanecido en el mundo de tinieblas que no recuerdo como es el mundo iluminado; parece que vivo en un submundo alejado de la vida normal que hacen las personas, con temor de salir a la superficie, imbuirme en la vida real.

Estoy por preferir mantenerme en el mundo de victima de las circunstancias, del sufrido, del lloroso, quejosos, entristecido, apagado, amargado. Auto flagelarme, hacerme daño físico y mental pareciera ser mi meta, mi gran propósito en la vida. Vivir en un mundo de cobardes donde todos tienen culpa de mi condición, menos yo que soy la víctima, todos han sido negativos conmigo. Ese mundo desgraciado, pesimista, de fracasos, sin motivaciones, es obra única de mis manos, yo lo cree para infringirme daño y hacérselo a los demás, lo he logrado con creces, por lo tanto soy el responsable. Ahora está a punto de acabar conmigo y me pregunto: ¿Por qué no te atreves a dejar la oscura y triste caverna y salir al ver el sol, las estrellas, respirar aire fresco?, ¿crees que estarás más seguro dentro que fuera?, ¿por qué quieres seguir enfermo en ese estado de demencia y depresión que hoy vives?, ¿porqué te gusta estar deprimido, triste, lloroso?, ¿por qué sientes placer en el llanto, el dolor, el sufrimiento?, ¿eres masoquista?, ¿es acaso mejor el mundo de la demencia, de la fantasía, de la depresión que el mundo de los cuerdos?, ¿acaso los locos prefieren seguir siendo locos? No tengo respuestas. Ayer 26 de septiembre por fin fui al psiquiatra. Me impuso un tratamiento antidepresivo que consta de tres fases:

Medicación, terapia y socialización. Las tres deben estar unidas, ser simultáneas, de lo contrario fracasará el plan. Siendo sincero me da miedo comenzarlo y dejar atrás mi oscuro mundo de la depresión. ¡Que les parece!

*San Antonio Tx. Viernes 28 de septiembre 2007.* Ha pasado un día de la visita a la psiquiatra y dos de la del médico general. En ambas ocurrió lo de otras ocasiones, que tan pronto reconozco y hablo sobre los síntomas de mi depresión, el especialista que me está oyendo sea hombre o mujer, se destapa a contar sus problemas, angustias, revelar sus estado de ánimo muchas veces abatido, la decepción de la vida, la incomprensión de que son objeto y otros detalles que casi igualan mi condición. Entiendo que el problema de ellos es que no pueden reconocer abiertamente sus dolencias so pena de suspensión de la licencia, limitaciones en el ejercicio profesional y otras restricciones legales. Deben en muchos casos auto medicarse o tratarse a escondidas para evitar desagradables consecuencias. Como ellos, gran número de profesionales de diferentes ramas, gerentes, empresarios, directores, no acuden a la consulta psiquiátrica por no arriesgarse a que los declaren incapaces, separándolos de sus cargos. Deben callar su demencia para poder mantenerse al frente de sus labores, sin importarles que en ese proceder les vaya vida y la de quienes dependen de sus decisiones. Hoy compruebo con la mayor certeza que gran parte de importantes personeros, rectores de nuestro destino, del comercio, salud, educación, política, sufren de depresión severa o aguda pero la mantienen en absoluto secreto. Saben que de divulgar su dolencia serán estigmatizados como dementes y con ello viene el rechazo y su fracaso como personas. No quiero entrar en detalles respecto de los millones de desquiciados mentales que pululan en nuestros pueblos y ciudades, que tropezamos a diario en las tiendas, restaurantes, calles y avenidas, en el trabajo, en las escuelas, en las iglesias. Parecen normales pero no lo son, manejan un vehículo, ejercen oficios de cocineros, vendedores, manager de tiendas, empleados en oficinas, obreros en las carreteras, maestros, médicos, abogados, ingenieros, sacerdotes, guías religiosos y muchas otras ocupaciones pero se advierte a simple vista que sus cabezas están llenas de extrañas y hasta peligrosas ideas. Son personas que por temor o ignorancia no buscan ni reciben ningún tipo de ayuda o atención en su salud mental, temen que los tilden de locos o sean discriminados si se someten a un tratamiento médico-psiquiátrico. Cualquiera que haya utilizado medicamentos para la salud mental es visto como un bicho raro, peligroso, discapacitado y por ende marginado como persona, cuando explotan lo hacen cometiendo tragedias con múltiples víctimas inocentes. Se nos puede prohibir manejar maquinarias o herramientas que supongan riesgos, evitar conducir vehículos, ejecutar actividades peligrosas, incluso pueden suspendernos la licencia de manejar, lo que en este país prácticamente es inutilizar a la persona.

Cuando últimamente fui azotado por los torbellinos de la depresión, me detuve a pensar seriamente cual debía ser la decisión a tomar: Una sería buscar la ayuda profesional y recibir medicinas, otra era aguantar hasta el máximo con el riesgo de cometer una locura, ir a parar a la cárcel o el suicidio y la tercera irme lejos de la familia, abandonarlo todo, bienes, trabajo y responsabilidades. Las dos últimas estaban haciendo mayor peso hasta que intervino mi esposa para repetirme algo que ya sabía desde mucho tiempo atrás pero pasado al olvido: Que el problema está dentro de mí, vaya donde vaya, esté con quien quiera lo arrastraré conmigo, que estoy tan acostumbrado a vivir en el mundo de los deprimidos que me da miedo dejarlo, como si me hiciera falta el vaivén de la enfermedad. Con cualquier decisión absurda solo destruiría la familia detrás de nada. Hasta ahora he sido cobarde para abandonar éste mundo por mano propia, los restantes no pasaban de ser actos irrazonables. Por lo tanto entre las alternativas escogí con bastante dificultad la que pareció más lógica y saludable después de la perorata de mi esposa: Ponerme de nuevo en manos de un loquero.

*San Antonio, Tx Octubre 2007.* Por mucho que cuidemos nuestro cuerpo, lo ejercitemos, alimentemos con lo mejor, hagamos dietas saludables, oremos, seamos buenos o malos, no evitaremos ni aplazaremos el desgaste que produce los años, el final será siempre el mismo: la enfermedad y con ella la muerte. Leo los diarios de hoy, de ayer, de hace un año, dos, cien y me entero como mueren personas poderosas, ricachones, papas, ministros, famosos escritores, santos, grandes artistas, científicos, y nada puede hacer su dinero, arte, fama, poder, cultura, títulos, ante ese fenómeno inexorable, inevitable, inexcusable, llamado muerte. Aquí la tenemos a nuestro lado lamiéndonos el cuerpo con su pegajosa lengua a toda hora, degustando el sabor de nuestra grasosa carne. Sabe que es cuestión de tiempo, plazo que seguro llegará. Ella es paciente, tranquila, no se irrita, no se molesta con nadie, solo ríe y espera, sabe que tiene tiempo infinito y es implacable. Yo no tengo mucho tiempo y vivo apresurado, confundido; ella sabe lo que quiere, yo no. Mis problemas siempre tienen que ver con el tiempo, las horas, los días, meses, años, por eso lo cuento con diferentes tipos de relojes. Pasado, presente y futuro, ¿qué hice, qué hago, qué haré? Eso me ha preocupado la vida entera. Ayer, hoy y mañana es la esencia de nuestra existencia; nos hicieron de tiempo, es nuestra materia base. Cada cierto tiempo respiramos, palpita el corazón, parpadean los ojos, el estómago pide comida, los intestinos descargan, cada cierto tiempo debemos dormir, es inevitable, todo es tiempo.

La alegría dura determinado tiempo, el llanto, la ira, el dolor, todo dura su tiempo exacto; pretender adelantarlo, atrasarlo, apresurarlo, ponerlo lento de nada sirve. El tiempo y la muerte regulan por completo la existencia. Nada escapa a esos dos gigantes invencibles, eternos. ¿Qué debemos hace entonces?, ¿cómo se han de vivir los días que tenemos asignados?, ¿buscar la riqueza, el poder, los títulos, la gloria?, ¿o dedicarnos a los placeres de la carne?, ¿quién nos dice que las cosas que hacemos a diario son las correctas? Cumplir un horario, trabajar, pagar cuentas, negociar, cambiar, convencer, enviar los hijos a la escuela. Persiguiendo tales metas se nos va la vida. ¿Para qué?, ¿es que acaso no hay otra manera de vivir que nos produzca mayor grado de felicidad? Resiento asco por el sistema de cosas que nos han impuesto que incluye la televisión, los noticieros, la gasolina, el dólar, la coca cola, los carros, las mansiones, los aviones, ropa, zapatos, tiendas, los semáforos, carreteras, hospitales, clínicas, médicos, abogados, ingenieros, economistas, profesores, maestros, escuelas, universidades. ¿Que es en definitiva todo esto? Basura creada por los hombres para engañar y esclavizar a los otros hombres sin ningún propósito loable y real de bienestar. Reviso las universidades más famosas del universo a través de los siglos, la mayoría han desaparecido o son museos, sus "vitales" e importantes conocimientos que impartieron como ciertos por siglos no sirvieron de nada, sus grandes profesores, genios de las ciencias hoy sabrían menos que un niño de doce años. ¿Para qué se creó la internet? Nadie lo sabe. Está allí, la usamos, la amamos, pero de verdad, ¿nos facilita la vida o nos está creando problemas mayores? Se dice que es muy útil, que nos ahorra tiempo. ¿Es que acaso el tiempo se puede ahorrar, guardar, almacenar, como si fueran monedas o trigo? Creemos que podemos "hacer más cosas en menos tiempo". Es una falsa apreciación del tiempo. El no admite porciones ni divisiones. Si ahora puedo comunicarme con mayor cantidad de personas a través de la red, debería estar obteniendo una mayor cantidad de beneficios para mi salud física, mental y espiritual. ¿En verdad estoy consiguiendo eso? ¿O solamente es una patraña orquestada por un mundo mercantilista que solo busca comprar y vender sin límite? ¿Vivo mejor al querer dominar el tiempo o ir contra él?, ¿aumentaré de esa forma los años-tiempo de mi vida?, ¿o solamente es una ilusión, una falsa creencia que nos está haciendo daño?. ¿Ha ayudado la internet a alejar la sombra de la muerte?, ¿la hemos convencido de su derrota?, ¿o simplemente nos está mirando sonriente, paciente, preguntándose ¿a qué juegan estos idiotas insensatos?, ¿pensarán acaso que por mucho dinero que acumulen, diversifiquen las redes, aumenten sus estudios, les voy a perdonar sus cochinas vidas? ¡Cuán equivocados están! Es solo cuestión de tiempo para demostrárselos.

*San Antonio Tx, Octubre 08, 2007.* Acudí al psiquiatra por la agudización de la crisis. Estoy tomando ahora un medicamento antidepresivo llamado *Cymablta* de 60 mg. el cual es considerado de vanguardia al actuar como sedante y regulador de la química cerebral, fue lo que me explicó el médico. Ya han pasado cuatro días y me encuentro bastante sereno, es como la tranquilidad que me produce el *Tafil*, pero su efecto permanece las veinticuatro horas. Mi esposa salta de alegría y dice que el cambio en mí es notable, que la medicina es un milagro de la ciencia. Bajo la medicación los pensamientos pesimistas, negativos se han alejado, sin embargo hay veces que reaparecen con menor o mayor intensidad según les parezca. Me ha ayudado a no alterarme ni sobresaltarme por los sucesos del día, es como verlos desde una dimensión diferente, sin pasión ni interés. Logro dormir mejor aunque no dejo de despertarme por las noches, me ha reducido el apetito lo mismo que la sensación de prisa. Hasta ahora la actividad sexual la he visto menguada como en un cincuenta por ciento. Se me advirtió de disfunciones sexuales como erección débil y el retardo para alcanzar la eyaculación, que por cierto me costó casi una hora lograrla; terminé con una toalla en el pescuezo sudando a mares, agotado, como si hubiese trotado diez kilómetros, pero fue agradable. Aún no logro definir y percatarme por completo de los efectos del medicamento, cómo está actuando y de qué manera me va a ayudar. Son tantos los años que he padecido el mal que no conozco otra forma de vivir. Me recomiendan junto con el tratamiento asistir a terapias, socializar, compartir, porque de no hacerlo los resultados no serán los mejores, hasta puede resultar en un total fracaso. Estoy obligado a interactuar con mis benditos semejantes. Otro consejo es que debo dejar de rumiar ideas, de analizarme, de pensar continuamente en mi persona, mi vida pasada, presente y futura. Sin duda que éste proceder me ha estado haciendo mucho daño, me ha transformado en obsesivo. Pero lo grave del asunto es que creo disfrutar de esos recuerdos que me perjudican, me hacen llorar, sufrir, es como una especie de sadismo. Debo acudir con urgencia al terapeuta para que me ayude a borrar esas imágenes y recuerdos de mi pasado que me están matando. Igual ocurre con las fantasías sobre culpas futuras. Hasta ese nivel he llegado en mi locura, a crear pesadillas para el mañana, por ejemplo imaginarme las consecuencias de abandonar a mi familia, ver sufrir a mis hijos y eso me causa pavor, dolor, llanto. Digo entonces que estoy malviviendo en los tres tiempos: el pasado, el momento actual y el porvenir. Con razón estoy a punto de enloquecer. Debo encontrar la manera cómo dejar de considerarme víctima, de disfrutar recordando y reviviendo a cada instante momentos gratos que jamás volverán o episodios desagradables que están muertos. Ambos me hacen daño.

*San Antonio Tx, 14 de Octubre 2007.* Hoy llevo seis días tomando el medicamento *Cymbalta* 60 mg. que me prescribió la psiquiatra Dra. Teresita Balderas, mujer de origen mexicano, con una vasta experiencia en tratar atolondrados como yo. Su consulta me inspiró cierta confianza, al menos no la advertí trastornada como otros. De su mano camino en estos días. Sigue la mente trayendo recuerdos de sucesos que una vez me perturbaron gravemente, pero con las píldoras pasan rápidos, no se cristalizan. Recuerdos de mi infancia feliz en mi pueblecito de montañas, las siempre tristes despedidas de mi padre, la mudanza a una gran ciudad que no me agradaba, el alejamiento de mi familia para ir a un internado por largos años, la infernal vida con mi primera esposa, todos ruedan por mi cabeza como materia muerta. Me sorprende el letal efecto de la medicina sobre esos pensamientos obsesivos. Entiendo que mi cerebro está bajo la influencia de una droga. ¿Qué pasará cuando deje de tomarla? Ahora me siento bien, las crisis de llanto no han vuelto, tampoco las rabias, los sobresaltos. Es como andar caminando entre las nubes. Sucesos, cosas, palabras, actos que usualmente molestan o afectan pasan por alto indefectiblemente. Los niños, sus travesuras, desorden, desobediencia, se toleran perfectamente. En vista de que me siento sereno, menos triste creo que puedo ordenar algo mejor mi vida. Vivo en un estado mental extraño para mí, algo que jamás me produjo ningún otro medicamento. Acostumbrado a las prisas, tensiones, estar alerta, varias ocupaciones simultáneas, mal humor. No me imagino cómo pudo haber sido mi vida si éste hubiera sido siempre mi ánimo, mi temperamento, mi condición, mi forma de ser. Me veo y siento como un tonto. No es el efecto del *Tafil* que tanto conozco, es un estado de papanatas que dura las veinticuatro horas. No soy locuaz ni escribo como antes, me quedo horas y horas callado con la mente en blanco, sin saber que decir. No estoy pensando en nada solo mantengo los ojos abiertos mirando sin mirar. Realmente es algo nuevo, singular, que me hace parecer un idiota. Poco me importa si sucede esto o aquello o no sucede nada, no hay angustia o desesperación por el mañana, el futuro me vale un bledo, los problemas existenciales que me atormentaban a diario parecen estar hibernando. ¿Qué puede estar ocurriendo con mi química cerebral al sentir el poder del medicamento? Padezco momentos con dolor de cabeza, náuseas, sobresaltos debido a algún ruido pero no tengo ansiedad ni la sensación de prisa, al menos no tan marcada como antes; me invade un profundo letargo, hago mis actividades con mucha calma, no me causan angustia si las culmino o no, me es indiferente, no le veo consecuencias aunque las pueda o debe tener. Tampoco tengo mucha concentración por lo que debo tener cuidado al operar maquinas o equipos peligrosos; igual al conducir. Las conversaciones que sostengo con mi esposa o quien sea carecen de efusividad, emoción, inteligencia, son parcas, cortas, insustanciales, carentes de valor, impulsividad e interés; mi agilidad, sagacidad, rapidez mental, de verbo, se han reducido notablemente. Ignoro si las volveré a recuperar algún día. Crisis depresivas, deseos de morir, rabias explosivas, llanto frecuente inmotivado, sinsentido de la vida, tristeza, recuerdos del pasado, complejos de culpa, ese cuadro completo ya no existe o por lo menos se ha minimizado en un noventa por ciento. Mi condición de autómata permite evaluarlo como bueno y positivo con todo y que ahora nuestras condiciones económicas se han ido al fondo al no disponer del terreno que busco para mi negocio, ni recibir el dinero proveniente de mi país. No me genera angustia como antes, no puedo hacer nada. Esperemos.

*San Antonio Tx, 15 de Octubre 2007.* Para ésta fecha llevo siete días ingiriendo *Cymbalta* 60mg. Los efectos son notorios: Supresión de las crisis depresivas, del llanto frecuente, la tristeza, la melancolía, la idea de no querer seguir viviendo, acostándome con el deseo de no amanecer vivo, los complejos de culpa por cosas y actos pasados ya no me atormentan, los conflictos existenciales pierden importancia, pocas son las situaciones que me alteran, producen rabia, desánimo o llanto. Soporto con estoicismo las vivencias diarias con mis hijos, mi esposa y las demás personas, pierdo mucha concentración, la mente no es tan rápida ni ligera como antes.

Subsisto en un mundo de nubes muy extraño para mí que siempre he vivido acelerado, preocupado, con irrazonables prisas. Ahora me siento alejado, despreocupado de todo. Una y otra vez trato de forzar la mente a traer recuerdos que siempre me atormentaron, angustiado o sobresaltado y nada ocurre. No sé cómo está obrando mi química cerebral, solo me siento muy diferente. Algunos días sufro de jaqueca, náuseas o los nervios de punta, pero se me pasa pronto. Sexualmente no he perdido deseos ni erección, pero la eyaculación tarda mucho en llegar. Creo estar conforme con los resultados obtenidos hasta ahora, básicamente porque me pueden permitir recuperar en algo mi salud mental tan deteriorada después de haber atravesado demasiadas experiencias fuertes durante estos últimos cuatro años desde que me impuse un cambio de vida radical al dejar mi país y radicarme en los Estados Unidos, el haber dejado todo atrás, con razón o no, la mente, el corazón no lo asimilan con facilidad o rapidez y al final te quiebras. El desarraigo como a muchos otros, me afectó grandemente y fue coadyuvante en conducirme a ésta terrible crisis depresiva parecida a la que viví durante los años setenta y siete y setenta y ocho. Me preocupa lo que pueda ocurrir pasado el tratamiento porque no pienso estar el resto de mi vida tomando pastillas. Por ahora tal y como están las cosas, viviendo una mala racha económica, problemas de adaptación, de comunicación con mi esposa, lo mejor es mantener la medicación, es algo vital, de no hacerlo algo malo puede ocurrir. Les aseguro que con *Cymbalta* puedo ver el cielo cayéndose a pedazos sin inmutarme, oír un discurso en extremo emotivo como si las palabras carecieran de sentido, igual ocurre con las demás cosas que puedan estar ocurriendo a mi alrededor. Antes, cualquier escena en el ínterin de una película hacia brotar el llanto abundante, con suspiros de "escalera", tanta era la emoción. Con las píldoras ninguna escena altera, conmueve o impacta. Mal negocio para la gente del cine. Recuerdo a un amigo de mi país cuyo trabajo en las carreteras desde joven era el de asaltar camiones cargados de mercaderías de consumo masivo para luego venderlas a los supermercados de los asiáticos.

Me contaba que un par de horas antes de la acción se tomaba un par de Valium u otro tranquilizante ya probado en su organismo, lo que le permitía mantener el total control de sus actos y garantizar el éxito de la operación. Quizás esto explica la sangre fría con que operan muchos delincuentes.

*San Antonio Tx, 16 de Octubre 2007.* En esos momentos que tengo un poco de serenidad me propongo buscar una salida apropiada a mi confusa existencia en especial en lo que concierne a mi esposa que como he dicho en otras ocasiones, por su condición de mujer ejerce tremenda influencia sobre mí. No lo puedo evitar, quiero aislarme, necesito espacio, privacidad en aras de mi tranquilidad, sosiego y salud. Alejarme del contacto humano, limitarlo a lo estrictamente necesario pude significar la clave en la solución de mis problemas. Pero la presencia del elemento femenino es insoslayable, por lo que en el futuro si llego a marcharme debo reducirlo a visitas cortas, espaciadas, que no supongan compromiso o atadura. Por mi apego a las mujeres es casi seguro que vuelva a enredarme con alguien, pero debo tratar de que los sentimientos afectivos sean reducidos, nada de amores intensos ni apasionados, solo una compañera que me atienda en mis necesidades básicas y si es muda mucho mejor.

Tengo a la mano el caso de un pariente de mi segunda esposa que lleva pasados diez lustros "felizmente" casado, tres hijos exitosos, buena posición económica; quien lo conozca superficialmente supondría que su matrimonio debe servir de ejemplo para un cabeza loca como yo. Bueno, resulta que me dio por indagar las razones de tanta dicha y descubro que desde el mismísimo día posterior a la noche que contrajo nupcias, el muy listo durmió en cuarto separado de su bella y joven esposa. Cuando sentía deseos la llamaba o iba a su cuarto solo por el tiempo justo del acto sexual, consumado éste, con la misma premura se marchaba a su aposento como si nada, comunicación muy poca. En vista de que salía de casa desde temprano por las mañanas y regresaba bien entrada la noche, la esposa dejaba sobre la mesa los platos con la cena en caso de venir con hambre. Los hijos vinieron de esa forma, se levantaron en ese ambiente hasta que se fueron marchando a hacer sus vidas propias. Seguí averiguando de sus relaciones sociales y familiar; nunca asistían juntos a ninguna reunión, en caso de coincidir en un mismo lugar, cada quien andaba por su lado como dos desconocidos, no se irrespetaban, ni faltaban con hechos o palabras, aunque era vox populi que él frecuentaba varias jóvenes amantes que le hacían su cáustica vida matrimonial mucho más llevadera. Parecían dos candorosos amigos. De cuando en cuando aparecía algún metiche hombre o mujer que intentaba sacar algo de tan extraña relación, solo para conseguirse una cortante respuesta de parte de ella: –Es que Rafaelito siempre ha sido así. No daba más detalles. En cuanto a él, si alguien de su nutrido grupo de amistades osaba meter la cuchara en su vida, le miraba fijamente por un rato que debía parecerle una eternidad al necio interlocutor, sonreía y no decía ni pío. El metido quedaba de una pieza, jamás se le ocurriría volver a preguntar sobre ese tema. Cuando descubrí la verdad de tan longeva vida matrimonial, dije para mis adentros: ¡Caramba, viviendo de esa manera cualquiera aguanta no digo cincuenta, sino cien años de matrimonio! El secreto radica en dar con una especial mujer que esté dispuesta a aceptar tan impar manera de vivir. Debe haberlas, pero ¿dónde?

*San Antonio, Tx. 22 octubre 2007.* He dejado de escribir, leer, caminar, ocuparme en cosas que antes hacía. Mi "producción intelectual"–por llamar de algún modo las idioteces que escribo–se redujo un cien por ciento La dosis de Cymbalta 60mg ha llevado mi organismo a una extraña y desconocida condición para mí como es la de tomar las cosas con calma, sin darle importancia a nada; si tengo deseos de hacer algo lo hago, si no tengo ganas, pues no lo hago, sino que lo haga otro o se quede tal como estaba. Dejar las tareas inconclusas, las herramientas dispersas, perdido el concepto del orden, la limpieza, es vivir en la total despreocupación. Incluso obligo a mi mente a traer recuerdos, pasajes y vivencias del pasado que siempre me atormentaron, ahora no les concedo ninguna importancia, pareciera como si alguna parte del cerebro que se ocupaba de preservar esas cuestiones hubiera sido arrancada de cuajo quedando un gran vacío. Es una especie de amnesia leve, borrosidad, innubilamiento , profundo letargo que hace ver todo color de rosa. Esos especiales e idílicos efectos de la pastilla como el de hacer ver virtudes donde hay defectos, aciertos donde hay errores, paz donde hay conflicto, risas donde hay tristeza, me hacen sospechar y ponerme capcioso, no debe ser algo bueno. Me asemejo a un personaje de los cuentos de mi pueblo apodado "Quevedo". Un holgazán, despreocupado, sin interés por nada ni nadie que pasaba su vida acostado en una hamaca colgada de dos palos en su destartalada vivienda; únicamente salía de tal posición para ir a hacer sus necesidades físicas en el monte. Tan pronto terminaba las deposiciones retornaba a acostarse, comer, dormitar, mirar al cielo, sin hacer absolutamente nada. Su madre una viejecita que debía hacer milagros para poder llevar algo a su boca y a la del gandul de sus hijo era su única compañera. Tanta era la haraganería del sujeto, cuya edad no llegaba a los treinta, que se cuenta una vez alguien le dijo que debajo de su desgastada hamaca estaba enterrada una vasija repleta con monedas de oro, solo debía cavar un poco y haría suyo el tesoro.

–¿Y para que quiero yo tanta riqueza? De seguro me va a traer problemas. Que otro se quede con ella. Fue la respuesta del desgraciado. Era el estado natural del holgazán, no debía tomar medicamentos, quizás tenía mucho de idiota pero no sufría de estrés ni depresión, en cambio yo que presumo de inteligente y sabelotodo debo usar medicinas para tratar de ser un poco "Quevedo". Es la vida. Me pregunto ¿cuántos tesoros he buscado y desenterrado sin que nadie me orientara donde cavar?. Nunca he tenido descanso ni el reposo de Quevedo, siempre activo, incansable desde la madrugada hasta el anochecer, bajo el sol o la lluvia. ¿Y qué he obtenido?, ¿cuál ha sido el tesoro que desenterré? Montones de mierda, enfermedades, sufrimientos, lágrimas, rencillas, envidias, egoísmo, odio, codicia, crímenes. Desenterrando baúles, botijas, ánforas, puedo decir muy ufano y a voz en cuello que me he enriquecido con estiércol. Tarde, cuando me queda poco tiempo es que me doy cuenta que no debo gastarlo en buscar fortuna porque solo conseguiré decepciones, problemas, enfermedades, malos ratos y más mierda. Muy mala la educación que nos dan nuestros padres, maestros, amistades, que debemos estudiar, trabajar mucho para lograr el tesoro y ser felices. ¡Embelecos! Es un engaño para destruir nuestras vidas, amargar los mejores días de nuestra existencia. Con el paso de los años, llenos de malos hábitos, decepciones, malas ideas, equivocados principios, amarguras, nadie nos podrá sacar del error, solo la muerte.

*San Antonio Tx, 22 de Noviembre 2007.* Ayer noche veíamos un programa en la televisión referido a dulce y caballerosos que somos los hombres cuando andamos detrás de una mujer y lo bestia en que nos transformamos después de conseguir lo que buscábamos. Desconozco la razón del porque las mujeres nos exigen que mantengamos la fogosidad y la entrega que pusimos en el acto sexual para los momentos posteriores al mismo. Reclaman desatención, olvido, pasar a tocar otros temas más fríos en vez de estar beso y beso abrazados apretadamente; en su lugar le solicitamos un refresco, algo de comer, poner un CD o cualquier antojo con tal de sacarla de la cama. Me parece que es una actitud en extremo natural, no conozco a ningún ser vivo que después de hartarse en un banquete, quiera proseguir en medio de las sobras y platos sucios. Definitivamente en la viña del señor hay muchas maneras de ver y vivir.

*San Antonio Tx, Viernes 23 de Noviembre 2007*. Las cosas se han venido sucediendo muy pausadamente, ya está finalizando noviembre y vengo tomando Cymbalta desde hace dos meses. Me he sentido mucho mejor sobretodo en haber dejado de rumiar ideas, el machacar pensamientos fijos y obsesivos ha desaparecido, tanto que trato de pensar en cosas que antes me atormentaban y no logro retenerlas. Puedo cambiar fácilmente de pensamientos molestos, de rabias, dudas, celos, miedos, simplemente los sustituyo a mi antojo, ya no se fijan como antes. Recuerdos de algún momento de mi vida que me alteraban, conmovían y hacían llorar, los traigo al presente sin que me afecten para nada. Poco antes los pensamientos obsesivos sobre tragedias, celos, males, accidentes, eran tan extremos y agudos que me hacían saltar de la cama, levantarme de un brinco de la silla, sudor, pulso acelerado, angustia y salir como una tromba detrás de nada. Los ataques de llanto, los sentimientos de culpa a cada momento, en cualquier rincón, se han desvanecido. Ya no me acuesto por las noches triste, llorando, acurrucado cual animalito indefenso sintiéndome víctima del mundo y de la misma forma despertaba, ya eso no ocurre, nomás adopto una posición cómoda, cierro los ojos y a poco me duermo plácidamente. Las ideas suicidas, el sinsentido de la existencia, la inutilidad del vivir ya no ocupan espacio en mi mente. Puedo emitir un juicio apocalíptico, pero de allí no pasa, no afecta mi mundo interior. Sé y sigo viendo a la humanidad como una mierda, egoístas, mentirosos, ambiciosos, irresponsables, orgullosos, pero ya eso no me afecta. Drogado creo comprender un poco mejor a la naturaleza humana, he logrado socializar pero siempre con desconfianza, sin intimar; definitivamente la gente no me agrada, no los acepto, incluso a la familia; pienso que solo me ocasionan problemas e incomodidades, pero ya no los ofendo ni maldigo. Los oigo sin discusiones ni reproches, dejo que sigan su camino sin que me perturben, por lo que prefiero la soledad pero no tan sufrida y traumática como tiempo atrás.

*San Antonio Tx, 04 de Diciembre* 2007. Un nuevo y desagradable malestar al estar hablando con alguien personalmente o por teléfono y de pronto sentir que falta el aire, sensación de ahogo, tener que toser, tragar saliva, cualquier ejercicio especial para tomar un poco de oxigeno. Me viene ocurriendo cuando estoy bajo estrés o realizando varias tareas a la vez. Hoy cuando estoy trabajando en Potet en la tienda de Mr. Bailey, atendiendo clientes, pendiente de los niños, suena mi celular, una llamada de mi país y apareció el repugnante malestar. La respiración entrecortada, forzada, es angustiante, da la impresión que fueses a morir por asfixia. Busco sentarme, controlar mis pensamientos, reunir fuerzas para mantener la conversación y soportar la noticia que casi siempre es mala. El malestar puede prolongarse por media hora o más. No sé que cosa lo hace desaparecer, supongo que estos males que surgen de repente en nuestros organismos y lo atacan, son producto de la desastrosa vida que nos ha tocado llevar obligados por las circunstancias

Después de estar tomando *Lopitor* 40 miligramos para reducir los niveles de colesterol durante tres meses, acompañado de *Cymbalta* 60 mg. determinados malestares han desaparecido. Mi cuadro psicosomático puedo considerarlo aceptable toda vez que la depresión está controlada, los pensamientos suicidas se han alejado aunque no totalmente. Noches hay en que me acuesto rogando no despertar jamás. Sigo manteniendo la idea obsesiva que es inútil esforzarte, sacrificarte en adelantar proyectos, que es muy poco lo que se necesita para vivir en el sentido material, espiritual o cualquier otro. Comparto la creencia ancestral de algunas tribus del Amazonas que sostienen la idea del paraíso para los buenos como un lugar donde se va luego de morir y se tendrá un "conuco" productivo y una mujer joven, atenta y amorosa que haga la vida grata. Eso para mí es mucho más trascendente que un sitio rodeado de ángeles, música celestial o una casa con piscina y un carro nuevo en el garaje. Es fácil, sencillo, obtener algo de felicidad siempre y cuando no nos metamos en planes ambiciosos, en querer tenerlo todo, en ir detrás de la fama, el éxito, los reconocimientos, títulos que nos exigen tiempo y dedicación.

Estoy con la idea de enviar mis experiencias con *Cymbalta* 60 mg. al laboratorio que lo produce, aunque lo más probable es que no lo haga para no seguir cometiendo idioteces, quizás les sea de alguna utilidad o tiren los papeles a la basura. He tratado de ser concreto, preciso al describir los efectos que comienzan a percibirse de manera real a la tercera o cuarta semana de iniciarse. Al principio sentí dolor de cabeza y náuseas por la mañana, fueron mis únicas reacciones aparte de las disfunciones sexuales que son muy marcadas porque me cambió completamente la vida sexual para mal. Absolutamente todo es diferente. Me he referido a que el acto sexual intenso se prolonga hasta cerca de la hora, la eyaculación se retrasa, implica tanto ejercicio físico, que terminas sudando copiosamente, agotado como si hubieses trotado una hora en el parque. Lógicamente una actividad de esa naturaleza trastorna la vida sexual con tu pareja, que luego de un par de veces prefiere mantenerse algo alejada. La actitud hacia el entorno también sufre un cambio significativo. Entras a un plano de serenidad donde nada altera ni importa, ríes maquinalmente, risa de tonto; las emociones como el miedo, la alegría, la tristeza, se reducen casi en su totalidad. Ya no rumias ideas, los pensamientos e ideas obsesivas desaparecen, te acuestas a eso de las nueve de la noche porque sientes sueño, cierras los ojos, sonríes como un idiota y te duermes. No importa ni molesta que los niños estén peleándose, jugando ruidosamente afuera, sin comer, bajo un frío intenso o estén echando la casa abajo, que no hagan sus tareas, anden sucios, sin bañarse, mal alimentados, mientras la madre conversa por teléfono horas y horas con sus parientes Todo me da igual, nada me importa. Simplemente el medicamento te saca de la aflicción del cochino mundo.

A mi esposa comienzo a verla en modo despectivo, sin ningún valor para mí ni para nadie, es como un saco de carne muerta que se mueve y duerme a mi lado; no siento celos ni rabias por lo que hace, dice, viste, habla, con quien trata. Siendo un hombre celoso en extremo, para mí esto significa un brutal y profundo cambio. Cuando antes pensaba en su posible infidelidad presente o futura, sufría, rabiaba, sentía odio, deseos de hacerle daño, vivía alterado, desesperado, con sobresaltos por las noches debido a las ideas obsesivos. Con *Cymbalta* no capto nada de eso ni me importa, veo a mi esposa como una sucia bolsa de basura, sonrío, me volteo y duermo. ¡Esta mujercita es y será pura mierda! Así la conocí, me enamoré de ella, eso es ¡Me lo repito una y otra vez, de seguidas paso a otra cosa. Mientras se está bajo los efectos de las píldoras incluso las personas importantes de mi vida no causan alteraciones ni molestias, aunque estén cometiendo atrocidades contra mi persona. Recientemente supe de manejos dolosos, de celadas en mi contra por parte de ciertos parientes con el propósito de desmejorar mi patrimonio; cuando me enteré lo vi como viles maniobras de seres inferiores. Me dije que todo lo material que pudieran quitarme, robarme, fuese mi esposa o mis hijos, no serian sino espinas para su camino, que la ambición, el orgullo, el hambre de dinero, las ansias de riqueza solo los harán paupérrimos y miserables. No sé de donde me salieron esos pensamientos tan poco comunes en mí. Otrora los hubiese enfrentados con odio y armas de cualquier naturaleza. Pero mi nueva "narco-manera" de pensar sirvió de sedante.

Dio la casualidad que en esos días uno de mis cuñados, ambicioso inigualable, avaro, poseedor de una gran fortuna, fue secuestrado por unos bandidos quienes exigieron una elevada suma por el rescate. Tuvo la familia que pagarlo si querían verlo de nuevo con vida. La suma se aproximaba a la cantidad que con su indolencia mercantilista había atesorado durante años. Eso me sirvió de acicate. ¿De qué valió ganar tanto dinero a costa de aprovecharse de personas necesitadas para terminar entregándoselo a unos malhechores y así poder salvar su vida? Como buen metiche y curioso quise saber más del suceso y sus consecuencias, sin embargo paré. Comprendí que la vida nos enseña que ante la desgracia o la fortuna del prójimo, lo mejor en meterse la lengua en el culo y no hacer ningún comentario.

*Cymbalta* 60mg. es un medicamento que te cambia por entero y la gente que te rodea cae en cuenta de ello, lo aplaude y disfruta. No importas que camines como un zombi, un idiota, dando vueltas por la casa, mirar a los pajaritos cagarte la cabeza, reírte como un imbécil y agradecer no sé a quien lo bello de la vida, la hermosura de los hijos, lo linda, abnegada, amorosa esposa que se tiene y que ves entrar a la casa todos los días después de una jornada de ocho horas, la besas, la miras y exclamas: ¡Te amo, te quiero, no puedo dormir ni vivir sin ti! ¡Qué barbaridad! Por ello si quieres ver la vida en todo su esplendor, su celestial belleza, sin problemas, angustias, temores, ¡hay que tomar *Cymbalta*! Parece un comercial para la televisión. Mi psiquiatra aquí en Texas, la Dra. Balderas me dice que muchos pacientes suspenden inconsultamente el tratamiento porque notan que ya no están viviendo como personas normales, sino como simples resucitados deambulando por la casa, parques, calles, por la vida. No lo aceptan y prefieren sufrir, llorar, padecer, suicidarse, antes de transformarse en momias. Mientras están bajo el poder de la medicina, pierden su poder creativo, agilidad, destreza, ánimo, la natural forma de ser, actuar y pasar entonces a ser un "hombre *Cymblata*". Por ende prefieren la vida que supone correr cualquier riesgo presente y por venir antes que "vivir muertos". ¿Qué voy a hacer yo? ¿Cómo organizar y aclarar mí vida para sobrellevar las hermosos crucecitas que el destino me mandó?

Inconsulta e irresponsablemente suspendí la ingesta de la medicina; la semana posterior anduve tenso, eléctrico, irritable, ordeno, mando, grito, busco rapidez, estoy hiperactivo y quiero ver a los demás igual, utilizo palabrotas groseras, burlistas, ofensivas con quienes me rodean. Me invade una sensación extraña, temblor en todo el cuerpo, mareo, confusión al mirar hacia mi lado izquierdo, como si perdiera equilibrio y fuera a caer. Estoy sobre alerta, agudo, muy pendiente de todo lo que ocurre a mi alrededor, observo los detalles, casi todo me causa molestia e irritabilidad. Deseo estar solo, aislarme completamente, veo ésta opción como la única posible para no recaer, perder todo contacto con las personas, sus vivencias, problemas, es probable que me sirva de algo. Ya no tendré razones ni justificaciones para actuar como un loco. Hoy trato de hacerme de la vista gorda, que nada me importa ante la gente, sus acciones, su trato, la manera de ser y de comportarse, pero se me hace en extremo difícil.

Puedo asegurar que *Cymblata* 60 mg, no es un mal medicamento comparado con otros que me prescribieron tiempo atrás; solo que al comenzarse a usarse debemos estar claros que va a ser durante un largo tiempo o para toda la vida. Básicamente la razón es porque mientras se está bajo los efectos de las píldoras, la persona vive en un paraíso terrenal, donde todas las preocupaciones, rabias, sobresaltos, tensiones, tristezas, angustias, penas, aflicciones, simplemente no existen. Repito: No existen, ¡desaparecen mágicamente! Se vive en plano irreal, fantástico, falso, donde todas las personas son buenas, sin defectos, adorables y como tales las quieres, valoras, ensalzas; en fin todo es un amor con para con el prójimo, esposa, hijos, familia, amigos. Por haber sido educado bajo el estricto régimen de un internado durante largo tiempo con curas Italianos, soy persona dada a la limpieza y el orden, pero mis hijos de doce, once y nueve años son la mata de la suciedad, de la desorganización. Antes de *Cymbalta* aquello me enervaba, los castigaba, rabiaba; después de tomar la medicina podía ver todo hecho un desastre en sus habitaciones, en la casa, sus mochilas, juguetes, ropas tiradas por doquier, permanecer jugando fuera, nada me importaba. Podía venir sobre mi casa otro huracán Katrina y yo muy campante, sonriente, despreocupado. Solo que cuando las dejas de tomar vuelves a la cruda, triste y asquerosa realidad. Vivir, luego de haber estado en dos mundos tan distintos uno del otro produce una extraña sensación; algo así como morir y resucitar luego de una temporada en el paraíso. Pero lo más sorprendente es que prefiera vivir en el infierno que supone estar de éste lado, no quiero ese paraíso, ni siquiera por poco tiempo, mucho menos por toda la vida. ¿Porque? No lo sé. Hay quienes estamos cansados de vivir y hay quienes lo están de pedir larga vida y salud. Al "regresar del viaje" con *Cymbalta* percibo con mayor lucidez los defectos de la gente; desgraciadamente compruebas que todo lo malo que pudiste haber pensado de ellas, es lo real, descubres positivamente que no estabas equivocado, que el ser humano es una mierda plagada de vicios comenzando por la familia, esposa, vecinos, conocidos. Poseo iguales o peores defectos y es por ello que protesto, me rebelo y condeno ante quien pudo ponerme en ésta situación. Culpar a la humanidad de mis males es una salida cómoda pero estúpida porque yo he sido causa y motor de las desgracias de muchos. Somos basura cósmica. Estuve dependiendo de *Cymbalta* 60mg, por casi un año, estarlo con otras drogas es parecido, menos intenso. Ahora me explico como muchas personas se refugian en ellas para tratar de ver o vivir el lado grato de la vida, otros buscan el doping de las religiones, de beatitud, de los gurús del Himalaya, metiéndose de cabeza en los libros sagrados, predicar, drogarse con dios, con el demonio, con los espíritus, con cocaína, siempre con el mismo propósito de tratar de sobrellevar la relación con nuestros semejantes.

El mes que llevo sin el tratamiento ha sido terrible en la relación con mi pareja, quizás el peor periodo en los diecisiete años que llevamos juntos. No me atrae en ningún sentido, todo lo que hace o dice me parece insensato. Sexualmente no despierta en mí pasión alguna, mi erección es buena pero prefiero masturbarme antes de tener sexo con ella; busqué emborracharme para ver si de esa manera despertaba deseos por ella pero no funcionó. Antes me agradaba observar su ritual al desnudarse frente a mí, pero ahora prefiero ver la tv, mirar una revista o voltear la cara. Se dice que los matrimonios entran en crisis cada cierto tiempo y casi siempre la superan, que es algo normal, espero de todo corazón que lo que está ocurriendo conmigo sea una cuestión pasajera porque de lo contrario esto me huele muy mal.

Entre el antes, el mientras y el después de *Cymbalta* hay diferencias notorias, extremas; sobre todo con respecto al trato con mi esposa y la parentela. Regular, muy buena y mala, es así como catalogo nuestra relación en los tres periodos. No tengo dudas que el medicamento ayuda durante cierto tiempo, en especial cuando estás sumido en un estado depresivo; al suspenderlo adquirí un poder de captación, de análisis sorprendentemente agudo, fino, lo que me permite comprobar lo poco que le importo a mi familia cercana, continúan haciendo las cosas que me molestan, es como espetarte en la cara a diario: ¡Jodete! Aguanta si es que puedes, si no ¡lárgate! Supongo, sin rastros de humildad que tampoco ellos me atañen. Mi esposa por ser la persona con quien trato asiduamente es la que más me perturba y afecta, aunque por razones de trabajo comparto con ella pocas horas. Últimamente la percibo sucia y descuidada, únicamente se arregla un poco los días jueves en la noche para ir al culto, sábados y domingos cuando debe ir a trabajar en una tienda del flea market en Potet, los restantes días de la semana anda desaseada; antes me agradaba mucho comer en su compañía, ahora no. Le he reclamado con seriedad. Dice que todo es producto de mi enfermedad. ¿Qué está ocurriendo? Me espanto al pensar que ella deje de trabajar para quedarse mayor tiempo en casa conmigo. No la soportaría. Durante el antes y el mientras con *Cymblata*, no podía vivir sin ella; sobre todo durante *el mientras*, por las noches dormía con mi mano puesta en su parte púbica, de lo contrario no lograba conciliar el sueño, no dejaba de hacerle caricias, besarla, sentir que la amaba cada día más y más. Llegué a dar gracias a los dioses habidos y por haber al sentir tanto amor, de tenerla a mi lado, disfrutarla, amarla. No creo que el amor que sintió Romeo por Julieta o el de Marco Antonio por Cleopatra llegara a los tobillos comparados al que sentía por mi esposa en esos momentos. Con el *después* sin *Cymbalta*, murió el encanto, todo ese amor producto de la mágica droga se esfumó. Ahora el agua está más clara, puedo ver en detalle la cruda realidad y compruebo que he sido dueño de la verdad verdadera: el ser humano es un montón de mierda y estoy en la cúspide de él.

*San Antonio, Tx. Hoy 27 de Diciembre, 2007.* Son las cuatro de una helada madrugada, despierto desde hace una hora sin poder retomar el sueño. Ayer fue el cumpleaños de mi hijo Franco, desastroso para mí por haber experimentado una reacción violenta totalmente desconocida, la vengo a sentir a los cincuenta y seis años, un viejo a punto de morir adoptando conductas novedosas y malas que nunca conocí. ¿Que me estará ocurriendo? Resulta que por la mañana fuimos a desayunar a un restaurante de comida rápida llamado "Wattaburguer" donde le obsequiaron una casita de regalo, una friolera de plástico que me llamó la atención. De vuelta a casa le pedí que me la regalara, sabía que en breve la vería tirada entre escombros. Se negó rotundo. Me alteré, le castigué, tomé el juguete y con inusitada violencia lo golpeé contra el suelo, al ver que no se rompía, salté sobre el varias veces buscando destruirlo. Al final le obligué a recoger todos sus juguetes y los lancé a la basura. ¡Que reacción tan infantil, estúpida e irracional la mía! ¿De dónde salió tanta ira acumulada? Y tener que venir a descargarla en mi hijo menor. Mi organismo debe tener alguna deficiencia grave para explotar de tal manera y temo que los arranques de locura se repitan y agudicen. Atravieso un momento en que vuelvo a ver a mi esposa como una fatal compañera, incomprensiva, egoísta, atenida a que siempre sea uno el que resuelva asuntos de su vida, otro tanto ocurre con los niños, sus permanentes exigencias, falta de colaboración, desobediencia. Esto me tiene harto. Veo con claridad muchas cosas en mi vida, confirmo la necesidad que tengo de vivir drogado con Cymbalta para soportar los avatares diarios, aceptar a las personas, a mi familia, pensar que son buenos. Salir del control del medicamento, entrar en mi condición normal es ver su inutilidad, defectos, fallas. Sano, libre de la droga mis sentidos se agudizan en percibir los defectos de las personas, captarlos tal cual como son: escoria.

## Capítulo XXVIII

*San Antonio, Tx. Primero de Enero 2008.* Es la una y media de la madrugada, me levanto a escribir. Mi esposa y yo iniciamos el nuevo año con serias desavenencias en nuestro matrimonio. Esta vez parece que la ruptura va en serio porque creo que ya no me interesa como pareja; la impresión es repetitiva, la he sentido en muchas oportunidades a lo largo de quince años. ¿Será algo normal? Pensar continuamente en lo frágil de nuestra situación pero que nunca termina por romperse definidamente. Es una vida de locos. Vivimos una época dorada mientras estuve bajo los efectos de *Cymbalta*. Lo suspendí inconsultamente del medico el veinte de diciembre del 2007 debido a que la última vez que acudí a su consulta me advirtió que era muy probable debido a mi condición, que tendría que tomarlo de por vida. Aquel dictamen me asustó, no deseaba verme caminando entre las nubes por el resto de mis cochinos días. Mientras tomé *Cymbalta*, lo cual hacia siempre antes de acostarme, actuaba sobre el organismo y experimentaba varios cambios importantes: 1. Aumentaba considerablemente la facilidad de caer en el sueño, así como el tiempo de duración. A las nueve de la noche los párpados están por cerrase, se duerme durante diez o más horas un sueño pesado, corrido, sin alteraciones. El despertar se produce sin ánimos, aletargado, todo carece de significado o motivación. 2. Elimina los cambios bruscos y modos de conducta violentos que supone pasar de la alegría a la tristeza o a la rabia. Hace desaparecer la ira, la incomodidad por los actos que cometen personas del entorno diario, produciendo una sensación de serenidad, tranquilidad e indiferencia ante lo que ocurre en nuestras vidas y en la de otros. El ambiente deja de perturbarte, nuestro circulo social, el derredor pierde por completo su interés, nada conmueve. 3.- Trastorna la vida sexual en un ochenta por ciento o más, generando disfunciones sexuales como retardo en la eyaculación hasta por una hora para alcanzarla; muchas veces no se logra de manera placentera, o se logra sin sentirla. El semen fluye pero no se siente el mismo placer que en condiciones normales; no logro definir con precisión el tipo de sensación experimentada; es algo que oscila entre dolor y ardor en el área de la próstata cuando se eyacula. 6. Reduce significativamente el apetito sexual aunque haya erección fuerte y continua. Hacer el amor supone un ejercicio intenso que hace sudar copiosamente, llega el cansancio y se termina por desistir al alejarse una y otra vez el placer de la eyaculación; curiosamente esta falla no genera rabia ni decepciona, solo ríes como un idiota por lo que estás pasando como si fuera una gracia, es otro efecto muy marcado del medicamento: ser un idiota. 4.- Sin estar medicado la mente al divagar trae recuerdos de sucesos sin importancia que no tuvieron consecuencias en mi vida, nimiedades que ignoro cómo y porque se fijaron en mi cabeza. De repente de manera involuntaria, afloran frescos, vividos, nítidos, aun cuando ha transcurrido medio siglo. Con *Cymblata* tales recuerdos no llegan ni siquiera haciendo un esfuerzo.

Particularmente he sido meticuloso, celoso y exigente con ciertos aspectos de mi vida como la fidelidad en la mujer, la limpieza en el hogar, el orden, la obediencia, el cumplimiento. Tengo el odiado defecto de ser autoritario, busco siempre imponer mi punto de vista, puedo oír a otros pero defenderé mi criterio hasta el final. Constituyen la base sobre la cual funciona mi vida desde niño. Con el medicamento simplemente mandas todo a la mierda. Nada importa. Desdeñas la conducta de tu mujer sea buena o mala, si tienes hambre y hay comida preparada comes, si tropiezas con cualquier suciedad la miras con indiferencia y ya; si las habitaciones de los niños están hechas un desastre, no hay problema, así con todo lo que pasa en el ambiente donde te mueves. Con apatía ves la mayoría de las cosas que ocurren en tu mundo. ¡Es una maravilla la bendita pastillita! Cualquier noticia por muy impactante que sea, ni te inmuta. Que si algún pariente murió, está enfermo, sufrió una desgracia, se percibe como que no eres parte de éste planeta, nada de lo que acontece tiene que ver contigo. La pasión, intensidad, la adrenalina como fuente dinámica de cada momento de tu vida queda neutralizada, reducida en un 90 % . Las discusiones, reyertas, gritos con esposa, hijos, familia, vecinos, prójimo, desaparecen. Das la impresión de no estar vivo. Eres el perfecto fantoche, marioneta del destino que acepta todo sin protestar. Me dicen que cuando se llega a ser un rancio vejestorio de noventa años es como vivir drogado con *Cymbalta*. Oigo a mi esposa regodearse de mi condición, no cesa de proferir halagos de la medicina de sus mágicos efectos que me han transformado en un marido ejemplar, maravilloso, nunca debería cambiar. Estar bajo sus efectos es según ella la mejor manera de vivir que existe porque acepto sin rechistar todo lo que dice, hasta observo en ella virtudes extras que hasta ahora pasaron desapercibidas. Pero recuerden que es solo un estado cataléptico, transmutado, no terrenal, que desaparecerá al dejar de tomar las píldoras. Lo veo como un milagro tan igual o mayor que el de convertir el agua en vino o multiplicar los peces. ¿No lo creen? ¡Pruébenlo!

A los pocos días de suspender el tratamiento, el cuadro cambia completamente, se comienzan a notar las diferencias entre ambos mundos, especialmente en el ámbito familiar, la gente que te rodea y compartes a diario, llámese madre, esposa, hijos, vecinos, compañeros de trabajo, amigos comienzan a aparecer como verdaderamente son, unos seres plagados de defectos, un verdadero asco. Las tales virtudes que una vez pudiste ver estando medicado, desaparecen víctimas de una poderosa fuerza desconocida que las barre cual tsunami del pacifico. Descubierto el velo, es lógico que comiencen a surgir problemas, encontronazos por doquier. Y aquí estoy yo de nuevo, batallando contra mí, contra el mundo.

Mi cándida esposa pregunta si todas las cosas bellas que le decía a toda hora, los besos y caricias que recibió durante varios meses eran fingidas o verdaderas. Sin ambages le respondí que falsos, simples consecuencias de la droga, no podía ser real tanta belleza y armonía, que era necesario estar drogado, muy bien drogado para poder soportarla. Y vuelta al ruedo. Hoy logro dar con la explicación del porqué muchas personas caen en los vicios, las drogas legales o no; lo hacen para soportar la realidad en que viven, las personas que trata, alejarse de ella ya que no la pueden cambiar. La vida bajo los efectos de la droga no es real, es difusa, falsa, inconsistente. Muy diferente a la verdadera, a la que nos corresponde vivir. He aquí el problema de la elección. Todo en la vida se circunscribe a una elección, no hay momento, por insignificante que sea que no esté libre de tener que elegir entre varias opciones. El dilema del asno de Buridán entre escoger uno de los mazos de heno o morir de hambre es similar al mío ya que debo escoger entre consumir la medicina o sufrir el terrible mal de la depresión.

*San Antonio, Enero 05- 2008.* Al dejar de consumir *Cymbalta* por mi propia decisión de manera radical, no progresiva, el cuerpo literalmente "explota", las reacciones son extremas, rápidas, violentas: gritar órdenes, mandatos a los niños, la esposa, a quien se encuentre cerca, se agudiza la mordacidad, lo satírico, burlesco, denigrante, que se traduce en posibles peleas o discusiones con quienes pueden defenderse ripostando con rabia. Estoy hipersensible a cualquier estimulo, palabra o gesto, la inteligencia aguda, cruel e incisiva, los conocimientos y recursos de que se disponen trabajan al servicio de dicha empresa, no se ven virtudes ni cualidades en los que conviven con nosotros, las palabras, idiota e inútil las utilizo con frecuencia. Cuando se las quiero imputar a mi esposa, a duras penas callo, me controlo pero internamente las repito. Creo que las personas de alguna manera dan pie a que se actúe de esa forma.

Pienso que formar pareja es una decisión en extremo complicada al pretender unir dos seres completamente diferentes. Lógico es que ello sea fuente de incontables problemas aún tratando de ser tolerantes, amorosos, comprensivos. Le educación y crianza familiar de las parejas muchas veces son opuestas. Yo he querido inculcar a mis hijos la practicidad que me enseñaron, pero las esposas que tuve y tengo no lo ven de esa forma. Por decir algo, yo aprendí a cocinar los platos esenciales desde muy niño, igual a lavar y planchar mi ropa. Las madres de hoy me reprochan estar forzando a mis hijos desde muy jóvenes a que aprendan a ser independientes, ripostan que ya ellos aprenderán. Esa actitud me irrita grandemente. Cuando estoy bajo los efectos de *Cymbalta* nada me importa; ¿quienes son los buenos o los malos en este asunto? ¡No me interesa! Las drogas producen tan maravilloso resultado. Debido a esa propiedad es que las drogas se vienen usando desde el principio de la humanidad. Nuestros indígenas, en el lejano oriente, en diferentes culturas, cuando un individuo padecía problemas de la mente, del alma o de cualquier naturaleza, lo aislaban para suministrarle tabaco, opio, alcohol, coca o cualquier droga que lo sacara de este mundo. Los adictos a las drogas consideradas ilegales simplemente se están auto medicando, sufren algún trastorno emocional producto casi siempre de malas relaciones familiares, sociales, en el trabajo y ven entonces una manera fácil de salir de una vida llena de angustias y presiones. Al comparar el medicamento que yo tomo y sus efectos con los utilizados en la antigüedad o los usados por los adictos hoy en día, las diferencias son pocas. Solo queremos salir del oscuro abismo.

Paulatinamente iba notando el cambio que se estaba dando en mi organismo, mi conducta y trato hacia los demás transcurrido acaso un mes tomando las pastillas. Comencé por reír de cosas que antes me hacían llorar o rabiar fuesen del presente, recuerdos del pasado o pensamientos sobre el futuro; simplemente era indiferente ante sucesos que otrora me conmovieron, aceptaba con paciencia benedictina y templada resignación cualquier altibajo, mala noticia, choques con el prójimo, nada me conmovía. La vida que se lleva es fría, seca, autómata, sin emociones. Escenas impactantes, crudas, de tragedias o sucesos algo fuera de lo normal, niños famélicos, guerras, inundaciones, hazañas de algún personaje común, paisajes, días nublados o brillantes, pensar en mis hijos, lugares donde viví, palabras dichas al rompe, me conmovían, estremecían hasta el punto de hacer brotar un mar de lagrimas, la piel de los brazos se me ponía "de gallina", faltarme la respiración o tragar con dificultad en caso estar comiendo. Cuando la medicina toca tu cerebro dribla todos esos pensamientos y emociones, no los anula definitivamente, es como si dispersara sobre ellos una gruesa cortina de humo.

*San Antonio, Texas, Enero 27 del 2008.* La pluma difícil, pesada, la ideas lentas, poco deseo de escribir; supongo que las musas me abandonaron, se fueron a la mierda, quizás sea lo mejor, porque cuando escribo sufro, experimento dolor, tristeza, añoranza, melancolía, pero a la vez el escribir me ayuda a escapar de alguna crisis depresiva, me relaja, hago catarsis del problema. En estos días mi turbulento pasado con sus recuerdos casi no vienen a mi mente y si lo hace es de manera fugaz, no me atormenta tanto como antes. Creo que *Cymbalta* dejó sus efectos en la química de mi cerebro, ordenó, fortaleció neuronas que posiblemente estaban dislocadas. No sé por cuánto tiempo. Algo profundo ocurrió porque yo mismo noto un cambio tremendo en la forma como asumo y enfrento a la familia, al entorno social, al mundo. Ya no me preocupan o alteran cosas o situaciones como por las relaciones interpersonales, que han sido siempre para mi fuente de problemas, de preocupaciones. Hoy me integro, me relaciono, me comunico, pero sin ningún tipo de pasión o emoción; lo hago con indiferencia, frio, tratando siempre de no entrar en polémicas o confrontaciones comenzando por las relaciones familiares: Ya no les doy la importancia de antes, poco me importan. Doy una recomendación, una orden a mi esposa, a los niños; si no la obedecen, ¡que se hundan en el infierno! Definitivamente no puedo andar por el mundo corrigiendo a las personas, tratando de meterlas en el saco de mis pareceres. Ahora comprendo que cada uno representa problemas y malos ratos, debo evitarlos, creo lo estoy logrando. Si por obra del destino alguna cosa sale bien, te favorece, agrada, si alguna acción de cualquier pariente resulta beneficiosa, me siento dichoso y de seguidas me preparo porque sé que detrás vendrán las consecuencias negativas. He aprendido que por cada momento grato vivido hubo dos desagradables, he comprendido que el dios dinero está hecho para ayudarte a resolver problemas, pagar con vil dinero a las personas que de alguna forma ayudan a superar dificultades, en especial si se trata de familiares o personas allegadas, permite verlos, tratarlos como si no existieran vínculos o amistad y lo miro bien porque evitará problemas. Evaluó mi accionar después de haber recibido el tratamiento y me siento con capacidad de de aguantar los avatares que sin duda vendrán, reconozco la importancia de evitar inconvenientes de cualquier naturaleza, pero si con todo y ello llegan a presentarse, tendré que partir, marcharme sin dolor, ni resentimientos, escoger otro lugar donde vivir, llámese Europa, África o donde crea me convenga. ¡Dejarlo todo y ya !

*San Antonio TX. Febrero 06, 2008.* Abrupta e inesperadamente el llanto, la angustia y la desesperación han retornado a mi vida, lo ha hecho de una manera firme, cruel, sin motivo, pero está aquí. Ayer por la tarde me encontraba solo en casa viendo la televisión, de repente, sin razón alguna afloraron lágrimas que se transformaron en un llanto ruidoso, profundo, sufría por algo desconocido, me apretujaba fuertemente la cabeza buscando escapar del tormento. No sé que es, soy incapaz de definirlo, es un dolor muy dentro del alma, de la mente, del espíritu que te doblega y hace sentir inútil, desgraciado. En el momento pensé que no lo iba a poder soportar y cometería una locura. Por suerte sonó el teléfono, era mi esposa, su conversación me tranquilizo un poco aunque no le conté lo que en ese instante me estaba ocurriendo, ¿para qué? Hemos perdido la comunicación casi por completo; tiempo atrás la consideraba "mi paño de lágrimas", pasábamos mucho tiempo juntos, era buena oidora lo que permitía desahogarme de tantos malos sentimientos que me agobiaban como los de ahora, pero ya no tengo siquiera ese consuelo. Debo ocuparme prontamente en algo si no quiero parar en un manicomio. Me preocupa sobremanera mi enfermedad, más que antes. Hoy tengo verdadera conciencia de su gravedad, su peligro para mi vida y la de quienes me rodean. Debo ser muy cuidadoso en mis actos, decisiones, forma de hablar y tratar a las personas. La crisis de llanto, dolor, desesperación que sufrí ayer, fue muy parecido a la que me atacó durante el año mil novecientos ochenta y seis. Recuerdo que en esa época debía abandonar la actividad que estuviera haciendo, salir corriendo hacia el baño o cualquier rincón aislado, encerrarme a llorar, llorar, presa de la desesperación. Cavilo, concluyo que en aquel tiempo pudieron existir motivos suficientes para desencadenar un episodio depresivo agudo: Vida desordenada, tres o cuatro amantes simultáneas, borracheras frecuentes, negocios turbios, discusiones familiares y con quienes me rodeaban; todo un ambiente insano lleno de tensiones y malos ratos debido al trato con los parientes, obreros, empleados, vecinos. Pero hoy aquí me encuentro mucho mejor en el sentido extenso de la palabra: Mayor estabilidad, lejos de la familia, más seguridad personal, paz, menos amistades problemáticas, pocas discusiones, tensiones o factores estresantes. Pero las crisis depresivas reaparecen con igual o mayor intensidad que hace veinte años. ¿Porque?

*En San Antonio-Texas, Mathis rd. Jueves 24 de abril 2008.* Largo éste día, estoy terriblemente agotado, veo que tanta lucha y esfuerzos que hacemos a diario son detrás de nada, es una inútil carrera tras el viento, no le veo sentido a lo que hago ni a lo que los demás hacen, parecemos títeres haciendo vidas erráticas pero engañándonos con que estamos realizando grandes tareas, donde al final todo se circunscribe a buscar un plato de comida, un techo y algo de ropa para ocultar nuestra vergüenza o protegernos de las inclemencias del tiempo. Trabajamos como burros, pagas deudas, comes, cagas y se acabó. Es todo, de eso se trata el vivir, ¡una verdadera mierda! Si le agrega e esto lo temores reales o imaginarios que rodean tu diario correr, sumando los riesgos y peligros reales durante doce horas diurnas y doce nocturnas, ya se tiene el cuadro completo de la existencia de un miserable ser humano. La gente olvida que desde que se levanta está amenazada porgraves peligros, somos seres débiles, frágiles, que cualquier golpe, caída, objeto o circunstancia nos puede causar la muerte al instante, dejarnos en una silla de ruedas o mandarnos a un hospital y no me estoy refiriendo precisamente a la mala suerte que también forma parte del panorama diario. Durante el trayecto al trabajo, al estudio, a donde fuésemos, podemos sufrir un percance, un accidente; al llegar al destino, en el ejercicio de la actividad puedes sufrir otro mortal accidente y de esa forma, sea comiendo, bailando, bebiendo, defecando, haciendo el amor, viendo la tele, riéndote, orando, estudiando, en lo que hacemos rutinariamente y que vemos como normal, puede estar escondida la muerte. Todo en nuestras vidas supone altos riesgos, amenazas ocultas o visibles. Entonces, ¿qué clase de vida es la que nos han dado? Vivir en el continuo temor por nuestro diario actuar, por no conocer lo que nos depara el próximo día, por no saber qué ocurrirá con nosotros después de la muerte. Las circunstancias apabullan y nos obligan a inventar dioses, fetiches, oraciones, cultos que nos protejan. Luego de crear esos dioses nos nace otro temor a su ira en caso de no rendirle el culto eterno. ¡Definitivamente estamos jodidos! Estas últimas semanas he soñando mucho con personas, lugares y situaciones de mi país y luego durante el día esas mismas imágenes se vuelven completamente nítidas, como si realmente los estuviera viendo, casi logro conversar con ellos, hacía largo tiempo que no me ocurría pero han vuelto, temo que me pueda estar volviendo cada día más loco.

*Domingo 31 de mayo 2008 En mi lote de San Antonio-Texas.* Son las nueve y cincuenta de la noche, a ésta hora estoy deprimido, irritable, molesto, amargado, sin razón aparente, no debiera ser así porque las cosas en mi entorno familiar no andan del todo mal, puedo hasta atreverme a decir que están bien; es mi maldito espíritu, mi desquiciada mente que me atormentan a diario, no logro salir del hoyo profundo y oscuro en el cual me encuentro. Lo peor es que le hago la vida "de agujitas", insoportable, a mis hijos y esposa que son los que comparten sus vidas conmigo, los veo como estorbos, culpables de lo que me está ocurriendo, responsables de ser la carga que no puedo soportar, los que me han quitado mi libertad, esclavizándome, amarrándome a ellos indisolublemente. No veo la manera ni el momento de irme lejos, solo, a recorrer el mundo, hacer lo que me plazca hasta que me llegue la muerte en cualquier rincón del planeta.

Permanezco alicaído emocional y espiritualmente, necesito y debo hacer algo pronto de lo contrario temo un desenlace fatal. Quisiera invocar a alguien, a un ser poderoso, omnímodo, entregarle mi alma a cambio; no como hacen muchos que llegan hasta vender el alma al mismísimo demonio a cambio conseguir salud, dinero y mujeres. Deseo más bien ocupar mi espíritu con alguna actividad, la oración, contemplación, visualización de cualquier cosa que conceda un poco de reposo y tranquilidad a mi alma. En estos días estoy demasiado reacio, protestatario, inconforme con todo lo que supone la vida, el amargo mundo; procuro resignarme a ésta cochina vida sin ningún tipo de reclamo a nadie, no renegar de mi origen, de estar aquí, dejar de ser blasfemo, aceptar de la manera más simple y sencilla la "arrastradencia" llamada vida, tal como es y ya. El planeta no va cambiar, no va a mejorar, seguirá siendo siempre lo mismo aunque transcurran miles de siglos. Me gustaría pasar un solo día de mi vida sereno, sin altibajos, no pensar en ningún dios, ni para bien ni para mal, no sentir el continuo temor al castigo divino. Dios no pudo haber creado un ser tan imperfecto y problemático como yo, no hay una razón lógica para haberlo hecho. Solo quiero vivir un día sin enardecerme por lo que supone vivir con la gente que lo habita, un día que transcurra sin que mi mente ande vagando por aquí y por allá, recordando pasajes y experiencias perturbadoras del pasado. No quiero pensar más, rememorar épocas pasadas, estoy harto de ello. ¿Qué debo hacer para lograr tener un solo día sin ningún roce con nadie, ni física ni mentalmente, día en que mi pensamiento no traiga nada a mi vida presente? No quiero seguir recordando toda la basura que supuso el vivir. ¿Cómo lograrlo? Solo quiero un día de paz. El pasado es asqueroso, la gente que he conocido son un asco, sin valores, sin norte, son animales con ropa. La selva en que me tocó vivir es despreciable y sucia, pero no puedo salir de ella, peor aún, aumenté el número de bestias en su interior al traer sin querer o por ignorancia muchos hijos, seres inocentes a quienes ahora les tocarán inevitablemente un camino plagado de sufrimientos. Estando sanos y fuertes tienen grandes problemas para salir adelante, en caso de tener mala salud o algún defecto congénito la cuestión es peor. Muy tarde vine a darme cuenta de la inmensa responsabilidad que ello supone; la vida se me ha ido en cometer errores, pendejadas y locuras. Destino funesto en que me ha correspondido, quisiera dormir, dormir y no despertar jamás, no le consigo sentido a nada de esto. ¿Porqué? Mientras miles viven serenamente libres de tormentos, sin tribulaciones, solo comen, cagan, mean y ya. No piensan en nada más. ¿Por qué no puedo hacer lo mismo? Dicen que es de idiotas hacerse la pregunta. ¡Seguro que sí!

*San Antonio Tx. Junio primero del 2008.* Distingo fríamente el concepto final que se ha venido forjando dentro de mí respecto de la mujer y observo que desde niños nos inculcan a respetarlas, cuidarlas, amarlas y nunca hacerles daño; a la madre profesarle un amor casi sublime, a las hembras de la familia, tías, primas, abuelas, hermanas verlas con admiración, reverencia, obediencia. Al ir dejando atrás la adolescencia nos vamos enterando de "ciertas cosillas" en el pasado y presente de cada una de ellas, historia no muy santas que al oírlas nos hieren, ofenden y cuesta creerlas. Pero despierta ya la curiosidad comienza las indagaciones y comprobamos la amarga y dura verdad que casi siempre tiene que ver con una conducta sexual promiscua, embarazos extemporáneos o no deseados, drogas, hurtos, peleas, discusiones, problemas familiares graves. El velo comienza a romperse y con él cae el mito que sobre ellas creamos y manteníamos en nuestra mente de niños. Es duro enterarse de cosas malas en el pasado de nuestros seres queridos y peor cuando se trata de la vida de nuestras mujeres. Probablemente debido a una particular condición que siendo impúber ya andaba inmiscuyéndome, curioseando para saciar mi curiosidad familiar o quizás por gozar de una inteligencia aguda para observar y detallar a las personas, mi madre decidió primero alejarme de ella enviándome con mi padre a las lejanas tierras de Guayana y luego él para desembarazarse de mí, encerrándome en un colegio de curas por largo tiempo. El asunto a mi entender era alejarme de la verdad, ocultarme cosas que tenían que ver con su proceder y el pasado familiar. De todas maneras por mucho que pretendieron alejarme me daba cuenta de ciertas conductas sospechosas en cuanto al aspecto erótico se refería. Mi padre que ya rondaba los setenta era un descarado y consumado mujeriego que no escatimaba oportunidad para llevar mujeres jóvenes a la cama. Su amor era práctico, mecánico, físico, nada de romanticismo ni palabrerías. De mi madre por haber sido de joven una mujer bonita siempre anduvo asediada por hombres que de seguro pretendían sus favores, muchos de los cuales eran extranjeros "amigos" de mi padre o colegas. Debido a sus prolongadas ausencias me asalta la duda si mi madre supo serle fiel. Yo la celaba como una fiera, nunca llegué a verla en franca relación con otro hombre, pero no se me olvidan los cruces de mirada, gestos que no pasaron desapercibidos y que con el tiempo llegué a practicarlos y saber de sus consecuencias. Mis actuales pretensiones con las mujeres que me atraen se asientan en esos mismos gestos, miradas cómplices que utilizaron otros hombres con mi madre, hermanas, tías e incluso con algunas de mis mujeres.

    Con la adolescencia la opinión que habría de tener sobre las mujeres ya estaba formada. Con cada año que pasaba me hacía cada vez mejor husmeador respecto de la conducta de las mujeres cercanas; vigilaba sus movimientos, era una especie de juego con un tinte íntimo. Cuando leo en cientos de revista opiniones de quienes ven en la mujer simplemente "un objeto sexual", yo me ubico entre ellos. Abrimos cualquier revista, vemos programas femeninos en tv, oiremos estas frases una y otra vez: "las mujeres no queremos que los hombres nos entiendan solo que nos amen". Pienso que el amor entre un hombre y una mujer que no sean parientes muy cercanos, debe forzosamente pasar por el sexo, si no, es otra cosa. No quiero embarullar esto con la tal sana y desinteresada amistad que al final terminan en la cama. Me cuesta disociar lo sexual de la mujer, pretender ver en ellas de forma real valores morales, sociales, espirituales, artísticos, científicos, sin relación con el sexo para mí es poco menos que imposible, no logro ver en ellas otro contenido; pueden ser inteligentes, profesionales, beatas, santas, respetuosas, licenciosas, pero por sobre todo ello veo sexo y el inmenso poder de procreación de que fueron dotadas por la naturaleza junto al el vigor que tienen para dominarnos. Es todo. Para cuando llegas a los treinta como en mi caso ya se tiene adquirido suficiente experiencia y piensas que todas las mujeres son poco menos que objetos de placer. No importa de quien se trate ya la duda, el temor a la traición se han anidado en tu ser y va a ser muy difícil desterrarlo. Lo más ingrato es comprobar por mano propia lo fácil, susceptible y débil que son las mujeres para derrumbarse en aras del acto carnal. Las he conocido inteligentes, torpes, profesionales, prostitutas, santurronas, amargadas, hoscas, rabiosas, dulces, de mal carácter, ricas, pobres, nobles, plebeyas, gordas, flacas, de distintos credos y colores, puedo jurar que de un extremo a otro de los grupos, ninguna ha presentado un reto, un serio obstáculo a la hora de conceder sus favores. Quisiera antes de morir llegar a conocer una mujer que no caiga ante el placer de la carne, que soporte los requiebros, adulaciones, manoseos, besos, arrumacos sin tener que abrir las piernas. No es presunción sino más bien decepción, desconcierto ante lo vivido porque de allí es donde nace mi actual condición de desconfianza hacia todas las mujeres que me rodean. Tengo varias hijas hermosas, las amo y respeto por sobre todas las cosas pero no dejo de ver en ellas una fuente de dolores de cabeza, de sufrimientos para cuando se inicien en las lides del amor, tanto para ellas como para su pareja. Por muy bien que las hayan educado en la escuela, casa, la iglesia, me resulta inevitable pensar que al final son mujeres destinadas a sembrar dudas fundadas o no, desconfianza en el terreno sexual y amoroso. Quizás sea por el ambiente machista y troglodita en que me criaron, pero es lo que hay, es lo que tengo. He vivido durante muchos años fuera, en países tenidos por avanzados, liberales, pero no he logrado cambiar la forma de ver esos animalitos de cabellos largos, boquita rosada y hermosas curvas llamados mujer. Provengo de una sociedad en transición donde no se juzga con dureza la conducta osada o licenciosa de la mujer. Sus errores promiscuos se los atribuyen a las condiciones socioculturales de la época, maltratos de su pareja, falta de un padre protector, hambre, machismo, hijos sin padre, servilismo, pobreza e ignorancia de que fueron y son víctimas. Es probable que sea cierto pero ¿en cual sociedad del mundo conocido la mujer no ha sido tratada como un simple objeto sexual y usada para la crianza de los hijos y labores del hogar? Pertenezco a una extensa familia donde a pesar de los valores anticuados y restringidos de la época, las mujeres eran bastante "liberales". Mis ancestros femeninos por la rama materna mantuvieron a lo largo de sus vidas varios maridos y amantes de los que nacieron muchos hijos, varios de los cuales las sobreviven. Por el ramal paterno no las conocí por ser italianas, pero nada me extrañaría que fueran promiscuas. Mi abuela materna en particular dejó una rara estela en mi vida. No vivía con nosotros y para cuando la conocí ya era adolescente. Me impresionó por su carácter alegre, festivo. Como tuvo nueve hijas nunca le faltaron visitas masculinas a su casa e invitaciones a montón, ella era la primera en asistir y sin lugar a dudas el alma de las fiestas. Jugaba al dómino, cartas, a las adivinanzas, contaba chistes, historias amenas y permanecía despierta hasta casi el amanecer. Gozó de buena salud salvo una que otra cirugía propia de las mujeres a cierta edad. Transcurrido el tiempo fui notando un paulatino cambio en su vida. Tal como fue de incansable para las fiestas ahora le dio por rezar; primero lo hacía por ratos, luego horas enteras, hasta llegar a consumirle gran parte de su vida. Misa en la mañana, leer la biblia durante el día, oraciones, rosario por las noches. No me explicaba tan drástico cambio. Fue cuando la muerte se le acercaba que por boca de alguna hija disgustada, un yerno maledicente o viejas chismosas cercanas a ella, me fui enterando de pasadas historias que comprometían su buen nombre. Quizás era su torcido pasado lo que la atacaba inmisericorde, el arrepentimiento por los errores cometidos, el miedo a la cercana muerte. No lo sé. Sin haber poseído una gran belleza física tenía el poder de la sensualidad a flor de piel lo que la llevó a brazos de varios amantes de buena condición social y económica. Nunca se enredó con "pelados", supo escoger entre pudientes a quienes les parió hijos. Cada padrastro recién llegado iba soportando la carga del anterior. De esa manera hizo su vida sin grandes complicaciones ni carencias hasta enviudar del último cuando la vejez asomaba. ¡Entonces paró! Ya no se le conocieron otros maridos, al menos de manera pública.

El asunto se transforma en problema en la medida en que yo he desenvuelto mi vida entera muy ligada a las mujeres. No hay etapa en mi existencia en que no aparezca la figura decisiva de una de ellas, A partir de la adolescencia cuando se va adquiriendo cierta libertad para escoger a cual acercas y cual rechazas, ellas, de alguna forma van tomando el control. Es inevitable, fueron creadas con ese propósito. Nunca me agradó complicarme la vida con señoras casadas, las evité hasta el máximo. Prefiero las amenazas o persecuciones de un padre, hermano o pariente cuidadoso de la honra familiar al odio de un marido celoso. Comprendo que una rabia contra alguien que está sosteniendo relaciones con una de mis hijas es menor, muy diferente a la que sentiría si fuese con mi esposa. Nunca le he conseguido un razonamiento lógico a tal conducta. ¿Porqué he de cuidar más el sexo de una desconocida que he incorporado a mi cama que el de mi propia sangre?, ¿orgullo?, ¿amores diferentes?, ¿celos enfermizos? Ni siquiera los que se denominan especialistas, médicos o científicos dan una razón convincente. Ya ese tema pasó para mí al campo de los misterios.

Pronto alcanzaré los sesenta y un años de dar traspiés en este mundo gorrino. De todas mis vivencias, hice una que nunca debí: Analizar la razón de mi existencia. Desgraciadamente cometí el error y ya no puedo hacer nada al respecto. De tan largo examen puedo concluir dolorosamente que aparte de los rollos existenciales y las dudas religiosas, los dos grandes problemas que siempre he tenido, son mi temperamento depresivo y las mujeres. El primero lo traigo sin saber de dónde viene ni que lo produjo, el segundo debido a la terrible atracción que experimento hacia ellas aún sabiendo que con su contacto pierdo el derecho de redimirme, a ser libre e inevitablemente caigo en sus diabólicas redes. Algunas me han ayudado grandemente a sortear momentos de angustia, soledad, crisis interiores, aunque con el transcurso del tiempo serán ellas mismas quienes provoquen de nuevo el mal que ayudaron a curar. Otras simplemente entraron en mi vida al rompe solo para traer desgracias. Es lo que llaman la negra mano del destino. Afirmar que no he pasado momentos sublimes en su compañía seria una idiotez de mi parte; viajar, comer, departir, jugar, intimar, procrear, disfrutar del momento junto a la mujer que amas es una experiencia extraordinaria, como también lo será el día que le provoque mandarte al carajo sin importarle nada de lo que te ocurra.

En el campo donde nací hay una tradición que algunos hombres seguimos practicando aunque nos encontremos lejos del terruño sin afectar la condición social o económica, es un puro gesto de amor, de romanticismo. Se trata de cuando la mujer está embarazada, el marido se encarga de criar y engordar cuarenta hermosas gallinas para sacrificarlas una a una por cada día que dura la cuarentena o época de abstención sexual posterior al parto. El animal será cocido a gusto de la parturienta quien dispondrá de las piezas que le agraden, dejando lo demás para el resto de la familia o los visitantes que de seguro irán llegando. Son días de fiesta y regocijo ante la llegada del nuevo miembro. Dicho así parece asunto fácil pero no lo es, lo digo con sobrada experiencia. Desde que se adquieren los pollitos hasta la llegada de parto pueden transcurrir varios meses de la llamada "dulce espera". En ese ínterin pueden ocurrir muchas cosas. No vayamos a pensar en tragedias como que la madre o el bebé enfermaron y murieron, tuvieron un accidente, que el niño nació deforme, o con doce dedos en los pies, separación, nada de eso. Disgustos, discusiones, rabietas entre la pareja sí y con bastante frecuencia, sea primer parto o el quinto. Motivos sobran y los deseos de matar las gallinas y ponérselas de sombrero a la amada, también. Pero si las cosas transcurren con normalidad, se puede estar seguro que van a pasar juntos momentos de dicha y alegría inolvidables. Las parrandas no pararán después del nacimiento; música, bailes, comilonas, obsequios, marcarán la vida alejada de la rutina. Es bastante probable que en una de esas bebederas al marido en una noche lluviosa se olvide del calendario y en la familia vaya a haber miembros que en el mismo año celebren su natalicio. Son cosas que ocurren. Cuando algún hombre joven o maduro comenta fachendoso que el manda en su casa y en su vida, yo acostumbro preguntarle si vive solo, porque en caso contrario de estar conviviendo con una mujer, ese señor no es sino un mentiroso hablador de idioteces. Nosotros "voluntariamente" desde el momento en que amamos a una mujer y nos entregamos a ella perdemos toda la autonomía, la autodeterminación. Se dice que detrás de un gran hombre hay una gran mujer. Yo diría que delante de cualquier hombre, famoso, rico, poderoso, pobre, o miserable, hay una o varias mujeres no necesariamente grandes ni bellas. Solo mujer. Es suficiente.

*San Antonio Tx Julio primero 2008.* Últimamente percibo y me preocupa la pérdida de la pasión, la fogosidad, el cariño de mi esposa, eso no deja de molestarme, pero me estoy obligando a estudiar y entender que con los años el amor en la pareja tiende a morir, que es una estupidez de mi parte pretender que si antes, cuando éramos jóvenes hacíamos el amor tres, cuatro veces al día, hoy deba ser igual. Eso desearía yo, pero es imposible; demasiados elementos atentan contra ello. Al suspender la ingesta de *Cymablta* , la noto distinta y distante, no me interesa para nada, me da igual estar con ella que sin ella; hasta la conversación tan frecuente entre nosotros ya no me agrada, no sé por qué. Hoy la veo y siento a mi lado en mi cama como si fuera un bulto, un saco lleno de paja. Definitivamente mi mente es impredecible, pasa de una condición a otra en forma violenta, radical. Estoy envejeciendo y no me conozco; la faceta de hoy es la más sorpresiva de mi vida; cualquier cosa pude imaginar que pudiese ocurrir en mi relación con mi actual esposa menos ésta signada por el desapasionamiento, la sequedad, hastío, indiferencia, frialdad, ignorancia. Verla o no verla es lo mismo, entre comer con ella o sin ella prefiero lo segundo. Y lo más sorprende es que los celos tal como los sufría antes por ella jamás han vuelto. Pienso que si me es infiel, deja de querer o irrespetarme seria ahora como un buen negocio para mí, la considero como una socia en un negocio mutuo llamado familia, el cual debemos sostener, atender, hacer crecer. De allí no pasa. Así lo veo hoy. No sé que pasará mañana.

*Seffner Fl, Octubre 2008.* Recientemente tuve la oportunidad de conversar con mi hermano menor y expresarle la opinión acerca del medicamento *"Cymbalta"*, que me prescribió la psiquiatra en San Antonio, Texas y el cual tomé durante casi un año; le conté que se me había advertido de sus propiedades tranquilizantes, sacarme del mundo real y que me produciría disfunciones sexuales. Efectivamente, a partir del cuarto o quinto día de beber la pastilla, el mundo, su gente y sus problemas me importaban un comino. Problemas con la pareja, las deudas, tarjetas de crédito, hijos adolescentes, malos vecinos, desempleo, recesión, terrorismo, muerte de parientes y otros problemas, en nada me afectan. Podía estar el techo cayendo a pedazos mientras yo permanecía muy sereno, con esa sonrisa estúpida propia de los desquiciados mentales que nos produce los medicamentos de tal naturaleza. Mi hermano estaba perplejo al oír mis revelaciones, lo que no fue óbice para que comentara sarcásticamente que esa es la condición soñada por las mujeres para mantenernos en casa como un espantajo, mientras ellas, gozando de entera libertad y control de la situación se dan la gran vida en la calle. El campanazo fue como un certero aguijón a mi cerebro todavía adormecido. La mejor y peor parte de la historia fue cuando me tocó referirle los efectos colaterales sobre el sexo. No sé cuál es la razón pero jamás he padecido problemas de erección, se lo atribuyo a la genética familiar porque mi padre a los setenta y tantos años todavía mantenía a escondidas una que otra amante y por el lado materno las mujeres de la familia jóvenes o viejas son de sangre caliente para usar un eufemismo. No podía entonces salir echándole tierra a tan buen pedigrí. El problema se presentó con la eyaculación ya que lo normal en mí es que se produzca después de unos quince minutos si es que no prolongamos el acto con otros juegos, con "*Cymbalta*", sin juegos previos la eyaculación tarda más de una hora, terminaba agotado. No salía de la sorpresa. Muy distinta fue la reacción de mí médico de familia cuando le planteé el asunto y dijo muy lacónicamente, ¡Caramba! Usted es un gran inconforme, no lo puede tener todo a la vez. Ya no piensa en el suicidio, no agrede a los miembros de su familia, duerme mejor y los problemas ya no lo sobresaltan ni le preocupan. ¡Yo lo noto mucho mejor! Y con ese comentario dio por concluida la sesión. De forma que dentro de mi estado semi-catatónico o en el limbo como prefiero llamarlo, acepté sin protesta el razonamiento. Mi hermano —cuando le hice el comentario- quedó de una pieza. ¡Sorprendentes los psiquiatras! ¿No les parece?

*Seffner, Fl. Octubre del 2008.* Son las tres de la madrugada, desperté sobresaltado y no logro conciliar de nuevo el sueño. Llevo dos o tres noches acostándome melancólico, decepcionado de todo, pidiendo morir. Hace poco llegamos de Texas. Analizo una y otra vez mi vida y veo que lo tengo todo, incluso más de lo que merezco; mis bellos hijos, mi esposa, no hay preocupaciones económicas serias. Veo a otros vecinos en peores condiciones. Estos días hemos estado inquietos y preocupados ante la posibilidad de un embarazo de mi esposa, justo ahora cuando trato de buscar mayor libertad y menos responsabilidades, si se llegara a presentar un bebé en la familia sería la ocasión en que "el mono no carga a su hijo". La amenaza me tiene en ascuas. Yo que me siento culpable de haber traído tantos hijos a este cochino mundo sin consultarles, sigo trayendo más, la idea me altera y acrecienta mi sentimiento de culpa, de irresponsabilidad, de inconsciencia. La vida es una calamidad por donde se mire, me refiero a la vida del ser humano. Es triste pensar en nuestro destino, tan predecible, tan vacuo e insípidas nuestras vidas. La vida no es rica nada, por muchas vivencias y experiencias que se den, todo es un juego de niños jugado por adultos y viejos, nada tiene la importancia que le queremos dar.

Ayer fui a ver un lote para rentar e instalar mi negocio de soldadura. En el lugar había una venta de lanchas, botes, trailas, motores, el sueño de muchos, por dichas cosas damos la vida, trabajamos con denuedo, peleamos, discutimos, incluso sacrificamos nuestra paz y el descanso para comprarlas, comprobé que no son sino basura, bonita, pero basura y así con los carros de lujo, casas, muebles, ropas, zapatos, joyas, viajes, lujosos hoteles, manjares; por ellos damos nuestras vidas, nuestra sangre, maltratamos y hasta robamos al prójimo, se llega incluso al crimen por obtener lo que deseamos. No logramos caer en cuenta que todo es mugre y banalidad, nada de eso queda y nada te puedes llevar, ninguna cosa tiene tanto valor como para dedicarle un minuto de nuestras vidas. Pero somos ciegos. Nuestro inexorable camino es hacia la muerte, hacia el polvo, hacia donde nada de lo que hoy tenemos nos servirá. ¡Sé que es así! Por saberlo es que no quisiera traer más seres a ésta dura y desgraciada existencia. ¿Porqué he de traer una criatura que en estos momento pertenece a otro mundo mejor para vivir en ésta mierda que llamamos vida o mundo de los humanos? Es lo que me cuesta aceptar. Traer un niño a una existencia asquerosa es castigarlo, condenarlo; salvo que se piense que el mundo de donde el viene es peor que éste, cuestión difícil de creer. Y no son las molestias que me pueda ocasionar a lo largo de su vida lo que me preocupa, sino los sufrimientos, dolores, riesgos, accidentes que van a sucederle a lo largo de la existencia, es lo que incomoda. Lo que le espera es dolor, trabajo, llanto, decepción.

Engaño e ilusión, eso somos, en eso nos pasamos la existencia haciendo el papelazo de fatuos, vanidosos y falsos. Así nos imaginamos manejando un carro del año, vestidos con ropas caras y nuevas, joyas costosas, teléfonos de última generación, maquillajes, dinero en la bolsa, una joven y bonita mujer al lado, tarjetas de crédito y ¡vámonos! Quizás con un remolque y un yate de lujo, o con un doctorado en leyes o medicina. ¡Y dale pa'lante! Riéndonos, mirando a los demás de soslayo, por encima del hombro, generando envidia, despreciando a los demás, sintiéndonos dueños del universo. No nos damos cuenta que somos títeres, simples muñecos de barro y mierda transitando temporalmente por una sucia vida, corriendo en nuestro nuevo carro a través del tiempo, con un solo destino: La muerte, el anoréxico y feo personaje que nos espera con los brazos abiertos.

*Seffner, Fl. Diciembre del 2008.* No estoy bien, ha vuelto la melancolía y las lágrimas fáciles, cualquier cosa me conmueve, un libro, una frase, una película, extrema sensibilidad; afloran recuerdos de mi niñez que por añorarlos, me atormentan; lugares donde mi vida de niño transcurrió que no logro borrarlos aunque lo intento, por el contrario los recuerdos vuelven con mayor nitidez y frecuencia. Olores, sabores, imágenes, personas, ambiente, el clima, las madrugadas o los atardeceres, tiempo de sequia y de lluvia, época de siembra o de recolecta. Las despedidas de mi padre, la carretera polvorienta arremolinada tras el paso del vehículo que se alejaba de nuestro hogar y de nuestras vidas. La sensación de soledad, de orfandad; es algo horrible, que duele hoy peor que hace cincuenta años atrás. No lo comprendo. Estar junto a mis hermanos en el patio al fondo de la casa debajo de algunos árboles que nos daban sombra en nuestros ratos de ocio, de juegos campesinos con objetos humildes fabricados por nosotros mismos o con la ayuda de un obrero diestro. La zaranda, el trompo de palo de guayaba, el papagayo con hojillas en la cola, metras ya descascaradas y descoloridas de tanto uso. Corríamos hacia una pequeña loma abandonando el juego y desde donde divisaríamos por última vez el paso del vehículo alejándose y que transportaba a nuestro padre; daba una pronunciada curva para perderse entre los cerros y tomar la carretera que lo conduciría a la lejana ciudad. No teníamos noción del tiempo, los niños carecen de ella, no miden los días o las horas por las manecillas del reloj sino por las angustias y punzadas de dolor que se sienten con la despedida, con la ausencia. Para un niño alejarse de su madre o de su padre por unos minutos significa tanto como si fuese por un año. La intensidad del dolor es la misma. Hoy esos recuerdos llegan convertidos en dolor, tristeza, desasosiego sin poder apartarlos o borrarlos. No me consuela pensar saber de otros que lo han pasado peor. Huérfanos, sin hogar, familia ni amigos, sin comida, seres que nunca conocieron a su madre, simplemente los dejaron abandonado en plena calle o en un basurero. ¿Qué pensarán de la vida estas personas? Si yo que lo tuve casi todo maldigo la existencia a cada momento. Algunos de estos pobres desgraciados crecen y son felices, al menos es lo que simulan, pareciera como si no recordaran nada de su vida pasada, sus angustias, hambre, vejámenes. Y si los recuerdan no se alteran. Yo en cambio estoy jodido. Tengo una memoria de elefante que incansablemente trae recuerdos e imágenes perturbadores. Soy un inconforme y me rebelo contra esa vida que me dieron, no aprendo a aceptar las cosas tal como ocurrieron y como son en la actualidad. Simplemente no puedo. ¿Qué debo hacer?

*Seffner Fl. Diciembre del 2008.* Mirando el pasado considero que mi vida desde los cinco o seis años en adelante fue y es una secuencia de interminables errores. Todavía hoy a cada momento que tengo contacto social sigo cayendo y cometiendo faltas, aunque aquí en Estados Unidos lo haya reducido al mínimo. Veo como una opción real alejarme, retirarme a hacer una vida de ermitaño, donde la relación con otros humanos se reduzca a cero. Soy de la idea que desde el momento que se es consciente de lo que se hace, quizá desde los cinco años, todas las fases del desarrollo están llenas de malas experiencias, errores, decepciones, sinsabores e incomodidades. No me gusta utilizar la frase crecimiento porque no creo haber crecido nada como ser humano, muy por el contrario, con cada día que pasa me hago más viejo y torpe, me acerco a la muerte por lo que me parece una sonora estupidez decir que he crecido y aprendido mucho para ir a morir. Acciones, juegos, travesuras, castigos, ignorancia, desconocimiento, inexperiencia. Prepararnos para vivir, mantenernos saludables y productivos es una tarea titánica. Desde amamantarse, aprender a comer, toser, vomitar, evacuar, respirar, caminar requiere de esfuerzo, trabajo, molestias, sufrimientos, decepción. Mi hija Sara de dieciséis años nunca había sufrido de vómitos. Recién a los diez años lo hizo y nos causó estupor porque para hacerlo debía tenderse a lo largo en el piso; estando de pie o sentada por muchos esfuerzos que hacía no lo lograba. Eso hay que aprenderlo, con lo desagradable que supone regurgitar un alimento.

Tener sexo, beber vino, comer manjares, consumir drogas estimulantes o alucinógenos, bailar, nadar en una hermosa playa, jugar con una pelota, manejar un auto, un yate, viajar en barco, en avión, ir de comprar, pasear, cantar, etcétera, todo supone trabajo, esfuerzo, cansancio, agotamiento, decepción. Nada produce un placer o disfrute que perdure por un tiempo considerable, muchos menos permanente. La repetición de un acto muy grato conlleva a que se cumpla la ley de la satisfacción decreciente. Todo es corto, efímero y salvo la búsqueda de la satisfacción de las necesidades vitales, el resto trae consecuencia casi siempre desagradables. He recorrido mansiones coloniales en el sur y el este de los Estados Unidos y Brasil y rememoro el esplendor en la época del yugo y el vasallaje.

Hoy en día la mayoría esas casonas están destruidas o reedificadas y son solo testigos de un triste pasado para los esclavos y de una vida de glamur y esplendor para sus dueños.

La doble cara de cualquier condición marca la existencia. Notemos como el gran placer del matrimonio no es la luna de miel, sino el divorcio. Una larga noche de juerga cuesta luego un par de días de malestar debido a la resaca, arrepentimiento por alguna metida de pata, sobrevenir alguna enfermedad por los excesos y hasta la misma muerte. Todas las acciones humanas están ensombrecidas por la tragedia, el dolor y la muerte. Emprender cualquier empresa, acto simple o grande sin contar con esos elementos es hacer el papel de zoquete. No hay salud perfecta ni días completamente bellos, ni hijos agradecidos, ni climas maravillosos, todo puede cambiar en cuestión de segundos. ¡Ay de los que creen que serán ricos o poderosos durante todas sus vidas! Un soplo de viento y se invierten los papeles. Hay quienes dicen que no hay que pensar en lo malo que nos puede ocurrir porque eso nos impedirá vivir en paz y disfrutar de lo bello de la vida. Yo creo que se piense o no, analices o no la acción, ello no evitará que suceda lo que debe suceder. Se dé un conocido quien estando en la ciudad de Pamplona, España, lo invitaron a participar en la famosa fiesta de los sanfermines. Como es gringo pensó racionalmente en los riesgos que supone correr detrás o delante de un rebaño de bravíos toros, el peligro es similar porque te embisten los toros o te atropella la multitud de borrachos que corren alocadamente tras ellos. Decidió no ir y amablemente rechazo la invitación. Buscó una alegre y acogedora tasca desde donde podría disfrutar del espectáculo, pero eso sí, muy bien resguardado. Tomaba su quinta copa de un fino jerez cuando uno de los embravecidos toros saltó por la ventana del bar, corneando, coceando, destruyendo todo a su paso y llegar hasta donde estaba mi amigo, le atacó aplastándolo contra la barra rompiéndole varias costillas amén de otros traumatismos. Se salvó de purito milagro. ¿Qué factor extraño intervino en éste suceso?, ¿destino, mala suerte?. Lo mejor es lo que sucede, dirían algunos; si no era eso, algo peor hubiera le hubiera ocurrido dirían otros. ¿Y si se hubiera quedado en su casa?, ¿estaría allí seguro?

También me duele recordar y contar la terrible experiencia que le tocó vivir a un amigo de orígen Italiano cuya familia integrada por miembros de connotada condición social y profesional, además de ser muy buenos trabajadores del campo y la ganadería, habían logrado acumular una considerable fortuna. Estaban un día cenando gratamente en familia cuando su hijita de cuatro años que comía un trozo de pollo asado se atragantó con un hueso. En la desesperación del momento hicieron lo imposible por hacerla respirar. Si alguien ha pasado por uno de esos ratos tan probables y comunes en la vida de nuestros hijos, sabe lo que supone. En casa nada les funcionó, la niña cambió de color y perdió el conocimiento. Con la urgencia del caso la llevaron al hospital más cercano donde llegó aún con signos vitales. El médico de turno al parecer no hizo lo que debió hacer y la niña murió por asfixia. ¿Qué ocurrió aquí?, ¿quién corrió con suerte y quién con desgracia?, ¿La niña, porque es probable que al morir tan joven se evitó peores vivencias en el futuro, o sería que el padre merecía un castigo?, ¿el médico por incompetente?, ¿la madre por preparar pollo asado?, ¿qué razones hay para estar dando las gracias por la vida que caprichosamente se nos dio y si en el momento menos pensado inconsultamente la perdemos?, ¿es mejor agradecer la muerte o la vida? Honestamente no conozco a alguien a quien le agrade el ciclo de nacer, aumentar de peso y tamaño para después morir, porque solo en eso consiste la tal vida. Resignación o suicidio son las únicas opciones que tiene el ser humano, aceptar que lo pusieron en éste planeta para devorarlo y destruirlo, luego de unos cuantos años en esa función, morir, pudrirse y servir de alimento

## Capítulo XXIX

*Plant City, viernes 10 de julio 2009*. Desde hace un par de semanas aparte de la depresión he estado padeciendo de dolorosos y frecuentes calambres en las piernas que por las madrugadas me hacen gemir de dolor unidos a la sensación de mareo y dolores en el pecho, no sé a que atribuirlo porque llevo varios días sin hacer ejercicios ni esfuerzo alguno que pudieran causarlo. De verdad que quisiera desaparecer de éste infausto mundo de una vez por todas, no consigo nada que me anime a seguir adelante, iniciar un negocio, hacer algo; el panorama es sombrío, los días y noches se me hacen interminables. Estos meses de verano son insoportables, no cesa de llover y cuando lo hace es para que se levante una humedad inaguantable que dura varios días enmoheciéndolo todo. Un cuarto fuera de la casa que me sirve de oficina ha sido invadido por una fea capa de moho verdoso que cubre mis libros, sombreros, maletines, zapatos, debo airearlos si no quiero perderlos. La lluvia tampoco me permite hacer alguna actividad manual que me distraiga por lo que debo permanecer dentro de la casa con el aire acondicionado al máximo. El tiempo corre lento sin conseguir la manera de "matarlo", estoy harto de la televisión, leer, escribir, cocinar, me aburro, me desespero. Me recuerda los inviernos de mi pueblo que hasta los sapos se ahogaban. Venir al universo a morir de hastío es una pérdida de energía, de materia concentrada en un estúpido cuerpo. No creo que haya un dios creador de muñecos tan imperfectos, torpes y desgraciados como nosotros. Prefiero pensar en que somos producto de una explosión llamada evolución donde nada está programado y un loco destino rige nuestras vidas hasta que los órganos, víctimas del desgaste se agoten y mueran. No tenemos una duración precisa en el tiempo, no todos morimos a la misma edad, para ello están las enfermedades, pestes, tragedias, accidentes, guerras, suicidios, que conforman la ruleta, el azar que ponen fin a nuestros cuerpos físicos y transformarnos en tierra. Es todo, no hay más. Quizás nuestro cerebro ha ganado en evolución a nuestro cuerpo haciéndonos más desgraciados y aprender a preguntarnos, ¿de dónde vinimos?, ¿qué hacemos aquí, hacia donde vamos? Ninguna tiene respuesta cierta, solo hacemos conjeturas a través de las religiones, de la filosofía y nos hace infelices. El desarrollo de nuestro cerebro solo ha servido para llenarnos de dudas, recuerdo y erráticos pensamientos.

*Seffner, Fl. Diciembre 2009.* Cuando pasamos a integrar el grupo de personas que padece depresión sabemos que navegaremos en un mar desconocido donde ni siquiera el mal está suficientemente claro y definido como para llamarle enfermedad. ¿Que es entonces? No se sabe. Para no seguir machacando lo conceptual que ya sabemos es tarea imposible, vayamos a los síntomas, efectos y consecuencias en la vida del paciente y de su mundo. Acudimos al médico buscando cura a la enfermedad, tampoco la hay. Simplemente se hace una evaluación clínica; si la persona acumula en su accionar diario más de tres o cuatro síntomas previamente tabulados durante cierto espacio de tiempo se le define como depresivo leve, medio o crónico. Y de allí se prescriben las famosas pastillitas.

–¿Pero que es lo que tengo doctor? Es la repetida pregunta del paciente seguida de la larguísima y eterna respuesta que da de comer a los miles de especialistas de la mente:

–Usted padece de *&%#@+)^#!!<>,,{}.

–¿Y de qué me vino eso, qué me lo produjo? Inquiere el enfermo acongojado.

Arrellanándose en su sillón, adoptando una postura seria, como si fuera a dictar una grave sentencia. Espeta:

–La buena y la mala vida que ha llevado, los excesos y las carencias, los maltratos en su infancia, el excesivo amor, la influencia familiar, la mala leche, la herencia, el medio ambiente, las malas amistades, los vicios y pecados, las peleas con su esposa, el vecino, el jefe, los hijos, la comida, la bebida, la religión y otras cosillas que ya averiguaremos con los test que aplicaremos en breve.

–¿Y me curaré pronto?

–¡No! Lo que usted sufre jamás se le quitará. Podemos controlarla con medicación para que vaya tirando y no se cuelgue del dintel, un árbol, se lance al rio o descerraje un disparo en la sien. Por su parte deberá poner mucho empeño en controlarse y aprender a convivir con el mal.

Con semejante diagnóstico abandonamos la consulta llenos de dudas y pesadumbres, unas recetas en la mano y menos dinero en la bolsa. En las subsiguientes visitas ya dopado, caminando casi a rastras, con una sonrisa idiota en los labios hay quienes aún tenemos fuerza para preguntar si algún día volveremos a nuestra vida normal. ¿Cuándo dejaré de tomar las pastillas doctor? ¡No lo sabemos! Todo depende de su estado. Debo primero hablar con sus familiares para conocer su opinión. Pero creo que usted todavía no está listo. Corremos el riesgo de una recaída con fatales consecuencias. Vienen las fiestas navideñas, doctor. ¿Podré beberme unos tragos en Nochebuena para alegrarme un poco? Pero ¿Cómo se le ocurre? Si quiere alegrarse cante, baile, salte, ¡pero de alcohol, nada! Grita removiéndose en el sillón. Y de esa manera seguimos tragando las benditas pildoritas moradas meses tras meses hasta que nos hacemos absolutamente dependientes de ellas. Ya no hay vuelta atrás. Acudimos a la consulta solo para que cada cierto tiempo nos aumenten la dosis. He comenzado tratamientos con dosis de 0.5 mg al día hasta llegar a 10 mg en el mismo tiempo. En otros me inicié con 10mg. y llegué a 60mg. en cuatro meses. En arranques de lucidez y extremo valor decidí por cuenta propia, corriendo los terribles riesgos anunciados parar de beberlas y regresar al sucio mundo conocido. Reconozco que pudo ser un error con lamentables consecuencias, pero un preso siempre debe tratar de escapar de su celda y es lo que somos cuando entra se en el mundo de los antidepresivos y de las drogas medicadas. Quisiera que alguien me dijera lo contrario, que me convenciera de que estoy equivocado, pero sé que nadie lo hará porque me asiste la razón. Y no me gusta tenerla.

*Plant City, Fl, Diciembre del 2009.* He querido recomenzar a escribir y organizar lo escrito desde que llegué a los Estados unidos hace cinco años pero entre una cosa y otra lo he ido retrasando. Creo llegado el momento. Estoy ahora de regreso del último viaje que hice a Barranquilla, Colombia. Desde Tampa viajé a Miami por tierra y de allí un vuelo de casi tres horas a la hermosa costa atlántica colombiana. Advertía cierto temor y angustia tanto por lo que vería como de las emociones que experimentaría ante mi familia luego de tan prolongada ausencia y por ver de nuevo los lugares que llenaron mi vida durante largos e intensos años. El ambiente del aeropuerto costeño y de la ciudad es tan semejante a lo nuestro que fácilmente se confundirían : el color de la piel de la gente, la manera de hablar y tratar, sin ambages ni respeto, casi todo lo dicen a gritos, los piropos y frases groseras a las damas sin importar la edad o condición, el colorido de las calles, la música vallenata a todo volumen, transeúntes por todos lados, bicicletas, motos, carros destartalados engalletados entre modelos nuevos, los ciclo-taxis, modalidad que ya no es exclusiva de los asiáticos, los triciclos movidos por sangre humana o carromatos tirados por burros o caballos cansados y tristes. Aquello es un verdadero caos lleno de vida y colorido. Subí a un taxi para que me condujera hasta la terminal de buses o carritos que viajan hacia Maicao en La Goajira. Serían las cinco de la tarde y ya comenzaba a oscurecer, recién había llovido y las calles estaban encharcadas con un calor vaporoso, sofocante y hediondo. Varios negros con unos carteloncitos en la mano anunciaban diversos destinos y tan pronto veían llegar un taxi se le abalanzaban como pirañas. Yo no escape ante aquel enjambre de ojos, bocas, gritos y gestos; casi sin darme cuenta me encontraba atapuzado en una camionetita tipo van entre otros impávidos pasajeros que miraban sin mirar, abstraídos en sus pensamientos, no faltaba alguna persona solitaria "tecleando su celular" y de repente soltar un grito o desternillarse de risa ante cualquier ocurrencia de su interlocutor. Debe ser por la edad pero ese ejercicio de la comunicación no termina por agradarme. Siguiendo con mi relato, el chofer llenaba el carro con tal cantidad de maletas y cajas que se hizo necesario habilitar la parrillera superior cubriendo todo el equipaje con un gran plástico de dudoso origen y con ayuda de otros negritos procedieron a amarrar fuertemente la carga, presagio de que el viaje que nos esperaba no iba a ser muy placentero ni seguro. Los borrachos, prostitutas, vagabundos, la música estruendosa que no cesó en ningún momento desde que bajé de avión hasta llegar a M*. Gentes de toda clase deambulaban por doquier; los asaderos de pollo, carnes, fritangas, estaban en su apogeo y el hambriento público se aglomeraban a su alrededor, unos solo para mirar las apetitosas presas doradas, otros mendigando y pocos devorando su porción. Vendedores de refrescos caseros de llamativos colores hechos con aguas de recelosa procedencia y vaciados en grandes frascos con hielo. Estuve tentado de pedir uno que tenía grandes trozos de piña pero recordé los consejos de amigos sobre los efectos estomacales que se producen cuando has dejado de beber aguas de tu país durante años. Desistí y preferí fumarme un cigarrillo saliendo del auto, arriesgándome a ser víctima de cualquier atracador, porque es el miedo que uno lleva y que lo acompañará durante todo el viaje. Ya oscureciendo por fin el carro arranca casi atropellando a los transeúntes que se lanzan y atraviesan como si creyeran que esos trastos rodantes fuesen de algodón. Sorteando obstáculos inimaginables fuimos dejando atrás el centro de la ciudad y apareciendo barrios con sus casas pobres, fabricadas con lo que se puede, niños jugando y corriendo entre los charcos y la basura, siempre sonrientes. Algo para mi imborrable fue ver la alegría a flor de piel del costeño. No importa su condición física o económica, siempre tiene la risa fácil, agradable, sonora; de algún lado saca el chiste, el doble sentido, el cuento, la crítica y todos participan con gracia y desparpajo.

En los Estados Unidos nosotros dejamos de reír, nos olvidamos de ser alegres, de disfrutar de nuestra familia, de nuestras fiestas. Nos vamos amargando día a día sin saber porqué. Podemos tener buen trabajo, dinero de sobra, casa de lujo, dos o tres carros, yates, muebles caros, pero somos infelices, ceño fruncido como los estíticos, dejamos de ser alegres y festivos para transformarnos en amargados, violentos, agresivos con nuestras mujeres e hijos. ¡No sé que carajo es lo que nos pasa! Sin lugar a dudas que la cultura, idiosincrasia, temperamento, leyes, aparato represivo, son absolutamente distintas a las nuestras. Casi resulta increíble que estando en el mismo continente, separados por una ligera frontera haya tantas diferencias; ver como ellos ostentan el poder, la riqueza, el trabajo y nosotros la miseria, el servilismo y la holgazanería. Pienso que los Estados Unidos jamás dejará de ser la primera potencia mundial, no tanto por su poderío militar sino por la capacidad de trabajar y producir que tienen sus habitantes. Nacionales o extranjeros están enfocados en esas metas. Los primeros porque se las inculcaron desde siglos atrás al fundar la nueva nación y los segundos porque si quieren permanecer en el país, deben agarrar el ritmo o marcharse. Ningún otro país en el orbe tiene las características del pueblo norteamericano lo que hace que sean odiados, despreciados o atacados por muchos. El detalle es que a diario dan muestras al mundo de avanzar, superar dificultades, trabajar incansablemente, ofrecer seguridad, libertad y justicia a quienes viven bajo su bandera. Estrictas son sus leyes al atacar flagelos sociales tan graves como la discriminación o el racismo, tarea difícil pero la enfrentan con decisión. Muy distinto a los países europeos o el resto del mundo civilizado donde segregar es una manera de ser, es cultural. Sería una torpeza dejar de reconocerlo.

No puedo dejar de referir una triste experiencia que viví junto a mi familia en un parquecito a orillas de la carretera que conduce de Belle Glade a Pahokee en el Estado de la Florida. Eran horas del mediodía de un domingo a comienzos de verano del 2004; nos habíamos detenido en aquel parque para darles soltura a los niños y aprovechar los adultos de tomarnos un trago de whisky. Me serví un buen vaso y me tiré al suelo, lo mismo hicieron otros. Al poco rato llegó una camioneta bastante nueva de donde se apearon unas seis personas, entre ellos tres adolescentes; se dispersaron por el parque, pero el conductor y jefe de familia se acercó a nosotros para presentarse, luego de los saludos de rigor le ofrecimos un trago que gustoso aceptó. Resultó ser un próspero ingeniero colombiano, que tuvo que dejar atrás toda su fortuna, parientes, amigos, abandonados debido a amenazas de la guerrilla. No me cabe la menor duda que nos estaba diciendo la verdad. Con solo ver su estampa y la de su familia fácilmente se concluía que provenían de buena cuna. La conversación fluía interesante toda vez que a mí me gusta andar averiguando cosas de la gente; así iba pasando el tiempo en grata chercha. Pero de repente, sin razón aparente y ante el asombro de los presentes, el señor se levantó con presteza y se dirigió con paso firme y decidido hacia la parte trasera de su vehículo cuya puerta había sido abierta y dos de sus hijos se encontraban allí, cruzaron algunas palabras y con rapidez inusitada se sacó de un jalón el grueso cinto de cuero que usaba y tomando del brazo a uno de sus hijos comenzó a golpearlo con rabia, con saña hasta dejarlo tirado en el suelo, de un brinco subió al coche, llamó a gritos a todos, se embarcaron, apretó el acelerador y sin siquiera despedirse se marcharon a toda velocidad. Su vaso aún con resto de bebida quedo tirado en el suelo, el bufo espectáculo nos dañó el resto del día, no cesábamos de analizar y condenar lo ocurrido.

    Nosotros no somos ningunos santos y de dónde venimos el maltrato a los niños y a las mujeres es cosa de ver a diario. Pero aquello no dejó de sorprenderme y sé que será inolvidable. No termino de preguntarme, ¿qué pasó?, ¿qué llevó a éste honorable personaje a actuar tan salvajemente? De haberlo visto un policía u otro gringo lo hubiera denunciado y sería encarcelado amén de otras sanciones. Ese tipo de conducta agresiva en las ciudades donde viven los hispanos inmigrantes sigue siendo bastante común, solo el tiempo y las severas leyes que existen aquí al respecto han ido domando nuestro salvajismo y en algo hemos aprendido a contenernos, pensar antes de actuar. Pasado el tiempo y retornando a nuestros países seguro es que parientes y amigos noten el cambio y la manera tan tolerante como tratamos a los hijos, a la esposa y no dejarán de comentar con sorna que hemos perdido la hombría, lo macho de nuestra raza, lo más probable es que nos hayamos transformado en maricones. Así de sencillo.

Continuando con el relato, el recorrido de menos de cien kilómetros entre Barranquilla y Santa Marta por la Troncal del Caribe lo hacemos en casi dos horas. Las "mulas", como le dicen por allá a los camiones grandes, imposibilitan desarrollar mayor velocidad. Siendo domingo por la noche no cesan de transitar cargados con las más variadas mercaderías. También pequeños derrumbes en la vía causados por las incesantes lluvias, retrasan el viaje. La cantidad de paradas obligadas por los puestos de policía, ejército, vigilantes de carreteras, peajes, ponen el broche de oro para que un viaje prometido y jurado por el conductor que sería de cinco horas máximo se tomara ocho horas largas. La noche entra negra con una pertinaz lluvia que impedía ver algo más que las titilantes luces de los vehículos viniendo en sentido contrario. Trataba de escudriñar a través del oscuro cristal algo que me distrajera un poco, pero era imposible. Solo tenía la opción de permanecer en mi asiento, cerrar los ojos y volverlos a abrir cada vez que el chofer caía en un gran hueco, brincaba imprudentemente un obstáculo de los que llaman en mi tierra "policías acostados", esquivaba manadas de burros o frenaba bruscamente ante la amenaza que una gran mula nos pasara por encima.

Dejamos de un costado a Santa Marta, la carretera plagada de comercios, negocios y tarantines de todo tipo, se veía transitar mucha gente sin importar la incesante lluvia ni la hora. Ver grupos de varias personas rodeando a un joven tocando el acordeón con una botella de aguardiente de caña a sus pies, era frecuente, así como las fritangas y las paradas de buses atestadas de gente. Este espectáculo vigoroso, de gran colorido, típico de nuestro subdesarrollo, de nuestra miseria, siempre me conmueve y sorprende; aunque lo vea mil veces. Casi de madrugada llamé a la puerta de un hotelucho recomendado por el conductor. Un hombre descamisado y peludo con pinta de árabe me condujo a una habitación discreta con una pequeña cama en el centro. Cansado me dormí pronto hasta que unas horas después ruidos provenientes del exterior me despertaron. Tomé una ducha de agua fría y salí a la calle ya llena de peatones que van y vienen. Un vendedor ambulante con un cajón repleto de termos con café, te, chocolate, me ofreció sus productos que con gusto acepté. Había llegado a mi destino.

En Estados Unidos salvo las grandes capitales son muy pocas las ciudades cuyas paradas de buses están atestadas de gente ya que todo el mundo tiene carro y muy pocos caminantes se ven en las calles; casi siempre que vemos a una o varias personas caminando en grupo son mexicanos o guatemaltecos sin papeles dedicados a labores agrícolas. Aquí las aceras son grandes, anchas y limpias, pero pocos andan por ellas, en cambio en nuestros países ni siquiera tenemos aceras peatonales y todo el mundo anda caminando, sorteando, carros, basura, palos, perros, gentes, por las orillas de las vías y carreteras donde conductores borrachos, drogados, apurados tras nada, desarrollan grandes velocidades, rozando a las personas y en carros sin frenos, destartalados, prestos a ocasionar cualquier desgracia. Así somos nosotros y así anda éste mundo creado por no se sabe quién. Pero lo que sí se sabe es que lo hicieron torcido.

*Plant City, Fl Enero 2009.* ¿Sabe acaso algún médico, psiquiatra, psicólogo, sacerdote, la cantidad de lágrimas de dolor y de angustia que se derraman a diario o en las largas noches los millones de hombres, mujeres, jóvenes, niños por causa de la depresión y sus efectos? ¡No! ¡No lo saben! ¿Saben los tormentos, los quiebres del alma que se producen a cada instante en la mente de los desquiciados? No! ¡No lo saben! Solo tienen y manejan frías estadísticas, cantidades de personas que padecen tal o cual enfermedad. Pero nadie se sensibiliza ante el dolor ajeno. ¿Qué saben los especialistas de las horribles horas, días, semanas de tortura por las que atraviesa un depresivo? Solo, exclusivamente nosotros y entre nosotros sabemos con certeza de ese dolor, comprendemos lo que supone estar siendo apretados por dos enormes fauces cuyos dientes perforan nuestra alma, nuestro espíritu. No queremos con esto dar lástima ante otros, ni sentirla entre nosotros, simplemente aclarar que el mundo al cual pertenecemos es diferente, se rige por normas no escritas, cambiantes, drásticas y terribles unas veces, suaves, alegres y apasionadas otras. No son reglas hechas por nosotros según se nos antoje. ¡No! Algo extraño ocurrió en nuestras mentes y en el cual nada tuvimos que ver: ¿Intervención divina?, ¿genes hereditarios defectuosos?, ¿mala química cerebral?, ¿medio familiar y social inadecuado? , ¿accidente?, ¿maltratos cuando éramos fetos o en la niñez?, ¿mala suerte? Nadie hasta ahora ha logrado descifrar el origen de un mal que azota a la humanidad desde que el hombre se empinó para caminar erecto, desde cuando la melancolía era conocida como bilis negra. Acudimos a los especialistas de la mente a sabiendas que ellos ignoran el fondo de la enfermedad, solo lo hacemos para obtener sus firmas y con ella la farmacia pueda abastecernos de las pastillas; de no ser asi los psiquiatras del mundo morirían de hambre ya que su palabrerío poco ayuda en la cura del mal.

*Plant City, Fl Marzo 2009*. No puedo dejar de pensar que todo lo que se hizo, se vivió, estuvo mal, fue una secuencia de errores y equivocaciones. La sociedad, la familia, los amigos, el entorno, se caracterizó por haber sido malo, perverso, brutal, donde la torpeza, la falta de civilización, los malos sentimientos y las bajas pasiones se imponían. Recuerdo como sufría y sufro por mis errores, equivocaciones y también por los que cometen personas allegadas a mí. No entiendo el sentimiento de sentir molestia por culpa ajena. Reprocharme, castigarme por la vida que hice no me conduce a nada bueno, pero no lo puedo evitar. Cuando surge la depresión, casi vuelvo a vivir esas malas experiencias. Quisiera escapar del pasado que con sus recuerdos persigue y atormenta. Busco en mi mente algún grato recuerdo compartido con amigos, familiares, amantes, esposas y se hace muy difícil. Afloran los momentos ingratos ¿Dónde conseguir un poco de paz?

*Plant City, Fl. Viernes 25 de junio 2009*. De regreso de Vero Beach donde habíamos ido de paseo y ya estando en nuestra casa que recién comprábamos y mientras en familia hacíamos esfuerzos por limpiar el lote que el anterior dueño dejó bastante sucio, me comenzó un leve pero persistente cambio de humor. No había razón para sentirme sombrío de manera tan repentina. La presencia de mi esposa me hastiaba, la conducta de los niños haciendo ruido, chillando, me exasperaban, me invadían deseos de huir, correr hacia cualquier sitio. Buscando serenarme encendí la podadora de césped y trabajé duro por casi una hora. ¿De dónde y porqué surgió el cambio de ánimo? No logro aclarar nada. Me tomaré un *tafil* para tratar de dormir. Hace dos noches, desvelado, triste, me sentía tan mal que juraría iba a volverme loco. Daba vueltas en la cama, no lograba conseguir un posición cómoda, todas me molestaban, apretujaba fuertemente mi cabeza con las manos, mi mente divagaba, confusa, saltando de un pensamiento a otro violentamente, incoherente, loca. Sé que cuando estoy atravesando por estos episodios tomo malas y equivocas decisiones, cometo errores costosos, hechos lamentables, como ausentarme del hogar, romper relaciones, pelear con mi familia, conocidos, decir palabras ofensivas, hacer malos negocios, malgastar el dinero, hacer planes quiméricos, locos, estúpidos, en fin un desastre. Después caigo en un estado peor de arrepentimiento y pesadumbre.

Hoy siento miedo a volverme loco, cometer un desastre, hacer daño a alguien o suicidarme. Una ira repentina, violenta, incontrolable me invade muchas veces, trato de controlarme para no castigar a los niños u ofender a mi esposa. Cualquier contrariedad, desobediencia, choque, de cualquier naturaleza, me altera, amarga y me pone de mal humor. Todo se transforma en gris, negro. Me alimento mal, aunque esté consumiendo manjares, veo el mundo oscuro, negativo, la existencia se torna insoportable, odiosa, pestilente. Treinta y tantos años batallando con la enfermedad y no he logrado vencerla con pastillas, santos, religiones, psiquiatras, sacerdotes, médicos, brujos, bellas amantes, viajes exóticos, nada ni nadie puede curar este terrible mal; hacerlo llevadero es lo máximo que se consigue. Surge en la pobreza, la riqueza, en una fiesta, en velorio, ante los seres queridos, ante los enemigos, en una iglesia, en un burdel, de día o de noche, nunca avisa, solo llega, se instala y domina. ¿Que puedo hacer ante esta insoportable situación? No creo en el dios que me enseñaron mis padres o mi colegio, trato de creer en algo, pero por mucho esfuerzo que hago no lo consigo, la fe se aleja y desaparece. He pensado en irme a Mesa Verde en Arizona donde vivieron los indios anazazi. Cultura ya desaparecida, hay evidencia de que poseyeron grandes conocimientos espirituales, se les consideraba animistas pero nadie niega de su poder y conocimientos en el campo de la mente, el alma, el espíritu. Me anima la idea de buscar otro camino que serene mi alma, le dé sentido a mi errante vida, aplaque estos tormentos que escapan a lo físico, a lo material y se adentran en un mundo desconocido, etéreo, oscuro, de nebulosas que estremecen mi espíritu, lo amargan, lo confunden. ¿Qué hago? Hacia dónde voy? Pido que se acaben mis días para siempre, ya no quiero ser vida de ningún tipo. Decepcionado me sentiría si después de haber vivido como lo que he sido renazca en otro ser vivo. Solo quiero ser materia inerte, muerta, nada, ni siquiera energía o alimento para otros seres porque sería otra manera de seguir viviendo y toda vida implica sufrimiento. ¡Ya está bien! En estos difíciles días en que veo que todo está a punto de derrumbarse para mí no tengo a nadie a quien acudir. A lo largo de mi existencia estudié mucho, trabajé como burro, comí manjares de reyes y comidas rancias, me acosté con putas, también con vírgenes, conviví con personajes importantes y con pobres pendejos, vivido en casas y hoteles de lujo y pernoctado en el suelo o en posadas de mala muerte, conozco lo que tener dinero en abundancia y no tener un dólar en la bolsa, he viajado y me he estancado, autos nuevos y cacharros han pasado por mis manos, fui religioso, creyente y practicante, hoy no creo en nada, tuve fe una vez y la perdí, reí y lloré, sigo riendo y llorando.

Esa ha sido mi torpe, estúpida e inútil existencia, lo peor es que hay personas que me considera hombre de éxito y me envidian. ¡Cuán ignorantes y tontos son! Únicamente se fijan en el caparazón. No sé que es la vida ni quien me puso aquí, ni porqué ni para qué. Cumplir las funciones biológicas que hace cualquier animal es todo lo que he hecho bien, lo demás son patrañas. El espíritu o alma interior no creo que exista como algo bueno sino como una cosa extraña que anda loco, dando traspiés. Pienso que dentro de notros no hay sino energía, partículas en constante movimientos giratorios, horizontales, verticales, que chocan entre sí, se desplaza al azar. No hay orden perfecto, aún estamos en un proceso evolutivo, nuestro cerebro crece y se desarrolla con los miedos y temores que sentíamos hace quinientos años pero que ya no nos asustan en lo más mínimo y no es por haber develado algún misterio, sino simplemente porque hemos avanzado en la escala evolutiva. Hoy nuestra sociedad padece de otros nuevos miedos que a su tiempo nuestra evolución también superará; el ciclo de los temores eternos no termina de cerrarse.

*Plant City, Fl 20 de agosto de 2010.* Ha sido un día duro, difícil en el que he maldecido una y mil veces el haber nacido, he reprimido con razón a mis hijos, cuestión que me hace sentir mal porque lo hice bajo un ataque de rabia, eso me preocupa. La rabia incontrolada se está haciendo frecuente en mi vida, al explotar un arranque de violencia, de locura, puedo causar lesiones o daños a mis hijos o a mi esposa. Hoy siento que hasta dioses se han olvidado, no quieren intervenir en mi ayuda. Estoy confuso, abatido, con deseos profundos de llorar. Me siento abandonado, derrotado, olvidado, fuera de lugar. Mi mente corre sin control, me angustio, sufro. ¿Qué supone irme, abandonando mi familia, mi casa, los Estados Unidos?, ¿qué implica volver al psiquiatra, a las pastillas?. Vuelvo a sentirme solo, sin fe en los dioses ni en los espíritus a los que tanto veneré, los Maestros Elementales, tan reales y vívidos, pero pierdo la fe en ellos cuando atravieso una crisis. ¿Por qué no me sacan de una vez por todas de esta terrible condición? ¿cómo puedo llenar u ocupar mis días?, ¿haciendo qué cosas debo gastar el maldito tiempo de cada día, de cada hora? He probado hacer carpintería, soldadura, pintura, escribir, leer, sembrar, hacer gimnasia y nada llena esos espacios vacios, largos, interminables en que se ha transformado mi desdichada vida. Esté aquí, en mi país, en Europa o cualquier parte del mundo, solo, con otra mujer, con los indios, en la selva, de profesor o abogado, ¿cómo debo ocupar mi tiempo? Estoy cansado nada me motiva. Reacciono con violencia ante cualquier detalle o persona, respondo de mal talante, actúo con amargura y nada me importa. ¿Hacia dónde voy? , ¿adónde quiero llegar? El desanimo, la abulia, el desgano, me atacan, me doblegan. Hasta el clima contribuye a empeorar las cosas; un calor sofocante, húmedo, a más de cien grados farenhaith no me permite salir del hermético ambiente con aire acondicionado.

Hoy salí del perrito que me hacía un poco de compañía, pero con sus ladridos insistentes me tenía al borde de cometer un mal acto. Todos lo quieren, juegan con él sin que nadie se ocupe de su comida, aseo, recoger los excrementos, vacunas, el seguro, cuidar que no muerda a un vecino. En los Estados Unidos tener un perro implica mayores responsabilidades que las de un hijo. El gobierno ayuda con la crianza de un niño pero no con la de un perro, eso corre de tu cuenta. Las exigencias y las penalidades son severas en caso de abandono, descuido o si ocasiona daño a alguien. Acongojado, confundido, sufriendo penas y dolores que no sé de donde vienen o porque me tocan, pero están aquí, en mi cerebro, en mi alma. Todo me parece oscuro, desagradable, molesto. Tengo de todo en exceso, pero nada de eso consigo disfrutar.

No quiero más psiquiatras ni más *Cymbalta*, no quiero seguir andando como en el aire con una cara de retardado mental, fuera de este mundo. No le veo la gracia, eso no es vivir.

Debo tratar de conseguir un término, una frase que defina mi estado anímico. Es viernes veinte de agosto del dos mil diez, ocho y media de una noche lluviosa.Mi familia se encuentra reunida alrededor de la computadora viendo fotos por la Internet. Comentan y ríen. Yo, triste, amargado, incómodo, irritable, de un humor fatal. Miro a mi esposa con desagrado, desde hace unas semanas que la veo asi, no me agrada, la sobrellevo. Quizás sea mi enfermedad que me hace odiarla por momentos, me parece torpe, estúpida, cuesta mucho soportarla. Es difícil pensar que hoy sean esos tus sentimientos por una persona a quien hace algún tiempo atrás se amó hasta la locura, tanto que no podía dejar de pasar un momento sin su compañía y pensarla a todas horas, que ocupaba mis sueños. Ése pensamiento, el recuerdo me hiere. ¿Por qué han de pasar estas cosas tan desagradables?

Percibo que ésta crisis es una de las más agudas y ella no parece notarlo. La idea del suicidio cobra forma por ratos y la desecho con esfuerzo. Debo superarla cueste lo que cueste, si ésta semana no mejoro debo ir con urgencia al psiquiatra, me invade el miedo que se agrave mi condición que ya de por si es terrible.

Ya hoy es jueves veintiséis de agosto. Mi ánimo, mi cara ha mejorado después de una semana infernal. No tomé *tafil* ni ningún otro medicamento. Salí del ciclo crítico solo, a pulso, muy lentamente, con paso pesado, como moliendo piedras. Una muy larga semana en la que temí por mi vida y la de mi familia. ¿Porqué se entra en el ciclo? No hay una causa o razón real o aparente. ¿Por qué se sale de él si están dadas las mismas condiciones personales, de salud, de ambiente de cuando me sobrevino la crisis?, ¿es acaso algo químico o espiritual? Solo sé que es invisible y ataca en el momento menos esperado. ¿Qué va a ser de mí?, no de mis hijos o mi esposa, sino ¿qué ocurrirá conmigo a nivel individual?. Cuando me separé de mi primera esposa casi paré en loco, fue el más duro golpe de mi vida. Con mi segunda esposa la separación me afectó por los niños, ella poco me importó. Ahora me veo rompiendo las relaciones con mi actual esposa y separándome de mis hijos, creo que le conseguiré una sustituta pronto, el asunto es con los muchachos, aunque ellos también aprenderán a olvidar y hasta odiarme. Una de mis hijas de mi segunda pega, siendo adolescente una vez me pidió que los dejara tranquilos y me fuera de la casa. Hoy aquí mi esposa y mis dos hijas hembras me han amenazado con llamar a la policía debido a mis rabias. Les he dicho que de hacerlo no me verán jamás. Y eso haré.

¿Cómo será mi vida solo?, ¿qué ideas me atormentarán?, ¿cómo superaré las crisis por venir? Ya mi madre no puede ayudarme, ni mis hermanos. No tengo familia, he estado ausente durante mucho tiempo y no he cultivado buenas relaciones con ellos. Sembré algo no muy bueno y eso cosecharé, no debo esperar buenas y gratas sorpresas. Estar claro que debo comenzar desde cero, vivir solo en alguna granja, al igual que lo hace un tío político. No hay nada nuevo. Todo se puede. Si ellos lo han logrado, ¿por qué yo no lo puedo hacer?

La nostalgia en mi, ¿qué es exactamente?, ¿cuándo se comienza a padecer?, ¿puede un niño sentirla?, ¿es dañina o beneficiosa?

*Plant City, Sptiembre del 2010.* ¡Mira los pájaros del monte que surcan los cielos felices sin preocuparse por nada ni sufrir depresiones! Decía un conocido queriendo presumir de filósofo ante un grupo de señoras reunidas una tarde en el patio de mi casa, señalando una linda ave color azul que saltaba de rama en rama. En eso pasa un halcón, atrapa al ave, la fulmina y levanta el vuelo con su presa bien asida entre las patas. Todas miran el mágico espectáculo con estupor. Para no quedar en ridículo ante la trágica intromisión del rapaz, soltó tamaña ocurrencia: –Esa avecilla debe dar gracias a Dios porque su cuerpo sirvió de alimento a otro, cumplió su misión para la cual vino al mundo. Razonamiento nada convincente para mí y creo que a ellas tampoco convenció. Quien pretenda creer que las aves del cielo no deben vérselas negras todos los días para proveerse de alimento, está muy equivocado, ningún ser viviente vino al mundo para que las cosas se le den por arte de magia. Hay que echarle ganas, sufrir, batallar para sobrevivir. A algunos dioses no le gustan los vagos, perezosos, flojos que lo quiere todo hecho a pedir de boca, sin dar nada a cambio y también sé de religiones cuyo dios garantiza a los fieles alimento, casa, vestido y dinero sin dar golpe. Sigo confundido.

Trabajar fuerte desde la mañana, irte luego al gimnasio por una hora y media, cansarte, agotarte, nada de eso ayuda a un depresivo. Hoy lo comprobé: desde las 7: oo am hasta las 9:30 pm hice todo eso y me siento horrible. Tengo mi familia, no creo tener problemas de ningún tipo, mi salud es buena, no tengo preocupaciones, pero me siento triste y agobiado, con deseos de llorar. El futuro no me anima, sigo pesimista. A otros el ejercicio le ayuda para mí no sirve de mucho.

## Capítulo XXX

*Plan City, Enero del 2010.* Pareciera que me quejo de todo, solo hablo y critico sin aportar soluciones. La práctica de escribir una lista de las cosas por las que debes sentirte agradecido con la vida no ayuda mucho ni me ha dado muy buenos resultados aún cuando las repito cientos de veces al día. La gratitud no es fácil de lograr, es más, no sé que es. ¡Qué sensación tan horrible! Haberle perdido el gusto a la vida, a todo lo que puede significar es una condición muy desagradable. La de ahora no es la depresión cíclica conocida que venía y se iba; la presente es un proceso de desencanto permanente, crónico, fijo, que no me deja en ningún momento prolongándose meses tras meses. Busco establecer nuevas amistades pero a poco me cansan, aburren y no quiero saber más de ellos. Antes era muy sociable, hoy no me gusta interactuar con nadie porque pronto comienzo a verles defectos y problemas. Con mi esposa discutimos hasta por la salida del sol, he decidido evitarla en lo posible para sobrellevar la vida en común con el menor daño. Estoy inconforme con la vida que llevé y llevo hoy, es tan insulsa que no la admito. Si por lo menos existiera un poder que me permitiera aceptarla sin protesta. ¡Y ya! Buena o mala no importa; quisiera ser de esas personas que todo lo dejan en manos de dios, no se preocupa por nada, se resignan a dejar sus vidas enteras en manos del creador. La aceptación no es una de mis virtudes y eso me hace daño. Lo aprobarse uno mismo tal como somos tampoco lo he logrado ni sacado provecho. Me parece una actitud cómoda y estúpida.

*Plan City, abril 13, 2010.* Retorna mi estado de ánimo abatido con la incertidumbre agobiándome el alma. No sé a que vine a este mundo, ni que hago aquí. El pasado pobre, simplón, plagado de errores, estupideces no me ayuda para nada. El futuro lo imagino peor. Veo que mis actos o van a un muerto pasado o divagan en el incierto futuro, es mi desgraciada vida. Una honda tristeza me embarga, me torno irritable, sensible, violento sin lograr detectar porque o de donde surge la desazón. Harto estoy de hacer balances de mi vida, todo lo tengo y de nada me sirve. En esa búsqueda desesperada de la causa de mis males, de mi depresión, he remontado a los años de mi niñez, forzado la mente en recordar cualquier tipo de experiencia, por muy desagradables o traumáticas que hayan podido ser logrando fracturar mi mente, mi espíritu. ¡Sí que las hubo! y muchas, pero no logro distinguir cual fue la peor o la que me produjo mayor daño. Siento que a mis casi sesenta años soy la conclusión de algo, no paro de llorar al ver mi alma retorcerse ante imágenes, recuerdos y vivencias. Mi mente con una facilidad pasmosa, trae imágenes de cosas, personajes que existieron hace cincuenta años. Puede ser un momento grato y súbitamente me llega otra imagen de algún lugar o persona de un lejano pasado que me conmueve. Casi siempre se ubican en mi niñez con episodios de dolor y tristeza por las despedidas de mi padre cuando con frecuencia debía ausentarse y que son tan vividas que creo están repitiéndose. Estoy junto a mis dos hermanos viendo como el vehículo se aleja levantando nubes de polvo, seguimos con nuestros húmedos ojos como serpentea sobre la carretera y desaparece, dejándonos con lágrimas en los ojos. Los niños no olvidan esas experiencias y hay quienes creen equivocadamente que los momentos de pesadumbre desaparecen en pocos minutos al entrar en juegos o distracciones. No es asi. La impresión perdura por horas, hasta días y deja su honda huella.

    Cometí también muchos errores, actos peligrosos, faltas y pecados. No comprendo cómo no morí en uno de los que suponían un gran riesgo; pudo ser posible, pero no ocurrió. Estos también mi memoria los trae cada vez que le place para atormentarme, hacerme saltar de la cama sudando, jadeando. ¿Como puedo salir de este horrible hoyo? Pienso en varias alternativas como la religión, dedicarme, entregarme a dios, pero no sé cómo hacerlo, no tengo fe, ni creo sinceramente en ningún dios por lo que solo estaría haciendo una farsa. No es la vía. Entregarme al alcohol, a la droga, tampoco creo que me vaya a ayudar mucho. Es la más fácil, sin embargo no la mejor. ¿Dedicarme a ayudar a la humanidad?. No, no me gusta la plebe, están llenos de resentimientos, ingratitud y maldad. El pobre es pobre porque sus actos, su corazón, su espíritu esta repleto de defectos, imperfecciones y faltas. Hablar con un limosnero, un homeless, un desposeído es descubrir las puertas del infierno. Cada palabra que sueltan destila odio y veneno. Otra posibilidad como la de ocupar el tiempo en trabajar, usar las manos, fabricar objetos utilitarios de hierro, madera, barro, piedra, podría ser una ayuda para mejorar el ánimo. Consagrarme a la educación. Lo he pensado. Quizá lo combine con mi labor de escritor.

Lo que nunca haré a estas alturas es conseguir un trabajo donde tenga un jefe. Salvo que sea algo de vida o muerte. Me amarga tener que obedecer órdenes, sobre todo de gente estúpida. Afirmo que jefatura y fatuidad van de la mano, imbecilidad y jefe son indivisibles. ¿Hacia dónde voy?, ¿qué debo hacer durante ese largo "mientras"? Además no sé si será corto o largo. Pero sea como sea, ¿qué debo hacer con mi vida? Las dos respuestas que más me han convencido, vienen de libros comunes que han caído en mis manos. Uno de ellos habla de un hombre que debía hacer largos viajes acarreando mercaderías o arreando ganado sobre las cimas andinas. "Hay que saber esperar". Y agregaba: "En el camino, al caer la tarde, la niebla impide continuar a riesgo de caer al despeñadero y morir. Es necesario detenerse y esperar que la neblina se disipe". En eso consiste la desgraciada vida: Aprender a esperar, saber esperar, andar y detenerse y así hasta el final de nuestros días. La otra me llegó de un personaje infantil famoso por sus aventuras. "La vida simplemente consiste en sentarse a la orilla del camino y esperar pacientemente. Ella irá pasando frente a ti, en caso de traer lo entregará, sino proseguirá su rumbo. Solo toca esperar hasta que la propia vida, en su día, traiga tu muerte". Yo nunca supe esperar, siempre actué con impaciencia y precipitación, lo que me llevó a cometer graves errores. Hoy, con dificultad, trato de aprender a esperar y lo entiendo como que nada debe importarme, ocurra lo que ocurra a mi alrededor debo actuar como ajeno a ello. Que cada quien haga lo que le plazca, siempre y cuando no me perturbe. No alterarme si llego a tener una carencia o problema. Solo esperar a ver que pasa. Es como una versión modificada del laisezfaire-laisezpasser, el dejar hacer, dejar pasar.

*Mayo 04 del 2010. En mi casa de Plant City. 9:00 am.* La naturaleza de cada individuo lo coloca ante la vida con perspectivas muy diferentes. Soy extremadamente sensitivo, por lo tanto funciono según vea, palpe o sienta. Quizás sea por esa razón que le doy al sexo, a la comida, al clima, un valor preponderante sobre las demás aéreas del ser. Así como hay personas que desde niños son proclives al cultivo y desarrollo de las bellas artes, de las cuestiones, espirituales, esotéricas, abstractas, yo lo fui y lo sigo siendo hacia lo material, lo corpóreo, lo sensitivo, el campo sexual y de los placeres, sin menoscabo de una capacidad de trabajo reconocida por la tenacidad, lo incansable y tendido en el tiempo.

Cuando se van conociendo las fuentes del placer que puede deparar una mujer y que solo ellas poseen, se va cayendo en una condición de sumisión, de esclavitud diría yo. Teniendo unos doce años de edad dormí por vez primera con una mujer e inmediatamente supe que a partir de ese momento iba a estar metido entre sus piernas por el resto de mis días. Mi veneración hacia los placeres carnales, el hedonismo, sea quizás la culpable de muchos de mis sufrimientos y angustias. La afición al sexo lleva a caer en situaciones delicadas o cometer errores que le son muy propios. Igual ocurre con la comida, la bebida y sus excesos. La pasión, el sexo, conlleva a los celos, la infidelidad, la duda, peleas, divorcios, separaciones. Los dolores de estómago, la gastritis, ulcera, obesidad, borracheras, metidas de pata forman parte de "la comedera y de la bebedera". Así como el arrepentimiento, el sacrificio, la esperanza, almas compungidas, son cuestiones propias de las personas que tienden hacia lo espiritual.

Para la fecha en que conocí a mi primera esposa tenía acaso unos diecinueve años y me consideraba un experto sexual entre los jóvenes de mi edad, luego comprobé que delante de ella no era sino un imberbe. Esa mezcla del deseo carnal con la experiencia va a producir en mi vida momentos sublimes intercalados con infernales pasajes. Aquí no hay consejo ni recomendación que valga. Cuando estos factores se juntan solo se desea estar pegado a la persona amada, se es ciego, sordo, incluso ante las más patéticas y evidentes señales de traición, infidelidad y mentiras. Algunos amigos avizoraron en esa unión un desastre y me lo comunicaron, hubo incluso uno de ellos que me pegó varios puñetazos para hacerme entrar en razón, pero yo presa de la ceguera mas profunda no hice caso a ninguno. Mi rodada por la pendiente se había iniciado y ya no pararía. Las mismas penas las padecen quienes veneran otras pasiones aparentemente sanas, santas, encomiables y al final resultan en un martirio para quien la siente. Vemos a los amantes de las letras, la pintura, el canto, la música, la oración, la compasión, el amor por los pobres y los humildes. Ellos también sufren grandemente decepciones.

Me siento atormentado por el pasado, por el futuro, me embarga una terrible sensación de inutilidad, y de pesimismo. ¿Qué hago yo aquí?, ¿cuales razones tengo para sentirme optimista ante el porvenir? Hasta los paisajes, el aire, los ríos, el cielo, la tierra toda está siendo contaminada, destruida por la mano del hombre. La sociedad en la cual vivimos, las ciudades que habitamos, son todo un peligro, una amenaza constante. ¿Qué nos brinda de bueno la ciudad en la cual pasamos nuestra vida? Personas, sucesos y situaciones del pasado que quisieras olvidar, aparecen en tu diario vivir como si fueran fantasmas que te persiguen. La Internet hace su letal contribución mostrándote con la velocidad del rayo, fotografías y mensajes de personas que nos resultan desagradables, haciendo payasadas o escribiendo tonterías. Me parecen ridículos en ese constante "chatear", que no es otra cosa que un intercambio de idioteces, una pérdida de tiempo. He tratado de dejar de verlos, pero me ha resultado imposible. Se filtran y contaminan tu sistema de cualquier forma. Veo sus caras y en su mayoría me traen malos recuerdos, hasta creo que están locos, por las muchas estupideces que hacen o dicen. Hay quienes se arriesgan a dárselas de filósofos y escriben pensamientos o sentencias que parecen mas bien producto del cerebro de una gallina. Personas que conozco de toda una vida, que se son violentos, egoístas, brolleras, groseras, envidiosas, perversas, aparecen en mi pantalla muy sonrientes, haciendo poses de artista, mostrando sus curvas o muslos, consumiendo licor, bailando en una discoteca o posando en una playa abrazadas a una palmera o saltando en un motor de agua. Otras veces son individuos de mi propia familia los que veo muy felices, rodeados de familiares y amigos donde no son más que hombres y mujeres promiscuas, incestuosas, que no les importa tener sexo entre ellos, sean estos hombres o mujeres. Tíos y tías que han tenido sexo con sus sobrinas y sobrinos, madres que se han acostado con sus hijos. En fin, en mi familia y en el entorno donde me crie y viví, el sexo no distingue vinculo ni parentesco. Todo es válido. Y no estoy hablando de épocas pasadas sino del siglo veintiuno. A estas personas le conozco bien sus historias y cuando las veo tan sonrientes me pregunto, ¿Qué pensaran de sus vidas?, ¿o será que acaso todo lo han olvidado? De otra manera no se explicaría tan fresco y llano proceder. Luego aparecen en mi pantalla las personas malvadas, criminales, ladrones, pecadores, corruptos de alto cuño que con su proceder han afectado personas, familias y hasta el propio país y tienen el tupé, la desfachatez de colocar sus fotos en facebook, twiter o cualquier red social, como diciendo ¡Aquí estoy muy feliz! Es un camelo, una burla para todos. También hay que nombrar al otro grupo de enajenados que utilizan el correo electrónico para enviar mensajes que son y deberían ser íntimos, familiares, propios del hogar para mostrar su baja condición al mundo. Allí muestran a sus bebes y niños desnudos, haciendo travesuras, pidiendo ayudas soterradas o lamentándose de de su destino, maldiciendo a los hombres o las mujeres, según sea el caso, renegando de Dios y de su suerte. Publican cien fotos de su fastuoso matrimonio y antes de cumplir el año, publicitan una sola con un lacónico mensaje de su separación o divorcio y que ya están libres para reiniciar otra relación. Eso también me entristece. Es un mundo de locos. Tal es el caso de mi hija mayor, - y con ella se anotan muchas- que ya tiene casi cuarenta primaveras, afanada en publicitar a través de la red fotos falsas, trucadas o montajes para impresionar a sus conocidos con cuerpos despampanantes o caras bellas, libres de arrugas. También suelen acomodarse muy al lado de un lujoso automóvil ajeno parqueado en cualquier lugar o frente a una lujosa mansión y disparase fotos a diestra y siniestra, luego colocan la consabida coletilla "mi carro", o "mi casa" y la ponen a dar la vuelta al mundo. En realidad no poseen ningún vehículo, ni casa, ni recursos, pero buscan engañar a los incautos con sus locuras. Me parece una tontería exponer sus carencias, sus vidas intimas ante otros que poco o nada le interesan. Y viene la parte más deplorable que es el paso inexorable de los años con sus efectos en nuestros cuerpos. No hay cosa que me incomode tanto como el ver la imagen de una mujer que una vez fue bella, de deslumbrante cuerpo y ver sus fotografías tiempo después, gorda, vieja, llena de arrugas, con una papada colgante, manchas en las manos, el pescuezo flácido y con visibles pliegues. Se ven mal vestidas aunque luzcan trajes de reconocidas marcas. Eso me golpea y a la vez me ubica duramente. Se entonces que estoy en la vida real, en la puta vida y camino hacia la muerte. No causa el mismo efecto ver la foto de un niño de doce años que se conoció cuando era un bebe, que ver la de una mujer de cuarenta que se conoció cuando tenía dieciocho, mucho menos verla a los sesenta. Lástima y rabia me invaden. Es difícil hacer entender a la humanidad, en especial a las féminas, que hay edades para todo.

*Plant City, Mayo 22 del 2010.* Durante casi dos años tuve por médico de familia a un viejecito gringo que pasaba largo los setenta. Lento en extremo, se conformaba con las respuestas que le daba sobre mi condición física, poco escrutaba mi organismo. Reciente en la clínica hubo cambios en el personal y en el sistema informático, por lo que inesperadamente me vi en manos de otro doctor. Persona joven y de seguro con deseos de ganar pronto mucho dinero, ordenó realizar en mi cuerpo cuanto análisis de laboratorio fuese conocido. En el corto transcurso de dos meses bajo su control y con los resultados en la vista pronunció impasible su certero diagnóstico. Me descubrió cáncer en la piel de la mano y brazo izquierdo, diabetes tipo II, problemas de apnea, presión alta, colesterinemia, obesidad, enfermedades que sumadas a la depresión conforman mi singular cuadro actual. Quede titubeando ante tantos achaques. Razón no les falta a los campesinos al afirmar que si quieres conocer a un enfermo haciendo vida de sano, que acuda a un médico y le destapará enfermedades que jamás pensó podía tener. Remitido al cirujano me extirparon el mal del brazo. Según su opinión se produjo debido al excesivo sol recibido sin usar los protectores de piel. También reduje el consumo del azúcar a cero, otro tanto hice con los carbohidratos y las grasas. Creo sentirme mejor físicamente, pero la depresión permanece. Noto un cambio positivo en la rabia descontrolada que experimentaba con frecuencia meses anteriores y que me hacía temer por lesionar a alguien, la agresividad, las explosiones han cesado bastante. Que lo dulce amargue suena contradictorio, pero ingerir azúcar provoca en mí malsanas ideas contra cualquier ser viviente en especial del género humano. Veremos que ocurre.

*Plant City, 23 de agosto del 2010. 4:20 AM.* Estoy atravesando en estos días uno de mis peores momentos golpeado por la depresión. Se me vino encima de repente, sorprendiéndome y me está ocasionando tanto daño como las que padecí a finales de los setenta. Como quien dice, me agarró fuera de lugar, no me la esperaba. No logro descifrar que la produjo, no veo elementos desencadenantes. Es verdaderamente fuerte, tanto que he pensado abandonar a a mi familia. Otra vez el mismo dilema. No sé que me hace pensar en que eso sería una solución a mi problema. De nuevo me veo con hijos dejados a su suerte, otra mujer, otra soledad, otra culpa, otros sufrimientos. ¿Será que padezco acaso una suerte de masoquismo? Porque conozco todo lo malo que eso significa y quiero volver a vivirlo.

Percibo que en mis hijos ya aflora cierto desprecio hacia mí y le han manifestado a su mamá que han querido llamar a la policía ante mis actitudes violentas. Claro son adolescentes y como tal no piensan ni miden las consecuencias de sus actos, poco les importa el mundo que les rodea, en especial a su familia. Ellos son solo ellos y nadie más.

Algo de culpa debo tener. Pero es que son tan desconsiderados e indolentes; no obedecen, no ayudan en la limpieza, están todo el tiempo exigiendo cosas, no aportan nada y aparte de ello critican y reniegan de su suerte. Lo tienen todo y desean más y más. Que si un carro nuevo para llevarlas a la escuela, zapatos costosos, ropas de moda. Yo hago lo que puedo y algo mas en complacerlas, pero nada les satisface. Allí aparecen los regaños y algunos manotazos.

Hace unos días atrás, mi esposa me reveló que llegó a pensar junto a mis hijos en darme un porrazo en la cabeza, amarrarme, hacerme daño o quizás matarme y todo porque les castigué con justa razón. A mi hija Lluvia porque tiene los valores del colesterol y triglicérido muy altos, la doctora le impuso una dieta estricta, pero la mama le compra chips, snacks, productos que tiene absolutamente prohibidos. A Franco que padece de ira, con la cual hemos estado batallando desde años, los médicos le tienen prohibido ver películas o juegos violentos. Desde que nos instalaron la internet, la mamá tolera que el vea la lucha, peleas y demás programas cargados de furia y agresión. Creo que el castigo no ha debido ser para los niños.

También mi mujer esta atravesando por un mal momento, ella no lo reconoce, está cerca de los cuarenta y ese Rubicón en la mujer afecta profundamente. Además ya debe estar cansada de convivir por más de veinte años con un depresivo. Su paciencia, abnegación, esposa fiel, cumplidora de sus preceptos luteranos, están llegando al final. Casi lo veo. La desconfianza hacia ella aumenta con los días y aunado a eso mis celos enfermizos, hacen la situación más difícil.

En mis ratos lúcidos advierto que no es el momento de tomar decisiones serias. Ya lo hice con mi primera esposa y los resultados fueron drásticos para mí. Salí de ella para siempre, pero quede arruinado, enfermo, sin trabajo, sin prestigio, en boca de todos.

Las rupturas familiares siempre traen graves consecuencias para todos. La separación de mi segunda esposa fue menos severa porque estaba en cierta forma preparado, lo que no evitó sufrir una terrible culpa al abandonar a mis hijos aún cuando es probable que sean los mismos niños quienes pidan que te marches de casa. Por orgullo les tomo la palabra, de eso estoy seguro. Soy muy altivo para admitir que alguien me corra de su lado.

Por ahora debo hacerme a la idea de que vaya donde vaya voy a estar mejor. No puedo pensar que el único sitio donde se puede vivir sea los Estados Unidos, sé que puedo hacerlo en Colombia, en mi país, en Dominicana, en Europa, sin mayores problemas. Miles lo logran, son felices entre ladrones, asesinos, pobreza. La inseguridad está en todos lados. El todo es saber adaptarse. Debo prepararme y para ello es necesario elaborar un plan a seguir por lo menos durante dos años, hasta que culmine el máster en la universidad. Aguantar a mi esposa y lo niños, ignorarlos al máximo, aislarme lo más que pueda, procurar ver a mi pareja como alguien que ni me va ni me viene, acostumbrarme a que no me importe su opinión ni lo que hace ni lo que deje de hacer, dejar hacer, dejar pasar. Cuando se conoce la causa que produjo la depresión, es muy diferente a padecerla sin saber su origen, por ejemplo muerte de un ser querido, ruina económica, enfermedad, infidelidad, problemas familiares.

¿Cuáles son los riesgos de "contraer" la depresión?. Asi como el fumar es un riesgo para adquirir cáncer, el colesterol alto puede ser causa de accidentes cerebro vasculares o mantener relaciones promiscuas sin protección se puede contraer el sida, entonces ¿Se puede prevenir la depresión, cuáles son sus factores de riesgo?, ¿una forma o estilo de vida te puede causar depresión?, ¿porqué durante un día brillante o sombrío igual puedes caer en una crisis depresiva?, ¿puede acaso enseñarse en las escuelas como reducir ciertamente los riesgos para no padecer depresión en el futuro? A la depresión aun no se le detectado la causa incluso se confunde con otros síndromes generados por las secuelas del abuso sexual no superado, violación, maltratos, traumas. No es depresión.

Imaginémonos un marco con un montón de tierra y un esqueleto los cuales están compuestos por un grupo de elementos minerales, aire, gases etc. pero dichos elementos están distribuidos de manera diferentes, en proporciones distintas entre unos y otros. Algunos carecen de algo, mientras otros lo tienen en exceso. En fin, son cuerpos distintos. Ahora tomemos algunos de los sentimientos como la ira, tristeza, nostalgia, celos y se lo agregamos a uno de esos seres. ¿Cual va a ser la reacción de cada uno? De seguro que muy diferente y les causará malas reacciones, daño o no, depresión o alegría según el ser de que se trate.

He aquí el asunto: A un cuerpo X se le agrega el componente que llamaremos sentimientos. El resultado va a ser diferente al que se obtendría agregando el mismo sentimiento al cuerpo A,B o C con. Por ello algunos cuerpos debido a su distinta y especial composición química son más propensos a sufrir depresión que otros. El dolor por la pérdida de un ser querido a algunos puede afectar profundamente mientras que a otros no. Igual ocurre en diferentes circunstancias.

Hay que aclarar el hecho de abrazar fanática y tempestivamente una determinada religión, secta o dogma por parte de un depresivo es tan peligroso como beberse todas las pastillas de un envión. Hace mucho daño al enfermo que poco a poco va adquiriendo una figura, melancólica, distraída, con aires de profeta o líder religioso, muchas veces vociferando con los brazos al aire en una concurrida plaza de una ciudad o mansamente arrinconado en una iglesia.

En nuestra desordenada y desesperada búsqueda de alivio a nuestros pesares, acudimos a brujos, curanderos, chamanes, charlatanes y toda clase de empíricos y realmente por muy buenas que sean sus intenciones ellos no pueden con la enfermedad. La mayoría considera –y a lo mejor es cierto– que se debe a que un mal espíritu entró en el cuerpo posesionándose de él para hacerlo sufrir como castigo divino por los males y errores cometidos. Depresión es purgar penas y pecados se hayan cometidos o no. Verdaderamente somos almas endiabladas.

*Escrito el 24 de Agosto del 2010. En Plant City,Fl.* Noche oscura y lluviosa. Salí de mi casa a pernoctar en una clínica para chequear mi apnea y problemas del sueño. Dejar a mi familia aunque sea por unas horas en una noche tétrica me perturba. ¿Cómo me sentiré entonces si me marcho abandonándolos definitivamente, tal como le he pensado una y mil veces debido a mis trastornos y a la desconfianza que tengo en mi esposa? Me he separado en tres oportunidades por viajes cortos y necesarios al exterior. Dos a Colombia y uno a Republica Dominicana. Pega, me afecta al principio, pero luego me voy olvidando, ocupado en mis quehaceres o disfrutes, desmemoriado y al final no te acuerdas de los hijos ni de la mujer. ¡Que calamitosa e hiriente es la vida!

Por un tiempo piensas mucho en ellos, te sientes culpable de haberlos abandonado, sufres, lloras, te arrepientes, luego viene el silencio, la distancia, el reemplazo y el olvido. Se dice que si los problemas familiares en casa son graves, es mejor una separación en paz que estar peleando con la pareja, castigando o haciéndoles un daño peor a los hijos. Realmente en los tiempos que nos ha tocado vivir es muy difícil mantener una familia unida y estable. Son muchos los obstáculos, las diferencias. Tratar con una mujer peleona, agria, hijos adolescentes, en una sociedad distinta, sumados a mi enfermedad depresiva es verdaderamente complicado.

La batalla del día a día, con familia es muy dura para la pareja. Se necesita mucho amor, comprensión, aguante, humildad, respeto para soportarse mutuamente. Y esas cualidades no siempre están presentes.

Mi ferviente intención de transformarme en ermitaño, reducir al mínimo el trato con mis semejantes, cada vez cobra mayor fuerza y razón. Me doy cuenta que de mis relaciones pasadas cualquiera fuera su naturaleza solo quedan recuerdos negativos o molestos que invaden el presente para castigar, fuesen errores, buen trato, loables acciones o tragedias, el revivirlas siempre nos perturba. Si se mantuvo contacto con muchas personas lógico es que se conozcan de ellas variados sucesos que marcaron sus vidas y de alguna manera también nos afectaron a nosotros. Me he enterado o he sido testigo de horribles tragedias y accidentes en los que hubo víctimas amigas y conocidas las cuales no debí tratar o conocer de haber estado viviendo aislado en una montaña, por ellos me afligí en su momento y sufro aún al recordarlas, eso no debió ocurrirme El tiempo presente se torna duro e inclemente ante la amenaza incesante del pasado y se recarga de ansiedad cuando miras al futuro en el cual deberás inevitablemente seguir aumentando relaciones con el prójimo. Debo proponerme de una vez por todas alejarme del contacto social sea yéndome a un lugar aislado o simplemente encerrándome bajo llave en una casa sin esperar visitas de nadie. Como ya voy de salida ninguna de las posibilidades se me hace difícil, pero cuando miro a mis jóvenes hijos y presagio lo que les espera en su vida futura me invade el miedo y la zozobra al solo imaginarme sus crueles amistades de adolescentes, las personas interesadas que conocerán en su edad adulta, en la Universidad, en el trabajo, con muy altas posibilidades de tropezar en el trayecto con compañeros envidiosos, perversos, egoístas, relacionarse con un pérfido jefe, un novio delincuente, un amante psicópata y cientos de inadaptados, locos e imbéciles que transitan libremente por nuestras ciudades, calles y barriadas. Aceptar y respetar al prójimo es obra muy difícil, tanto que hay severas leyes que tratan de regular el comportamiento entre los hombres. Y hay premios divinos para quien logre amarlos. Hasta ahora no he podido hacerlo y el tiempo se me agota para proseguir en el intento. Es mejor que otro lo haga.

## Capítulo XXXI

*Plan City, Fl Lunes 07 febrero 2011.* Estoy preocupado en un estado de ánimo está fatal sin deseaos de hacer nada. He pasado casi dos semanas con problemas dentales que me han obligado a consumir analgésicos y antibióticos muy fuertes para aliviar el dolor. No sé si mi abatimiento tenga algo que ver con esa circunstancia anda terriblemente deprimido y la percibo diferente a otras ocasiones, es la mayor abulia que he sufrido y no poseo siquiera un plan de cómo salir de ella. Las huidas o los escapes a otros lugares también han perdido significado, irme o quedarme me resulta igual, incluso creo que solo me arruinan económicamente, generan mayor soledad al quedar sin familia, aparecen o agravan las enfermedades, surgen los arrepentimientos y cargos de conciencia. Hoy maldigo el día en que nací y maldigo la vida que me ha tocado vivir. No hay norte, motivación, nada me estimula, adelante solo veo la misma mierda de siempre. Quiero que los días transcurran rápidos, que las horas vuelen, que llegue la noche para cerrar los ojos, dormir y no despertar jamás. ¿Qué ocurrió con los días en los que ansiosamente esperaba el amanecer para emprender con ánimo el trabajo, integrarme a la vida intensa?, ¿dónde quedaron los días que se me hacían tan cortos para la cantidad de cosas por hacer? Siento que el tiempo se detuvo, ni avanza ni retrocede, pareciera caminar de lado, en diagonal.

Ha vuelto la depresión con matices distintos; el sinsentido de la vida ahora es superado por la abulia, no tengo ánimos ni de comer, hago las cosas por hacerlos, de una manera mecánica. Tampoco tengo a alguien cercano que me ayude a salir de la crisis. Ni con mi esposa cuento, no la culpo, debe estar harta de lidiar con mis cambios de humor, mis locuras. Antes me oía con interés y eso me servía de mucho, ahora ella anda en su mundo, su trabajo que le absorbe el cien por cien del tiempo. Mientras mi cabeza da vueltas en el infierno, ella habla del estúpido juego del "amigo secreto", mientras maldigo mi existencia ella está tratando de conseguir unas sandalias de moda. Pero no la puedo juzgar por actuar hoy de esa manera, veinte años soportando a un desquiciado es mucho tiempo. Son varias las cuestiones que se han ido al traste en nuestra relación de estos últimos meses: distanciamiento de las relaciones sexuales, poca comunicación agradable, no compartir comidas ni otros momentos de familia. Estoy tratando de ser paciente, tomar las cosas sin preocuparme demasiado, hacer un seguimiento al desarrollo de los acontecimientos, si las cosas no mejoran, tomaré una decisión seria. Me pregunto: ¿cuántas miles de parejas que uno mira como felices, normales, estarán atravesando por similares circunstancias? Me imagino que preferirán mantener algo antes de perderlo todo en una separación de hecho como sería el contacto con los hijos, una cuarta parte de la esposa, la habitación familiar, la seguridad de la casa, un plato de comida, solvencia monetaria y un teléfono para llamar al 911 cuando ataque la enfermedad. Nos inclinamos por soportar hasta el extremo antes de caer en el nefasto mundo de los arrepentimientos, de los atormentadores cargos de conciencia que no cesan ni perdonan. No hay una condición peor que esa, el sufrimiento es tal que pedimos morir. Debo tratar de evitarlos. Me obligo a analizar, y escoger entre los dos tipos de vida que tengo a mano, el uno, quedarme al lado de la familia aguantando las fricciones, domeñar los celos que me hacen desconfiar de la mujer, hacerme de la vista gorda ante los sinsabores del día a día practicando la tesis del dejar hacer, dejar pasar, ser una especie de pelele, lo segundo sería retomar las riendas de mi vida, buscar la libertad, correr los riesgos que supone dejar el refugio del hogar familiar y tratar de soportar las consecuencias. La primera cuando me tocó vivirla muchos años atrás no la soporté, la segunda me es bien conocida. Al escoger marcharme aprendí que si logro superar la separación durante varios meses sin cometer una desgracia o sufrir una enfermedad letal, voy a estar mejor. No hablo de ser feliz pero renacerá el ánimo y el espíritu para emprender una nueva experiencia que también sé durará un cierto tiempo para luego entrar en un nuevo caos. Pareciera ser el infalible ciclo de mi existencia.

*Plant City, FL. Febrero 2011.* Ayer padecí otro episodio fuerte de la maldita enfermedad, desde que comenzó el día mi espíritu era frio, oscuro, triste. A duras penas me levanté para retomar algunas actividades normales y no desagradables pero todo lo que hacía me costaba un gran esfuerzo con todo y que vivo en una casa ubicada en un hermoso lote con grandes árboles donde abundan pájaros, ardillas y muchas flores; trataba de ver el lado bueno de la vida, del universo, de mi condición más, era inútil. A medida que transcurría el tiempo me sentía peor como si una poderosa y extraña fuerza me apretara impidiéndome pensar y hasta respirar. Caminaba de un lugar a otro tratando de distraerme para superar el terrible momento. Encendí la TV pero continuaba hipersensible, irritable, con grandes deseos de llorar sin embargo el llanto no salía. Me embargaba una profunda soledad y tristeza, me veía desadaptado en este mundo. Mi mente insensata, retraída, me hacía mirar atrás, al oscuro y triste pasado y una ráfaga de aire gélido me calaba los huesos haciéndome temblar y atisbaba entonces al futuro y me enardecía al ver que todo era una repetición de lo mismo. No requería hacer ningún esfuerzo para comprobar que las vivencias pasadas eran calcadas y revividas en el presente. Mi esposa y mis tres hijos estaban a mi lado pero estaba solo en el trance, trataba de no demostrar mi terrible condición evitando estar frente a ellos. Quería estar en mi país, en mi pueblo, tomando cerveza en algún bar de carretera jugando bolas criollas conversando con los amigos y emborracharme, mas no tenía nada de eso. La situación se me fue haciendo intolerable, temí caer en una grave crisis y cometer alguna locura. Con prontitud encendí mi carro y tomé rumbo el gimnasio de YMCA del cual somos miembros buscando con el ejercicio físico un alivio a mi pesar. Manejé en muy malas condiciones físicas, rogaba a los dioses me sacaran de tan terrible estado. No sé como logré llegar al sitio distante unas ocho millas de mi casa atravesando buena parte de la ciudad.

Mi rostro debía estar alterado porque algunas de las personas que tropecé en los pasillos me miraban con extrañeza. Durante más de una hora busqué agotarme en las modernas maquinas ejercitadoras mientras mis lágrimas brotaban abundantes. Con todo y el esfuerzo realizado no lograba superar la crisis, estaba asustado porque la idea del suicidio, de producirme un daño severo, estaba tomando cuerpo en mi mente. Tristeza, inconformidad, soledad, fuera de lugar. ¿Que hago yo aquí en un mundo absurdo? La idea de inmolarme vuelve una y otra vez a tomar forma. Los recuerdos de los errores cometidos unos tras otros a lo largo de mi vida son los que afloran y cobran vida. El hecho de haber conocido y tratado durante tantos años solo gente-basura, mediocres, egoístas, envidiosos, falsos, traidores, me agobia. Me resulta casi imposible aceptar, después de analizar a cada una de esas personas con las que tuve algún tipo de relación o contacto que no haya una sola que recuerde gratamente. Las que quedan son todas basuras y las que han muerto igual. Estoy cansado de vivir esta maldita y asquerosa vida que nunca da momentos buenos, cada dádiva te lo cobra con lágrimas, sangre, sufrimientos. Estoy decepcionado de todo y de todos, nada me complace ni me alegra. Veo todo oscuro, sin esperanzas de algo mejor. Es horrible estar en el hueco profundo y oscuro donde pareciera que una prensa gigantesca te aprieta el alma, quieres liberarte, sacudirte el peso pero solo consigues desesperación y una terrible agonía. Los dioses deben disfrutar viéndote sufrir porque ninguno interviene en tu ayuda. Miro a mí alrededor, tengo todo lo que la gente añora pero no me place, no me llena. ¡Que desgracia sentirse harto de todo!

En el oscuro hueco es donde los diablillos aprisionan el alma sin piedad. Trato de salir y no puedo, pido, rezo, ruego con denuedo, nadie oye mis oraciones y mis súplicas. No hay ayuda. Oteo mi entorno y me molesta lo que veo, estoy amargado, conllevo repugnancia por la gente, hasta mi familia me incomoda, no los tolero. En esos momentos observo en detalle a las personas que integran mi mundo y me parecen odiosas. Cuando estás en el hoyo a nadie le importa tu dolor, no existes. Abrumado con estas malditas cargas y malos pensamientos retorné a mi casa y busqué una botella de whisky. Tomé dos grandes tragos seguidos de una cerveza, puse algo de música, casi enloquecido inicié labores de rastrillar las hojas secas cortar ramas o hacer cualquier cosa con tal de ahuyentar los demonios de la mente. Continué bebiendo licor y poco a poco se me fue pasando el malestar. El abundante alcohol produjo sus efectos y en la calma me vino el recuerdo de C*, joven administrador de una Institución donde trabajé, éramos además compañeros del equipo de softball. Un viernes por la tarde después de culminadas mis labores como profesor me fui con varios amigos a un tranquilo pueblecito a beber licor y jugar dominó. A la mañana siguiente me entero que el hombre había muerto de un infarto. Sus allegados me contaron que nos había buscado desesperadamente durante horas para tomarse unos tragos con nosotros. No logró dar con ninguno por lo que se retiró a su casa y antes de la medianoche el corazón le falló. Todos coinciden en pensar que de habernos encontrado otra hubiese sido su suerte. No consiguió el camino de la vida sino que muerte le marcó el de ella, como le ocurrió al paje del cuento de Samarcanda. Después de unas quince horas de angustia y como dos de estar consumiendo licor, la crisis fue cediendo, advertí que el contacto con la tierra me ayudaba porque en el ínterin sembré algunas plantas lo que contribuyó a serenarme. Debo hacerlo con más frecuencia como terapia. Casi borracho me fui a la cama y dormí hasta bien entrada la mañana siguiente, ni siquiera me recordé de atender a los niños antes de irse a la escuela. Y ellos respetaron mi profundo sueño. Días después sigo sintiendo un odio seco contra lo que me rodea, sean personas, objetos, animales, planes, ideas. Nada me complace, saboreo manjares y no me saben a nada, no experimento placer alguno en degustar o disfrutar un sabroso plato de comida, unas cervezas, una Coca-Cola, unos buenos espaguetis, hacer el amor, conducir, ver un amanecer. Ya nada me importa, nada me satisface. Esta condición no es nueva en mí, la he sufrido en otras ocasiones pero nunca tan severa y aguda como ésta vez. Ya tengo cincuenta y ocho años. Probablemente la edad sea una de las razones. No lo sé. Hoy tengo mejor condición económica, mayor estabilidad familiar pero los momentos depresivos son peores. No lo entiendo. Ahora vienen acompañados de rabia, violencia, pierdo los estribos con facilidad, no me controlo y ataco a mis hijos o a quien sea de cualquier manera, física o verbal. Muchas veces he sentido deseos de hacer daño a ciertas personas y dar rienda suelta a mi odio, mis resentimientos. Es algo serio, real, siento miedo por las reacciones violentas y sus consecuencias. Vuelven las intenciones de tomar la decisión de marcharme, dejarlo todo, abandonar a mi familia y transformarme en un ermitaño. Recapacito y recuerdo las recomendaciones médicas de abstenerme de tomar decisiones importantes, drásticas, mientras me encuentre en circunstancias como las de ahora. Voy a esperar unos quince días, si la idea persiste, buscaré nuevamente ayuda del psiquiatra. Debo ver como última opción la de irme y abandonar a mi familia, pienso que les crearía un grave problema. La idea del suicidio no se ha materializado porque tampoco quiero dejarle a mis hijos tan terrible legado, creo que aparte de haberlos traído a este asqueroso mundo con sus problemas, pesares y angustias que le son propias, agregarle una muerte por suicidio empeoraría el feo cuadro de la existencia. Veo que a la necia de mi mujer poco le importa lo que está ocurriendo en sus narices, la noto cansada de su trabajo en la escuela, de sus hijos y por supuesto de haber batallado durante veinte años con un marido depresivo y problemático como yo, lo que la ha hecho cambiar en detrimento de la relación. No la culpo, es joven y probablemente tenga su propio proyecto personal el cual creo antepone incluso ante su familia. Ella sabrá cómo y porqué lo hace.

Vuelvo la mirada al pasado y compruebo que la enfermedad mental me ha llevado a transitar una vida difícil, dura, trastornada, llena de decisiones equivocadas, violentas y precipitadas como haber dejado la estabilidad del trabajo en la docencia, renunciar a sus beneficios para muchos fue un craso error, es posible, pero que tuvo como positivo el haber dado el gran paso de salir de la mediocridad, lo repetitivo y la miseria que supone vivir entre educadores para entrar en otro mundo, el de la competencia económica, la gente del comercio o la industria, lo inhumano del trato laboral, borracheras locas, personas sin clase ni prestigio, solo con dinero que es la meta. La época y la sociedad en la que se desenvolvió mi vida durante años desapareció, el tiempo y los cambios políticos se encargaron de enterrarla para siempre, sus protagonistas en su mayoría murieron, yo era muy joven cuando compartí con ellos el trabajo educativo, casi todos me superaban en veinte o más años, pura basura, gente miserable y egoísta. Fuimos compañeros durante cinco años y desde el día que me retiré jamás los he vuelto a ver o contactar, no establecí vínculos gratos o perdurables con ninguno de ellos porque de ellos no aprendí nada bueno, ni disfruté momentos especiales. Exprimo mi cabeza tratando de recordar algún pasaje agradable ocurrido en tantos años de relación y no consigo ninguno, definitivamente no fueron mis amigos. En algunas oportunidades los pocos sobrevivientes me han invitado a reencuentros para compartir y recordar viejos tiempos. No sé como logran dar siempre con mi desgraciado paradero, nunca les he dado mi dirección pero la consiguen. Pierden su tiempo porque no tengo ningún deseo de conversar con ellos ya que cada vez que recuerdo sus caras me dan náuseas y unas ganas terribles de defecar. ¡Qué mala epoca!

*Plant City Fl, Jueves 17 de marzo 2011 2:30 am.* Me siento un hombre maldito y desgraciado, acosado por sentimientos de repulsión y hastío por mis semejantes, incluyendo a mis hijos y familiares, he acumulado muchos resentimientos dentro de mí que debo pensar seriamente en irme lejos a vivir solo; ya sé que no puedo aceptar sinceramente ni por mucho tiempo a quienes me rodean. El problema es que yo sufro más que ellos con la separación o al inferirles un castigo aunque sea justificado; ayer me dolió el costillar después de una fuerte discusión, quería morirme y salir de una vez de tanta porquería. La vida es una mierda, le pides un poquito de lo bueno y te da lo peor que tiene. Es así y lo será por siempre, cuestión que me atormenta; el panorama futuro que vaticino a mis hijos no me gusta, es más de lo mismo, más de la vida asquerosa que nos ha tocado vivir. Los veo de aquí a veinte años y serán los mismos idiotas que fuimos nosotros, cometiendo los mismos errores y equivocándonos continuamente. Se casarán, trabajarán, tendrán hijos dentro de un mundo de problemas que es un asco. No sé que hacer, estoy a punto de enloquecer al no conseguir una salida, no es algo nuevo para mí, pero cada día es peor, siento hiel en mi boca y en mi alma. Vivo en trillado y terrible dilema de irme lejos de mis tres hijos adolescentes o hacer el supremo esfuerzo de soportarlos. No lo sé, nunca compartí con personas de esa edad e ignoro cómo tratarlos, comprenderlos y resistir tan especial conducta. No recuerdo haber compartido la fase de adolescencia de mis hijos anteriores ya que hacía mi vida entre tres o cuatro mujeres a la vez y no tenía tiempo para ocuparme de detalles en la convivencia juvenil. Trasladé el peso mayor a sus madres, de tal manera que cuando surgían problemas me ausentaba durante varios días a casa de las otras amantes. Descubrí el "secreto" de saltarse la fase adolescente de los hijos, por desgracia la técnica no es aplicable donde vivo actualmente ya que éste país tiene rigurosas leyes que al menor descuido de tu parte con los hijos o las mujeres, te obligarán a trabajar como un esclavo el resto de tus días para sostenerlos económicamente. Lo de andar de mujeriego tampoco es buena idea porque las mujeres de estos lares son "muy largas y amoladas", van directo al sueldo y a la bolsa tuya con el dinero. Ni siquiera un besito nos va a resultar "free" o gratis. Así que por lo pronto debo morir callado, aguantar, vivir en un infierno donde me siento incomprendido, harto de todo, no sé a quién recurrir para que me brinde consejo o ayuda. Temo que me va a dar un mal o voy a cometer una desgracia. Son ahora las seis y media de la mañana, llevo despierto cuatro horas, quisiera dormir y no despertar nunca. Nada de lo que veo para el día por venir me anima, me alegra o le da sentido a mi vida, todo lo veo opaco, eso me amarga, me deprime, me obstina. Ahora la rabia es una constante en mis días, al menor detalle me molesto y solo quiero estar solo, esperar la muerte, única solución a tanta mierda. Voy a irme a la cama a llorar mi destino entre las sucias, hediondas y sudadas almohadas que sospecho nadie se ha ocupado de mudarlas en varios dias.

*En mi casa de Plant City, Mayo 4 del 2011.* Son las seis de la mañana, tengo una hora despierto, mi cabeza confundida no cesa de pensar en muchas cosas a la vez. Desde hace algunos días andan por allí unos locos con un viejo tarugo y parlanchín a la cabeza anunciando el apocalipsis, aseguran que el próximo sábado 21 de mayo 2011, a las seis de la tarde el mundo se acabará, posiblemente con un gigantesco terremoto y otros fenómenos naturales. Estos desquiciados disponen de dinero a montones, transportes, medios de difusión ultramodernos y una ristra de imbéciles seguidores, fanáticos que han aprendido frases altisonantes para ir regándolas en todos los barrios. En New York, cuna de los desquiciados están haciendo su agosto. Se aprovechan de que la gran ciudad siempre ha estado esperando su fin trágico desde que Adrien Block ancló su barco en Manhattan por allá en el 1613. Se ha escrito y producido tantas películas sobre la trágica destrucción de tan bella e impactante ciudad que la gente ya se lo ha creído. Nadie concibe el fin de New York de otra manera que no sea catastrófica. Y eso ayuda mucho a que los profetas tengan la tierra abonada y fértil para lanzar sus semillas y esperar con calma y seguridad la cosecha de sus frutos que aquí se manifiestan en hermosos ramilletes de billetes verdes. He pensado seriamente en dedicarme a estas lucrativas actividades místico-religiosas porque no requieren de capital ni suponen ningún riesgo de bancarrota, la gente nos toma aprecio, hay respeto, se pueden tener varias amantes o esposas, buenos vehículos, casas de lujos, viajes, prestigios en conclusión, se vive como un pachá. Y todo por andar pregonando mentiras en nombre de proféticos personajes que vivieron en siglos pasados, no dejaron herederos y por lo tanto no hay a quien ni porqué rendir cuentas de los beneficios que la empresa reporte. Se me ha presentado un solo inconveniente: Mi esposa, que con su lengua y carácter me tienen a raya, creo que si no me he lanzado a la productiva actividad es porque debo quererla, temerle o porque deseo vivir en paz con mi familia. El tiempo lo dirá. Pero con cada día que pasa la inflación aumenta así como los gastos de los hijos y no dejo de pensar en salir a recoger esos sacos de dinero que la gente quiere dar a alguien que le llene la cabeza de mentiras, miedos infernales, castigos divinos, premoniciones y demás ingredientes propios de las religiones. ¡Estos locos desgraciados se están llenando! Y yo como un imbécil parado en la esquina sirviendo de testigo al espectáculo. ¡No es justo! Desde la desaparición de los dinosaurios no han faltado brujos, magos, pitonisas, adivinos y cuanto bicho raro existe en este infierno llamado mundo, preconizando que el fin de la humanidad está cerca y debemos prepararnos, comenzando por desprendernos de nuestras riquezas y dejándolas bajo su control. Los trágicos y premonitorios designios nunca se han producido pero es bueno pensar continuamente en ellos ya que al parecer llena muchas expectativas en gran cantidad de personas alrededor del universo. Hay quienes de verdad lo desean porque la novia o la amante los abandonaron o perdieron su fortuna en la bolsa, murió un pariente muy querido, no tienen como comprar un carro nuevo, sufren acné juvenil, no les agrada su color de piel, no pueden viajar a Europa o padece algún trastorno mental, en fin cada quien tiene miles de motivos, todos de peso y muy razonables para desear en cierto momento que el mundo se vaya a la mierda con todos nosotros en su interior, que los fuegos eternos lo consuman y luego las aguas acaben con lo que pueda quedar. Particularmente yo he deseado que mi mundo, el de mi persona se acabe, pero jamás he querido privar a mis semejantes de que continúen en éste bello planeta disfrutando de la alegría, la felicidad y el amor que reinan por doquier. Eso sería una actitud por demás egoísta de mi parte. Yo quiero irme solo.

El día y la hora se cumplieron y nada ocurrió. Pobres estúpidos por creer lo que estos falsos profetas anunciaron mientras que los charlatanes si supieron ocupar su tiempo en cuestiones provechosas y sostengo que no creo que haya otra que rinda tantos beneficios como ésta. Hay en mi sector una conocida avenida que lleva el nombre del Dr. Martin Luther King Jr. y que en su trayecto atraviesa varios cementerios muy bien cuidados y con bastantes habitantes acostados. Diferentes medios periodísticos con cámaras y demás implementos estuvieron apostados durante horas en lugares estratégicos, prestos a ver y grabar para la posteridad la resurrección de los muertos a la hora fijada por el falso y viejo profeta. ¡Habrase visto semejante locura! Estas personas juraban que iban a ver levantarse a los cadáveres, sacudirse el polvo, caminar al encuentro de sus familiares, abrazarlos y luego ir a preparar un sabroso Bar-B-Q en el jardín de sus casas. Era tanto el convencimiento que el tráfico se paralizó, esperando el impactante momento. ¿No les parece haber visto un espectáculo muy parecido en el cine o la tele? La noticia divulgada por todos los medios posibles cundió rápidamente y muchos seguidores alrededor del planeta, convencidos del inevitable desastre abandonaron sus trabajos, sus normales ocupaciones para ir a refugiarse a sus iglesias, templos, como si eso fuese a servirles de algo. Los profesores de mí Universidad nos dejaron marchar antes para llegar con tiempo a nuestros hogares y morir allí plácidamente. Pienso que da igual morir aplastados por una viga de una catedral que por un pila de cemento de un edificio. Otros partieron a lejanos lugares a reunirse con sus "seres queridos". No entiendo como queriéndolos tanto, se marcharon tan lejos de ellos, ni tampoco entiendo si acaso es muy diferente morir tomado de la mano o abrazado a un ser querido que morir estrechando un poste del alumbrado público. Creo que Hollywood nos ha dado e inculcado demasiadas falsas imágenes melodramáticas, llenado la mente de basura que ha hecho que todos queremos vivir y morir como en el cine o en la televisión, no concebimos otro tipo de final, sobre todo la idea esta cristalizada entre adolescentes o casquivanas de mediana edad. En la ocasión algunos avezados e inteligentes truhanes publicaron mensajes en la red avisando a las personas que temían por el final, por favor le depositaran su dinero en sus cuentas bancarias que ellos se comprometían formalmente a cuidar de sus perros y mascotas. Estoy seguro que muchos obedecieron. Me imagino el problema que ahora están atravesando las partes que hicieron el insólito trato.

*Mayo 16 del 2011, en mi casa de Plant City.* Son cerca de las dos y media de la madrugada, no logro conciliar el sueño, mi mente vaga, pienso y me levanto a escribir. Si lograra algún beneficio financiero de tanto pensar seria archimillonario; hoy estoy por creer que el pensar, el analizar cosas, situaciones y personas solo me ha llevado a cometer mayor cantidad, peores errores y a decepcionarme tanto de la cosas como de la gente. ¿Quien carajo me enseñó a pensar? y lo más terrible, a pensar mal y equivocadamente. Muchos proyectos se han ido directo a la mierda arrastrándome con ellos después haberlos estudiado por largo tiempo, analizados concienzudamente, consultados y por ultimo entregándoselos al creador para su bendición cuando todavía era creyente. La vida no trae nada bueno para la gente que piensa y razona, los buenos resultados y el éxito parecen ser más bien producto del loco azar que del raciocinio. De hecho los grandes pensadores de todas las épocas han vivido en la miseria, vituperados, olvidados durante siglos; mientras que los idiotas, cretinos, brutos, ignorantes, estúpidos, llegan a coronarse de reyes, ser presidentes, congresistas, ricos, poderosos y dominan el mundo en todos los campos menos el del saber pero son los que poseen el dinero, poder y otorgan los premios y reconocimientos. Comprobarlo es muy sencillo, basta con abrir los periódicos, mirar la TV de cualquier lugar del mundo y observar quienes ocupan las primeras páginas: Solo los burros e idiotas. A los inteligentes, pensadores, estudiosos, siempre se les verá arrinconado, agobiados por las deudas, los compromisos, falta de dinero y de recursos que los ha llevado acometer bajas, tristes y miserables acciones para poder llevar algo de comida a sus familias. En nuestra época y también en las anteriores siempre viven al día con lo justo para comer e ir tirando; cualquier percance, daño o tragedia familiar los sume en la ruina y la desesperación. Esa es la bella vida que se tiene, la que nos han dado, la que nos han obligado a tomarla y vivirla. Luego se pretende hablar de respeto a la libertad, el libre albedrio, la elección. ¡Qué patraña!

*Savannah Ga, Agosto 2 del 2011.* Sin dudas una de las ciudades más hermosas e impactantes de los Estados Unidos. En algo me hace recordar con añoranza a la Guayana de mi país con sus grandes ríos navegables, su vida vibrante y el olor típico de los puertos. Me quedo solo en una banca observando el lento paso de un gigantesco barco que ondea una bandera desconocida para mí y su nombre escrito en la proa, en grandes letras blancas parecieran trazadas al revés. Un par de tripulantes pegados al barandal se ven como enanos entre los contenedores, mueven los brazos en señal de frío saludo. Unos niños cercanos saltan y agitan sus gorras en correspondencia. Somos un grupo de doce personas parientes de mi esposa que vinieron de visita desde Venezuela. Personas gratas, colaboradoras y alegres; virtudes que me han hecho el viaje tolerable porque no quería hacerlo, no había suficiente dinero para derrocharlo en unas largas vacaciones y aunque la ley era compartir por igual todos los gastos del viaje, yo debía soportar la mayor carga por contar mi familia con cinco miembros y no me gusta pasar por gorrero; además estábamos en época de exámenes en la Universidad donde cursábamos el Máster, veía como un acto irresponsable ausentarnos sin justificación. Como siempre ocurre mi esposa se impuso, no hubo razones que la hicieran cambiar de parecer, ella había sido la promotora del tour, quería pasar unos días con su familia después de tantos años. Yo debía hacer de cicerone y conductor del transporte por conocer mejor las carreteras y las leyes de tránsito. Hubiese preferido pasar el verano en Idaho o Montana haciendo excursiones al parque Yellowstone durmiendo en las montañas. Otro día será. La depresión mostró sus diablillos en el viaje; durante el día la carretera, paisajes, la tensión del manejo los mantenía alejados pero al caer la noche se alojaban en mi alma a retozar y revolver mis sentimientos de decepción, desidia, sin sentido de la vida, resentimientos y frustración tan habituales y repetitivos. En algunas ocasiones cuando el día se tornaba muy difícil recurría al *Tafil* para tranquilizarme y dormir mejor.

*New York City,Ny. 05 de Agosto 2011.* He estado tenso, nervioso por tener que presentar algunos trabajos de investigación como requisito de la maestría que curso en la Universidad, no logro concentrarme, avanzar y el tiempo se me agota. Decido zampar al grupo entero en una lancha que los conduzca a la Isla de Ellis y a la estatua de la libertad y así disponer de suficiente tiempo en la laptop. Logro parquear la buseta en un alto edificio muy cerca de Wall Street; desde arriba veo los trabajos que se ejecutan en el área donde una vez estuvieron las torres gemelas. Tres veces distintas separadas en el tiempo he estado en el sector y no deja de conmoverme, el aire lo noto enrarecido, se me hace pesado caminar y me invaden deseos de llorar. No importa la agitación que reina en sus alrededores, la excesiva presencia policial, la vigilancia que casi palpas en tus espaldas con cada paso que das. Creo que la gente que transita o trabaja por el sector no ha superado las secuelas del terror de aquellos aciagos días, entre ellos se miran con sospecha y pobre de los que tienen rasgos de las razas del cercano oriente o andan vestidos con su indumentaria. Los más despreocupados son los turistas asiáticos o de Europa del Este que merodean por la zona con una cámara colgada del pescuezo foto y foto sin imaginar siquiera los sucesos que en el momento del desastre conmovieron al mundo.

Aproveché cuando la embarcación con mi familia dentro puso agua de por medio y entré en una enorme cafetería en el mero corazón financiero que disponía de servicios WFI a razón de cinco dólares la hora. Me pareció caro como todos los platos que allí servían pero no tenía muchas opciones si quería avanzar. Trabajé sin parar hasta que el hambre me atacó. El local semi vacio hasta ahora comenzó a llenarse de gente. Sin pensar en precios me serví a discreción del variadísimo buffete. Comí con prisas como cualquier neoyorquino y continué trabajando hasta cerca de las cuatro de la tarde. Finalizada la labor la envié al correo de la Universidad, cuando pulsé la tecla de "enviado" experimenté un alivio inmenso, como si me hubiese quitado de los hombros dos pesados ladrillos, lo que no me impidió culpar a mi mujer por el mal rato y proferir una grosera frase que seguro oyó allá en la isla en medio de los recuerdos de los inmigrantes.

*Boston, Ma, 13 de Agosto del 2011.* Desde que entramos a la ciudad no ha parado de llover lo que nos ha impedido conocer sus lugares famosos e importantes. También afecta el cansancio de haber viajado dos mil millas enlatados en una buseta de catorce puestos desde Plan City, atravesando buena parte del país en el sentido este-norte. Poco hablo con mi compañero de al lado que resulta ser un buen amigo, joven ingeniero primo de mi esposa que porta en sus manos un GPS . El aparatito algunas veces nos ha resultado de cierta utilidad, otras nos ha llevado a rincones y callejuelas sin salida. Soy del pensar que se requiere tener un anterior conocimiento básico de la ciudad o región a recorrer para que sea una ayuda efectiva, de lo contrario se corre el riesgo de ir a parar a cualquier lugar menos al que se desea. Ando muy sereno por el *Tafil* pero siempre preocupado al estar consciente de la responsabilidad que supone el llevar en mis manos la vida de tantas personas. Conduzco con extrema precaución lo que al final del día se transforma en estrés. Muchas veces me invade la rabia y la impotencia ante las decisiones que otras personas familiares o no, toman en nuestro nombre, nos comprometen y arrastran donde no quieres ir o estar. Interactuar con el prójimo, llámese esposa, hijos, vecinos, amigos, es la mejor muestra de que existimos y al hacerlo sufrimos una permanente angustia y lenta agonía.

## Capítulo XXXII

*Plant City, Fl 03 de Febrero 2012.* Un par de noches atrás mi esposa me contó con cierta añoranza un pasaje ocurrido en Texas hace unos cuatro años y el cual no recuerdo en absoluto por mucho esfuerzo que haga. Resulta que mientras estuve bajo los efectos de las pastillas mantuve un comportamiento sereno, reposado, tolerante que hasta llegué a asistir a la misa en familia como cualquier devoto, departí, compartí con los otros asistentes como un verdadero cristiano. Mi conducta durante los oficios religiosos dizque fue admirable por la beatitud y devoción que derroche, cuestión que me sorprende. Yo que me considero un impenitente, blasfemo, dado a cometer actos heréticos e irreverentes, verme de repente actuando como un santito me confirman el desconcertante y milagroso efecto de las pildoritas.

*Plant City, Fl 06 de marzo 2012* Ayer cinco en horas de la noche mi esposa atendió una desesperada llamada telefónica de su hermana que vive en Miami, solicitándole me consultara una recomendación específica para un cuñado quien vive en Venezuela y estaba atravesando una fuerte crisis depresiva con pensamientos suicidas. Realmente me sorprendió la pregunta porque no soy psiquiatra, claro ellos saben de mis largas batallas contra la enfermedad y si aun estoy vivo es porque he logrado superarla en algo. De todas maneras quede perplejo sin saber que responderle. Cuando me decidí devolver la llamada me atreví a darle parcas recomendaciones para el enfermo comenzando porque debe estar muy consciente que nadie tiene la cura definitiva del mal, que poco ayuda ir a la iglesia, rezar durante horas, hablar con guías espirituales ni tampoco leer libros leer libros de auto-ayuda personal, religiosos, implorar a Dios, hacer una dieta vegetariana, tomar frascos de valeriana, ejercitarse hasta caer muerto de cansancio, nada de eso le servirá si la crisis es grave. Lo único que sugiero es acudir con urgencia al psiquiatra llevando en la mano un trozo de papel que diga: "Quiero que me dé una receta moradita de las que ustedes utilizan con el nombre de este medicamento Cymbalta 60 mg." Solo eso. No entrar en detalles sobre el padecimiento porque esas entrevistas con el médico suelen tener consecuencias impredecibles, buenas o malas. Es mejor evitarlas. Pagar los honorarios, salir de la consulta rápidamente e irse a cumplir el tratamiento en forma correcta. Le nombré algunos de los efectos colaterales que produjo el medicamento en mi organismo, los cuales pueden variar de una persona a otra, pero que eran soportables, comparados con que supone estar sumido en el infierno de la depresión. Las pastillitas lo sacaran de este cochino mundo en un dos por tres, mandará a la mierda a quienes le rodean que son casi siempre los causantes de disparar el ciclo negativo de muestras vidas. Realmente los efectos visibles se comenzarán a notar pasados unos ocho días, aunque puede sentirse una leve mejoría a partir del segundo día de comenzar el tratamiento. Eso fue todo. Me agradeció encarecidamente el consejo prometiendo hacérselo llegar esa misma noche al pariente. ¡Ojalá le sirva de ayuda! Que algo quede claro: Ya señalé que los grandes ganadores de este sucio negocio son los laboratorios y médicos loqueros, por desgracia para nosotros los depresivos, no tenemos opciones, debemos caer en sus manos por lo menos hasta retomar un poquito el control en nuestras vidas. No vayan a pensar que soy un agente vendedor de Cymbalta, no, solo que ha sido el medicamento que me sirvió en una horrible época de mi azarosa vida.

*Plant City, Fl 8 de abril 2012.* Hoy por la noche mi hija de trece años lucia abatida, llorosa porque observó algunos moretones en brazos y piernas. No sé quien le llenó la cabeza de estupideces de que eran síntomas ineluctables de leucemia. Temía al cáncer y la subsiguiente muerte. En nuestra cultura no somos educados convenientemente a cerca de la idea de la muerte, solo nos atiborran de pendejadas religiosas que nos hacen vivir asustados, temerosos y hasta horrorizados. El miedo a lo desconocido, al más allá, incluso para una personita como ella inocente, virginal, buena, amorosa, la trastorna, la hace llorar y sufrir. Solo alcancé a prometerle buscando aliviar su pena que si es tanto el miedo que siente ante su muerte yo con gusto la acompañaría en ese desconocido camino. En el mismo momento que ella muriese me quitaría también la vida de cualquier forma, así ya no estaría sola y emprenderíamos juntos el recorrido hacia el otro mundo, si es que existe. ¡Prometido! Es lo menos que puedo hacer para enmendar en algo el error de haber traído hijos a este desgraciado mundo. No siento dolor ni tristeza por dejar ésta vida, sé que los que quedan saldrán adelante sin mí. Al final el olvido porque solo somos simplemente pequeños seres destinados al desuso y ser olvidados.

*Plant City, Abril 14, 2012.* El clima ha ido cambiando, hoy ha sido un día de calor y humedad sofocantes no propio de la primavera. Estoy sentado sobre un grueso tronco podrido que yace en el fondo del patio entre nubecillas de fastidiosos insectos, el revoloteo de coloridas aves y audaces ardillas. No ando de buen talante, ideas y confusas emociones me hacen divagar en que consiste el vivir, nuestras alternativas, excusas y justificaciones, me azota la idea del suicidio, la otra vía que mutila, corta por mano el plan que estaba destinado para nosotros, adelantarse torciendo los designios no debe causarle mucha gracia al creador, si acaso lo hay. A mi entender la pregunta no debe ser: ¿Por qué se suicidan las personas? Ya que razones de peso, justificadas hay miles. Si no, ¿porque la gente no se suicida? Razones verdaderas para permanecer vivos, no las hay. Salvo la del temor al más allá, el castigo divino que nos han inculcado nuestros antepasados a través de la religión o los hijos, en mi caso de llegarse a producir, para no dejarles aparte del duro trabajo de vivir, el estigma de haber tenido por padre a un cobarde que no pudo enfrentar el diario vivir. El hecho que no vaya a haber quien asista a la triste y compungida viuda es la peor y más ridícula de las disculpas, esgrimir razones de trabajo, atender una empresa, construir una casa, educar a los hijos tampoco son excusas validas para no quitarse la vida. Todo en la vida supone un sufrimiento, se trabaja, se sufre para conseguir el alimento, luego se trabaja masticando, moviendo las mandíbulas, algunas veces con dolor o molestias si la dentadura no es muy buena, morderse la lengua o el interior de la boca; se digiere trabajando y si no se goza de buena salud estomacal, muy común en nuestras vidas, se sufre. Un dolor de panza anuncia que viene el placer de cagar. Hay veces que no se puede o también supone otro dolor.

El amor, ese elemento que trae mezclado placer y aflicción. Conoces y tratas a alguien que te agrada, padeces porque hay dudas si se es correspondido o no, te alegras si la haces tu pareja, sufres por el temor a perderla. Se pregona con insistencia "hay que tener confianza en la pareja"; estoy de acuerdo solo, que hay que preguntarle a los miles de cornudos y cornudas que pululan por el mundo que piensan sobre la confianza y la fidelidad. Vienen luego los hijos, una carga ineludible que se nos viene encima. Si alguien supiera realmente lo que supone tener hijos, las responsabilidades que acarrean su crianza, mantenimiento, educación etcétera., seguro que no los traería al mundo, salvo que se esté loco. El cuento de que es la cadena natural, la supervivencia de la especie no me convence, no la veo como mi empresa personal, otros podrían encargarse de la propagación de los hermosos terrícolas.

Al esconderos tras las mentiras de las religiones porque se elige seguir viviendo, no recurrir al suicidio, casi por obligación nos veremos en la necesidad de refugiarnos en una religión sin importar cual porque en esencia todas son iguales y mientras más extraña sea la que se escoja será mejor. Con sus sentencias, cultos y oraciones, vamos tirando hasta que llega el día que nos hartamos de tanta falsedad y mandamos a todos a la mierda por hipócritas y falsos. Caso que ya estemos viejos, en las últimas, preferiremos acatar las recomendaciones de los familiares, amigos, del médico y cargamos a mano a todos lados una bolsa llena de pastillas esperando que la sempiterna y anoréxica muerte en breve plazo se haga cargo del asunto. Sé de muchos que no conformes y contentos con las sopotocientas religiones y sectas que son conocidas en su país, se largan al Himalaya, al Cuzco, al Amazonas, tras las formas primitivas de adoración, buscando siempre como soportar la vida, superar las ideas suicidas, utilizando la consabida técnica de engañar a la mente con cuentos de milagros divinos. Unos, después de largo tiempo y sacrificio, lo consiguen, la mayoría solo comprueban que no son sino patrañas de gentes que durante siglos no han tenido nada que hacer y se han dedicado a producir, aprovechando el miedo natural de los humanos, lo único que se da sin trabajo real y que produce buenos beneficios económicos: Inventar dioses, religiones, mentiras para engatusar incautos y sacarles el dinero, diezmo, limosna o como quiera llamársele. Utilizando el poder, la fuerza, la muerte, logran imponer sus falsedades. Suficiente con revisar un poco la historia para comprobar que a sangre y fuego es como se han establecido las religiones que profesan el amor a los semejantes, la paz, la misericordia, el perdón. Las religiones se han inventado en cerrados claustros enclavados en las altas cumbres, lejanos desiertos o tupidas selvas. Muy pocas se han originado en el mero corazón de las grandes metrópolis que es donde están los problemas y pecados mayores. Hay quienes se inmolan en nombre de las religiones o de sus profetas, otros como mi primo Juan Pedro se sumó a una de esas regiones donde los fanáticos cantan, hacen morisquetas, aplauden y se lanzan al suelo victima de paroxismos y convulsiones hablando en lenguas incompresibles. El no estaba tan mal de la cabeza, un poco tonto quizás, pero nada del otro mundo. Desde que lo ganaron para su causa se le veía durante todo el santo día con el libro de rezos bajo el brazo, no lo soltaba ni siquiera para ir al baño. Solo hablaba de los pasajes religiosos, de los profetas, del pecado. Se hizo intolerable, al menos para mí. Así pasó varios meses yendo y viniendo con el sagrado libro en sus manos, hasta que una tarde, mi madre un tanto alterada me dijo compungida: –¿No sabes la última? Tu primo Juan Pedro se volvió loco.–Dirás que terminó de ponerse loco. Riposté. –¡No te burles, que esto no es un juego! –Pero dime. ¿Qué le ocurrió?

–Bueno fíjate que primero le dio por comer únicamente alimentos crudos sin cocción alguna; mientras se trató de vegetales, no hubo problemas, pero luego comenzó a comer todo lo que conseguía tal y como estaba: pollo, carne cruda, granos, pasta, papas. Los médicos solo le recetaron medicamentos para ayudar con la digestión, más nada. Y prosiguió: –Ayer me llamó mi hermana muy alterada porque el di anterior se levantó muy de mañana y desnudo en pelotas caminó desde su casa hasta la plaza central, un trayecto bastante largo. Caminaba leyendo el libro santo, predicando su contenido a todo pulmón. Como era conocido en el sector, la gente no lo molestó. La policía lo detuvo en pleno centro, lo zamparon en una patrulla y como conocían a sus padres y donde vivían, lo trajeron hasta la puerta de su casa. El como si nada, dio las gracias y les bendijo con un par de oraciones. Seguía desnudo.

–Lo llevaron al médico y le prescribieron unas pastillas tan fuertes que lo mantiene sedado y prácticamente en otro mundo. El pobre, a duras penas logra levantarse de la cama para tragar algún alimento. Culminó mi madre su historia. De esto han transcurrido ocho años, no ha vuelto a comer carnes ni alimentos crudos, tampoco ha repetido sus incursiones desnudo por las calles, condición lograda a fuerza de tomar pastillitas moradas que lo mantienen en el mundo de los fantasmas. Mi madre, que lo ha ido a visitar algunas veces, dice que lo nota algo mejorado sin embargo tiene miedo de dormir en la habitación contigua a la de él, no sea que le dé por cometer una de sus chifladuras.

–Tiene la mirada perdida, una sonrisita estúpida y le ha dado por llevar en una mano un filoso cuchillo que tiene treinta centímetros de hoja y en la otra el libro de su religión. Suspiró profundamente. –Y no hay quien le quite el arma porque tiene una fuerza

descomunal, continua siendo miembro de su iglesia, aunque el pastor no le permite asistir al culto ni a las reuniones y para colmo dejó de visitarlo en la casa por miedo al descomunal puñal que porta.
–Bonita religión la que escogió mi primo. Digo.

Recordándolo, creo que debo tener algunos cromosomas en común con él, algunos cromosomas, aunque no sé con certeza si de verdad es mi primo porque en mi familia mi abuela era medio putona y procreó hijos de varios hombres conocidos solo por ella. Los viejos, entre ellos mi madre mantienen un gran misterio respecto del asunto por lo que no sé con certeza si nuestra sangre tiene un tronco común. Lo dudo. Una conclusión para mi es que las religiones no ayudan. Es un punto grave y delicado por lo que al abordarlo trataré de hacerlo de manera imparcial. Siendo niño o adolescente, pareciera que los dioses están cerca de uno, pero a medida que crecemos, cuando comienzan a surgir las dificultades, los problemas, se van alejando de nuestras vidas, hasta abandonarnos completamente. Los dioses quieren de nosotros las ofrendas, las alabanzas, pero nunca nuestros problemas? ¿Quien no se ha sentido abandonado, decepcionado de su dios alguna vez que se estaba padeciendo de alguna enfermedad, dolor o tribulación?

Nací y crecí en un hogar cristiano, de un cristianismo irrazonable, de aceptación sin protesta, absoluta resignación, creer en los dogmas y rezar hasta el agotamiento, proliferación de santos, imágenes, iconografías, oraciones a la virgen que se llevaban en los bolsillos, colgadas al pescuezo, en las carteras, bolsos, en los hogares, vehículos, para que nos sirvieran de protección ante los males y peligros del diario vivir. Como fui educado en un colegio de sacerdotes italianos, la regla era rezar a diario el rosario, asistir a la misa matutina o vespertina. En esa época oraba tanto que me sentía muy cerca del cielo, de los santos, de dios, hasta quise entrar al seminario para hacerme sacerdote solo que la iglesia católica es tan sectaria que no admite para tan noble profesión sino hijos de connotadas familias y de matrimonios reconocidos. Mi padre era un médico italiano que gozaba de cierto prestigio y buena posición social pero no estaba casado con mi madre sino con otra señora italiana, nunca pudo divorciarse, por lo tanto yo solo tenía el apellido de mi madre y eso me impedía ser cura, dios los quería con sus dos flamantes apellidos. De tal manera que quedé fuera de los selectos predios del señor. Hubiera sido un buen sacerdote o por lo menos mejor que muchos de los proxenetas, ladrones, drogadictos y corruptos que integran la actual iglesia católica y que son protegidos por las máximas autoridades eclesiásticas. Pero ese rechazo, la discriminación de que fui objeto no me alejó del amor hacia dios y la veneración de santos, reliquias. Con el tiempo contraje matrimonio por la iglesia, bauticé a mi hija, asistía con regularidad al culto, trataba en lo posible de cumplir los preceptos y reglas morales. Podía decirse que era un buen cristiano, para cuando alcancé los veintitrés años, comenzaron los problemas vivenciales entonces mi cuerpo y mi mente comenzaron a sufrir los primeros embates de la depresión. Vi llegada la hora de pedirle a dios intercediera en mi ayuda ya que los médicos no daban pie con bola y solo buscaban mi dinero. Las invocaciones las hice primero en soledad. No oyó mis suplicas, por muy sinceras y vehementes que fueran. Lo hice entonces en grupos de oración, reunidos en la catedral o en cualquier iglesia o casa de familia; tomados de las manos, implorando por la salud propia y ajena, tampoco me dio resultados. Un sacerdote amigo me recomendó asistir a los cursillos de cristiandad, lo cual hice prontamente. No me ayudo en nada. Los sacerdotes que me tocaron no eran muy competentes en conocer o tratar mi mal. Proseguí asistiendo a retiros espirituales, charlas, viajes a diferentes lugares sagrados sin ningún resultado positivo.

Hay quienes dicen que mi fracaso con la religión se debe a que no tengo fe, como si alcanzarla fuera algo tan fácil y común. Con insistencia preguntaba quienes tenía por versados en el tema cual era la manera de llegar a ella. La misma estúpida respuesta: Entregándote al señor a través de la oración constante. Según ellos creer, creer, orar y orar conducen a la fe. No me parece. Lo he hecho durante largos años con la mayor sinceridad posible y no he obtenido ni siquiera una milésima parte de un grano de mostaza, por lo tanto he llegado a la conclusión de que no existe o es un camelo eso de la fe. El escepticismo, la duda, la decepción nos va alejando de esos caminos y vamos viendo unos pobres predicadores que más bien parecen chalados, en el centro de una concurrida plaza con una biblia u otro libro en la mano dando gritos desaforados, hablando de la palabra sagrada, otros se retuercen en el piso, poseídos por espíritus, hablando en "lenguas". No los veo como charlatanes o estafadores que buscan en dinero de la gente sino como míseros dementes ignorantes que no supieron detenerse a tiempo. Alguien les trasmitió una idea equivocada, ellos fueron dándole un sentido propio a los libros sagrados, sacando sus frases del contexto y parando al final en seres desquiciados. Es probable que los dioses quieran que entremos en sintonía con ellos únicamente para alabarlos nunca para pedirles nos concedan una gracia, un favor, una mejora en la salud, en las finanzas u otra falla humana, ellos no nos pueden conceder nada, no están hechos con ese propósito. Son dioses creados por el temor de los hombres. Cuando se lee la Biblia, El Corán u otro libro religioso nos damos cuenta que vivir de acuerdo a sus preceptos en una sociedad como la nuestra es prácticamente imposible.

## Capítulo XXXIII

Hay secuelas de una especial etapa en mi loca vida que contribuyeron a profundizar y darle forma a mi enfermedad; es un periodo que abarcó unos cuatro años en el cual entré ante la insistencia de algunos amigos y que me condujo a abandonar mi trabajo como empresario independiente para incursionar y buscar fortuna en el mundo de los sucios políticos. Ya tenía algunos pinitos hechos en la materia, pero de poca monta y entre personajes "santos", comparados con los que iba muy pronto a conocer e incorporar a mí desatinada vida. No voy a extenderme en éste aspecto pero puedo jurarles sobre las cenizas de todos los psiquiatras del mundo que no existe en todo el orbe un político digno. Son seres perversos, sucios, envidiosos, vengativos, hipócritas, mentirosos, traicioneros, además de practicar religiosamente los demás pecados capitales. En mi país por ser subdesarrollado los políticos son en su mayoria incultos, ignorantes, mujeriegos, torpes, borrachos, no tienen la mínima idea de lo que es moral, ética o dignidad. Entrar al mundo de la política es descender a las pailas del infierno. Si alguien pone en duda lo que digo, le pido por favor se inscriba en el partido político de su preferencia y se transforme en un activista. Mi descenso a tan bajo mundo duró el tiempo suficiente para conocerlo en profundidad, todo lo que vi y conocí en él no era sino podrida basura. Hombres y mujeres buscando desaforadamente satisfacer sus ambiciones personales. Y tras esa meta, todo es válido, las personas pierden los valores más preciados pero deben dar la apariencia de ser unos benditos libres de pecado, dignos y respetables ciudadanos.

Debió ser en año de mil novecientos ochenta cuando vendí las propiedades y me trasladé a otro estado con mi familia. Era un segundo matrimonio ésta vez con una profesora de inglés cuya relación culminó en apresurado matrimonio debido a que mi anterior esposa amenazaba con anular el divorcio logrado con la recomendación del psiquiatra de Estados Unidos. Los inteligentes abogados me recomendaron casarme, legalizar la unión de hecho que ya tenía con la profesora que ya me había dado dos hermosos hijos para enervar la acción de nulidad que se veía venir. Compramos un pequeño lote en un sector cercano a la capital, comenzando enseguida la construcción de la que sería nuestra casa, mientras, mi madre me ofreció una vivienda de su propiedad muy cercana a la que estaba construyendo. El trabajo era escaso y las condiciones económicas precarias, el partido para el cual trabajaba también tenía problemas en sus menguadas finanzas por lo que era imposible esperar ayuda pero la mística y la esperanza de que al cabo de un año, logrado el triunfo electoral las cosas cambiarían, nos hacia soportar penurias y hacer proselitismo con ahínco. La amistad, la camaradería que se vive entre los "compañeros" y partidarios es una experiencia extraordinaria, toda vez que obtenido el poder se transmutará en odios, envidias, chismes y enemistades. Nadie se salva de la marabunta que todo lo destruye tratando de conseguir un favor, un cargo, una prebenda. Vi en ese entonces mujeres que me parecieron honorables ofrecerse y entregarse por obtener favores de cualquier politiquero de poca monta, excelentes profesionales de distintas ramas, padres de familia, plegarse a los deseos enfermizos de sucios dirigentes, jóvenes participar en actos deplorables para figurar en alguna lista de la secretaría juvenil. Me tocó domeñar mi orgullo ante jefes políticos haciéndole apologías en los diarios o alabándolo en fiestas y reuniones para no perder la oportunidad de obtener el cargo que deseaba. Sé perfectamente lo se sufre ante semejante vejación ocasionada por personas que ni siquiera tienen un nivel medio de instrucción, me avergüenza reconocer que cuando me correspondió el turno lo hice ante alguien que era poco menos que un zopenco venido desde los andes donde era peón de hacienda, se inscribió en el partido y a fuerza de sucias tramoyas, artimañas sindicales y agrarias fue escalando posiciones hasta llegar a ser el secretario de la organización. Al lograrse el triunfo electoral alcanzó la gobernación del estado y luego senador. Es difícil que un país salga del subdesarrollo, la incultura, la corrupción, con líderes de tan baja calaña y es lo que tenemos a lo largo de nuestra historia. Al final obtuve un cargo en la administración pública relacionado con el desarrollo de las comunidades, área que había estudiado y conocía bastante bien, sin embargo durante el tiempo que permanecí en el puesto hice de todo, menos lo que yo deseaba. En vez de hacer un trabajo de beneficio a los barrios pobres, estaba todo el tiempo ocupado atendiendo miembros y simpatizantes del partido que acudían a mí como si yo pudiera solucionarle sus problemas. Los miserables permanecían sentados en la oficina frente a mí horas y horas hablando idioteces hasta que cansado, desesperado y hambriento me escapaba por una puerta lateral que conducía a un abandonado sanitario y de allí a la calle. Era cuestión de todos los días.

Durante el principio de mi gestión tuve que sortear espinosos asuntos como era el de echar a la calle una veintena de padres y madres de familia para incorporar en sus puestos a nuestros partidarios. Sabía que el personal por despedir pertenecientes al partido derrotado estaba mejor capacitado que quienes los sustituirían. Pero la orden de las autoridades de mí partido era tajante: Sacar al grupo de personas e incorporar una larga lista de hombres y mujeres jóvenes sin ninguna preparación además de dos chismosas e incapaces secretarias que jamás vieron una máquina de escribir eléctrica o una computadora, ni siquiera sabían leer ni escribir bien, pero el partido les había prometido un trabajo decente y debía cumplir. Tanta era su ineptitud que en varias oportunidades debí enviar mis trabajos a otra oficina o hacer yo mismo las cartas. No se dé donde sacaron tantos incapaces, muchas veces estuve tentado de expulsarlos a todos; eran los perfectos haraganes, torpes, buenos para nada. Para rematar uno de los caciques políticos me impuso como asistente una joven mujer, alta, hermosa, que había sido amante de varios de ellos. Famosa por sus atractivos sexuales no escatimada oportunidad de ponerlos en práctica con cualquiera con tal de lograr lo que quería, para colmo tenía nombre de prenda religiosa. En esos momentos la mujerzuela se sentía herida, desplazada por las más jóvenes, bonitas y cultas que ahora llenaban los espacios de sus pasados amantes. Mujer ignorante, entrometida, camandulera como pocas, traía diariamente de compañera a su madre con igual historial, ambas ocupaban un escritorio con teléfono en una oficina contigua a la mía. Las dos o tres horas que asistían era solo para chismear, usar el teléfono, pintarse las uñas y sonsacar a los empleados, eran tantas las molestias e incomodidades que ocasionaban que una tarde, harto de sus cuentos, maldades e intromisiones les pedí no volvieran más, su cheque le sería entregado cada quince días y yo mismo me encargaría de llevarle semanalmente a su casa como regalo una gran caja llena de alimentos. Era lo menos que podía hacer para no verme enemistado con los jefes políticos.

El tiempo que permanecí en el ejercicio de mis funciones lo considero una de las peores experiencias de mi vida. Si para ese entonces ya tenía una pobre opinión de los seres humanos, con los que traté y conocí de cerca en esos años terminé por convencerme que todos son basura. Aparte de los jefes políticos tenía el jefe administrativo a quien debía mensualmente rendir los informes del trabajo ejecutado y los proyectos futuros. Todo era mentira sobre mentira, nada se hace, nada se cumple en la realidad. Las oficinas se llenan de papeles que contienen solo tinta mal usada. Mi predecesor no se ocupaba siquiera de modificar el contenido de sus informes mensuales, por lo que enviaba a sus superiores siempre el mismo, solo cambiaba la fecha. Y en su tiempo fue premiado como un trabajador ejemplar. El jefe administrativo era un viejo borracho y tirrioso que venía de dar brincos y saltos en la administración pública como un verdadero fracasado. Sus vicios e incompetencia lo fueron amargando hasta el punto de no ver nada positivo en el trabajo ajeno. Era un conspirador nato, de los peores, todo lo hacía de forma soterrada, entre bastidores, utilizando en sus oscuros propósitos individuos de la peor calaña que formaban su entorno, familiares incluidos. Bajo su mando figurábamos unas cien personas, muchas de ellas con un alto grado de profesionalismo pero sometidos a los desmanes de un alcoholizado sin tratamiento. Cuando terminó su gestión no hubo una sola persona que tuviera buena opinión de semejante sujeto, salvo su cuñado a quien con trampas y tráfico de influencias logró incorporar a la nómina de la institución siendo un inepto vejete y de esa manera poder cobrar la pensión vitalicia completa sin haber trabajado un día de su vida y otro pariente a quien enriqueció concediéndoles jugosos contratos y exigiéndole por supuesto la respectiva comisión. No me considero un santo, todo lo contrario, siempre digo, pienso e internalizo que si de verdad hay un infierno después de esta puta vida el primero en la fila para entrar en él debo ser yo. No quiero cederle ese privilegio a nadie. También sé que no soy monedita de plata para caer en gracia a todas las personas; sea cual haya sido la razón, un día mi jefe el borracho me pidió la inmediata renuncia al cargo, de seguro tuvo miedo de que divulgara las muchas actividades ilegales que junto con su administrador cometían y que iban desde adquirir equipos, materiales de oficina o servicios a sobreprecio hasta falsear las nominas de empleados, sin contar el mal uso que hacían robándose los viáticos del personal, de la caja chica y otras fuentes de dinero. Solamente los tres o cuatro vehículos que se asignaron a mi oficina pasaron por el taller de su amigo unas ocho veces para reparaciones serias. Los precios de cada una de ellas eran tan abultados que hubiese resultado mejor comprar carros nuevos pero de hacerlo sus ganancias desaparecerían. El despacho fue nombrado albacea de una gran corporación de mercadeo eliminada de un plumazo por los ministros de turno; todos sus depósitos de alimentos, equipos, centros de distribución debían ser desmantelados y llevados a un gran almacén central. Cuando se inició el proceso, comenzaron las diferencias entre los jefes posiblemente por el reparto del botín, como ocurre entre los pandilleros después de un robo o atraco a un banco. El contralor general de turno gozaba de la fama de ser buen hombre y dirigente político en ascenso. Una tarde me llamó para notificarme que pronto comenzaría a manejar lo de la recuperación de los bienes de la corporación eliminada, además de un programa de leche popular subsidiada por el gobierno, destinada al consumo de los habitantes de los barrios pobres. El me daría la lista de las personas que iban a actuar como distribuidores yo debía firmar las formas para que ellos pudieran adquirirlas en las empresas privadas del ramo. Este joven dirigente por desgracia no tuvo oportunidad de disfrutar las mieles del poder y de la riqueza mal habida ya que un fulminante infarto lo mandó al otro mundo en pleno apogeo de sus turbios negocios. La cuestión de la distribución láctea se veía simple solo que al cabo de un par de meses la gente se peleaba por obtener las órdenes avaladas con mi firma. Utilicé mis contactos y me entero que detrás estaba el negocio de fabricar con la leche completa, alta en grasas, un queso barato. La cuestión resultó en que quise meter las narices en tan lucrativo negocio. Mis jefes, tanto político como administrativo me dieron luz verde siempre y cuando les diera su respectiva comisión. Como había dinero suficiente no me importó. Incorporé al negocio a varios alcaldes de municipios foráneos, todos estaban metidos de lleno en el asunto y el negocio marchaba viento en popa, hasta que mi a jefe el borracho, le entró la envidia, la codicia y el miedo de que yo lo sustituyera en el cargo y me pide por lo tanto que deje el trabajo.

    Tejió mentiras y calumnias que me mal pusieron ante los superiores, que tenía una amante, no asistí al entierro de mi suegro, estaba construyendo una casa muy bonita, mis hijos usaban mejores ropas; en fin no faltó argumento por muy trivial que fuera que no usara en mi contra. Como conocía su pasada conducta profesional y humana lo entendí todo y sentí lástima. Pensar que en nuestra sociedad abundan estos personajes hace que nos llenemos de coraje y transformarnos en ermitaño antes de continuar tratando y conviviendo con gente de tan baja estofa. Jamás tuve intenciones de ascender ni como político ni en el gobierno, nunca me agradó ese tipo de vida y no veía en día en que pudiera darles una patada por el culo a todos ellos, pero me guardaba mucho en manifestarlo. No hubo muchas discusiones al respecto, él se encargó junto con sus jefes, entre ellas la principal, una mujer sociólogo metida a fondo en la corrupción y en hacer la vida difícil a sus subalternos, ostentaba rango de ministro lo que le permitía mantener contactos con las altas esferas políticas. Uno de sus progenitores murió en esos días que yo fungía de director y se me obligó mediante oficio a enviarle mensajes de condolencias, ramos de flores y demás presentes como si se tratara de la muerte de un héroe nacional. Todo por quedar bien ante ella. Menuda hipocresía. Hice todo lo que se me pidió bajo protesta y no faltaron los chismosos que corrieron a avisarle de mi rebeldía en acatar la estúpida orden. Realmente poco me importaba la muerte de ella o de toda su familia, veía como un gasto superfluo desplegar formalidades propias de altos dignatarios en gente vulgar. Definidas en parte las posiciones antagónicas entre nosotros, el ataque contra mí fue frontal y sin remilgos. En algunas oportunidades se me pidió cumplir compromisos en dos sitios a la vez, el mismo día a la misma hora, otras organizar actos y espectáculos deportivos de cierta magnitud sin dotarme de los mínimos recursos, siempre para hacerme cometer errores administrativos o pasar por ineficiente. En cosa de semanas se me elaboró un expediente de incompetencia en el trabajo, desacato a las órdenes superiores, por lo que me echaron a la calle. Quienes han pasado por el trance de acoso y persecución en el trabajo saben lo que supone, como afecta la salud física, mental y espiritual. El jefe borracho junto con la sociólogo hablaron una noche en una suntuosa fiesta con mi jefe político para tener su anuencia en tal decisión. Hombre pusilánime, ocupado solo en sus asuntos personales y en como robar las arcas públicas se plegó como servil cochino ante las prominentes figuras venidas de la capital. No tuvo el coraje de intervenir para nada a mi defensa, se olvidó de los servicios y la lealtad que hasta ese día le brindé. Pudo haber dicho algo, cualquier cosa a mi favor, pero calló, como cualquier Judas segundón me negó una vez que fue suficiente para ponerme en la picota pública. Un conocido al ver la actitud plegadiza y servil del tal dirigente me dijo: "No le pidas peras al olmo". Sé donde veré a cada uno de ellos y me refocilaré en su dolor. Es solo cuestión de de tiempo saber esperar. Ya me ha tocado ser testigo de primer grado y ver algunos de ellos en la cárcel, enfermos en hospitales de pobres, con hijos muertos o encarcelados, otros en la inopia, la mayoría deambulando por allí cual hojas secas arrastradas por el viento a cualquier rincón. Y sé que todavía me falta mucho por ver.

Al no pertenecer a la administración pública, volví a dedicarme a mis negocios manteniendo ciertos vínculos con los alcaldes de varios municipios que continuaban en el asunto de la leche y la fabricación de quesos; lo que no sabía quizás por mi juventud, mi inexperiencia, es que hay personas que se ensañan de tal manera que nunca cesarán de perseguirte y hacerte daño; por desgracia mi ex jefe era una de ellas. Contrató policías, comisionó a los mismos empleados a su servicio para que siguieran mis pasos día y noche buscando un resquicio para atacarme. El propio gobernador del vecino estado por suerte hoy ya muerto, junto con sus esbirros logró mediante falsas acusaciones llevar a los calabozos de la policía a varios de mis amigos y con ellos incautamente caí yo. Cometí el grave error de ser confiado e ignorante al no saber o querer ser un perfecto corrupto como lo eran mis superiores, de tal manera que fui a dar junto con mis amigos al calabozo por catorce días, tiempo en que nos sometieron a vejámenes, maltratos y averiguaciones por parte de las autoridades. Permanecimos confinados en un solo recinto los quince presuntos implicados hasta que los abogados demostraron nuestra inocencia y fuimos puestos en libertad. Del delito que se me acusó me considero mitad inocente, mitad culpable por idiota. Los abogados han podido liberarme de los cargos al día siguiente pero en esa digna profesión tal práctica de celeridad en el oficio es riesgosa y puede conducir a la miseria de quienes la ejercen. Se los digo con conocimiento pleno ya que como abogado me ha correspondido hacer lo mismo para poder llevar el sustento a mis once hijos y seis mujeres. Retardar el uso de los recursos legales a favor del cliente produce buenos dividendos. Dice un viejo refrán: "Preso es preso y su apellido es mierda". El apellido es lo que produce buenos honorarios. Recuerdo que uno de los oficiales encargados de nuestra custodia estaba casado con mi prima, el verlo me llenó de regocijo porque pensé nos haría la vida más llevadera en el calabozo, trayéndonos mejor comida, libros, cigarrillos. ¡Maldito sueño! El muy desgraciado nos trataba peor que a los demás; se robaba nuestras vitualias y cosas que las esposas traían. Un personaje verdaderamente sucio y miserable al que conocían como "Rojitas el torturador", apodo bien ganando desde su época como policía en la capital cuyo trabajo consistía en utilizar los métodos de torturas más cruentos y salvajes con los presos que caían en sus manos. Tanto era su sadismo que llegó a aplicar planchas candentes en las manos de sus propios hijos a la hora de infringirles castigo por cualquier travesura. Poco tiempo después caído en desgracia, casi en la indigencia, sucio, barbado, despreciado hasta por su familia, deambulaba por callejuelas, cerca de bares y prostíbulos de mala muerte pidiendo un trago de ron o algo con que comer. Hasta trató una vez de suicidarse lanzándose del alto edificio de un hospital donde lo habían trasladado a curarle unas heridas graves sufridas en una pelea callejera. No sé si al final lograría tan loable propósito. La vida poco a poco les ha ido cobrando a estos ruines seres en carne propia o a través de sus seres más queridos, una a una las atrocidades que una vez cometieron contra personas inocentes. Verlos arrodillados en una iglesia frente a un ataúd llorando la muerte de un hijo, pidiendo a Dios explicación del porqué de sus desdichas lo considero suficiente. Me he cruzado ex profeso entre los asistentes al duelo haciéndome ver, con una cínica sonrisa y les he mirado con la única intención de facilitarles a los desmemoriados la razón de tales desgracias. En cualquier momento nuestros hijos, de la manera más cruel y triste, purgarán nuestros errores y maldades, eso es seguro. Recientemente secuestraron a una linda adolescente hija de uno de esos desgraciados; la pobre fue violada, ultrajada y lanzada por un barranco donde permaneció varios días agonizando. Localizada por unos zagaletones que pasaban por las inmediaciones, llamaron a las autoridades, fue recatada y trasladada a un hospital. En su penoso estado –según la versión de algunos parientes cercanos– solo alcanzaba a preguntar a sus padres: ¿Por qué me ocurrió esto a mí?, ¿porqué? ¡Yo sí sé por qué! A otro "alto dirigente" conspirando junto a su primogénito contra su propio partido, el hijo amado muere trágicamente al estrellarse en un cañaveral el avión de guerra que pilotaba. Lloroso, compungido en el sepelio se hacia la misma pregunta. ¡Realmente son estúpidos! pasan sus vidas haciendo mal al prójimo y pretenden que nada deben. ¡Cuán equivocados están!

 Mi enfermedad depresiva, la repulsión por el ser humano, mi desprecio por la sociedad y sus reglas, cobró consistencia durante esa época, corto periodo para tan graves consecuencias; trato de borrar esa época y los personajes que conocí y traté pero me ha resultado imposible, quedé marcado con esa basura podrida, su huella es indeleble, cruel, hiriente e insoportable. Veo sus caras y gestos con tanta nitidez que pienso estoy loco. Olvidar a los enemigos, no pensar en ellos, no guardar resentimientos, perdonar, son frases vacías, sin sentido, ni peso, pura mierda. Con odio inmenso, resentimientos contra cualquier ser viviente abandoné el "brillante" mundo de la política. Tantas y sinceras amistades cultivé en ese periodo que desde el momento que salí de la última reunión en el partido jamás las he vuelto a ver ni cruzado un saludo con ninguno de ellos o ellas. Y espero que nunca se produzca algún encuentro. Ya tendremos tiempo de sobra cuando nos topemos en el infierno.

## Capítulo XXXIV

¿Que será del mañana?, ¿hacia dónde me arrastra el día a día de mi vivir? Fuerzas extrañas me empujan hacia impensados lugares a hacer cosas no imaginadas. Cambios súbitos e inesperados se desencadenan sin cesar. Vida intensa carente de reposo y sosiego. Buscar, hacer, cambiar, moverse, precipitar los acontecimientos. Lo de esperar pacientemente a la orilla del camino, ver pasar la vida por si trae algo para mí, es una regla que no he seguido. Nunca he sabido esperar. Ahora comprendo que tentar al destino no es cosa de juegos, pretender poseer cualquier cosa con determinación es lo que se conoce como fe y al hacerlo ponemos en movimiento múltiples fuerzas totalmente desconocidas para nosotros. Al poner a rodar la rueda vendrán los cambios y nada podremos hacer para detenerla o controlarla. Hoy comprendo un poco la loca manera como puse a girar mi rueda del destino en distintas etapas de mi existencia: actuar precipitado, no permanecer esperando a la orilla del camino ni sentado junto al fuego del hogar para recibir los designios por venir. Fui y soy de los que salgo de primero, a la vanguardia, a buscar y acelerar los acontecimientos de forma audaz, rauda, cometiendo a diario errores leves, graves, con consecuencias. De esa forma fui construyendo mi vida a lo largo de sesenta años. Hoy cuando creí ver cerca la posibilidad de marcharme solo a algún remoto lugar donde parar, estarme quieto, aprender a esperar, cultivar la paciencia, ser contemplativo, surgen fuerzas desconocidas que lo impiden. Percibo que el poder, el dominio que pude tener en algún momento sobre algunas circunstancias ha desaparecido. Me veo arrastrado por terceras personas, familiares o no que deciden por mí. Hago cosas a diario que nunca me agradaron pero me obligan a ello mi esposa, hijos, la sociedad o el gobierno.

 Siempre quise ser libre, salirme de las ataduras sociales, transformarme en cenobita y cada mes que pasa me alejo más de mis deseos, mi sueño. No sé de dónde sacar fuerzas para no rendirme y lograr desprenderme del lastre que supone vivir al ritmo de otros. No me veo encerrado en una cómoda casa, sentado en un sillón con una manta sobre las rodillas esperando la llegada de la muerte, es una imagen que me desagrada, incomoda y entristece. Siento rabia ante mi impotencia, falta de decisión. Por mi carácter, temperamento impulsivo siempre traté de imponer mi criterio, la mayoría de las veces lo lograba. Ahora soy yo quien debe obedecer lo que otros deciden por mí. ¡Qué desgracia!

No me considero un experto en ciencias taxonómicas pero me atreví a hacer una clasificación muy simple de los seres humanos basados en mis observaciones, experiencias y trato directo con gentes de cada grupo. Tomando una escala del 1 al 9 organicé cuatro categorías: Grupo "A" formado por los números 1-2-3 donde se incluyen los enfermos, síndrome de Dawn, parapléjicos, tullidos, discapacitados, locos de remate, idiotas, imbéciles, deformes, fenómenos, monstruos y demás tarados. Grupo "B" integrado por el número 4: Es una especie de línea divisoria entre el grupo "A" y "C" y está formado por personas con rasgos leves de uno y otro grupo. Por lo tanto son gentes que vemos con frecuencia y nos confunden en su proceder. Grupo "C" formado por los números 5 y 6. Aquí se agrupan las personas consideradas "normales". Grupo "D" formado por los números 8 y 9 donde se recogen los que viven bajo los efectos de las drogas en forma permanente. Es el mundo de los alcohólicos, borrachos, drogadictos dependientes de la mariguana, opio, cocaína, pega, ansiolíticos, antidepresivos, calmantes y otros. Su número es elevado. Cometen actos irracionales. Las leyes y las religiones pretenden igualar los cuatro grupos con vanas sentencias como "Todos somos iguales ante los ojos de Dios", o "La ley no hace distinciones" y muchas otras que carecen de base real. Son patrañas. Caímos en cada grupo por un capricho de la naturaleza o del creador, no dispusimos del libre albedrío para escoger nuestra condición física y mental. Algunos preguntarán: ¿Dónde quedan incluidos los genios, los superdotados? Para mi pueden estar en cualquiera de los grupos. Los mongólicos pueden ser violentos, fuertes, malos, agresivos, causan con frecuencia heridas, cometen violencia sexual. No es extraño oír a enfermeras y cuidadoras de estos enfermos haber sido atacadas sexualmente, recibido golpes aún bajo los efectos de los fuertes medicamentos que se les suministra. Desconozco la magnitud del problema en aquellos lugares donde los pacientes pobres, marginales, no reciben ningún tipo de atención médica, sanitaria o alimentaria. No ceso de preguntarme ¿Cómo considera un mongólico a un parapléjico u otro discapacitado? ¿Cómo lo ve, qué piensa de su condición?, Cómo considera un borracho violento a un loco de remate u un depresivo a un discapacitado?, ¿que sentimientos invaden a un ser impedido por cualquier razón ante los males de otros?, cómo interactúan estos cuatro grupos? Es acaso nuestro diario vivir ¿Nos importan o no los demás? Consideré oportuno hacer ésta clasificación para adquirir cierto grado de conciencia, claridad en nuestra condición, del papel que vinimos a desempeñar en el mundo, ubicarnos lo más cerca y sincera posible dentro de alguno de estos grupos. No hay otros. En varias oportunidades me ha tocado ir a la escuela donde trabaja mi mujer y esperar por ella en los precisos momentos en que a un buen número de estudiantes discapacitados les han asignado la tarea de llevar los carritos de la basura al vertedero o domper. El trayecto es largo, observo las peripecias y travesuras que cometen en su ir y venir. Tienen edades entre catorce y dieciocho años, su comportamiento entre días cambia significativamente, unas veces andan acelerados, retozones, jugando y molestándose entre ellos, haciendo preguntas a quien tropiezan en su andar, repitiéndome el saludo varias veces, otras están huraños y algunas adormilados que casi no pueden con la carga No sé que pensar.

## Capítulo XXXV

*Plant City, Agosto 24 del 2012.* Con la cercanía del otoño del 2012 voy a dar por terminados estos escritos y quisiera poder llegar a alguna conclusión que tenga sentido y valor pero se me dificulta enormemente. Sobrepasé una edad a la que jamás pensé arribar; desde niño consideré bastante llegar a los cincuenta, era tiempo de morir. No ocurrió así aún cuando corrí riesgos y aventuras en las que puse en peligro mi vida y la de otros, cometí errores, pecados, maldades a montón, causé pocos daños intencionales y muchos involuntarios a personas, animales y a la naturaleza. Desde hace mucho la conciencia no me ha dado tregua en su persistente reclamo que torna mis noches en vela largas, oscuras y los días amargos en los que solo escupo hiel. El balance convencional y equivoco que hacen de mí las personas que me rodean es positivo, según sus criterios cumplí sobradamente con las insulsas exigencias de la sociedad, malgasté mi vida en conquistar sus propósitos, enterrando de esa forma los míos. El tiempo se me acaba sin haber logrado cumplir siquiera el mínimo de mis sueños; el futuro no supone para mí sino mayores problemas y sinsabores. Trato de no trasmitirles estos aciagos sentimientos a mis hijos adolescentes que tontamente siguen creyendo que la vida es color de rosa y estriba en obtener un título, casarse, trabajar, tener hijos, comprar un carro del año, una buena casa, pagar los impuestos e ir a la Bahamas los veranos. ¡Qué idiotez! Muy tarde se darán cuenta del gran error. La vida no consiste en nada de esas bobadas, es la sociedad quien nos obliga a destruirla detrás de tan absurdas metas. Una de las resoluciones que mantengo con firmeza de criterio es que la depresión o como quieran llamarla los especialistas no tiene cura, al que le tocó le tocó, los medicamentos, las terapias, las visitas "al sillón" solo sirven de cierta ayuda pero en el fondo no resuelven el problema. Eso explica el porqué muchos de los suicidas han cometido el fatal acto minutos después de haber dejado el consultorio del psiquiatra; hasta lo han hecho lanzándose a la boca un puñado de las famosas pastillitas antidepresivas prescritas por ellos. De las religiones ni hablar, son patrañas inventadas por trastornados para engatusar incautos temerosos de que un ser poderoso les hará daño si no lo veneran. Los templos, iglesias, santuarios, están repletos de personas crédulas de milagros que nunca ocurren, mucho menos para sanar a los deprimidos o desquiciados mentales que pululan en estos centros de cultos, ritos o veneración. Casi siempre sus males se agravan, enloquecen definitivamente o terminan por cometer una tragedia en la que se ven implicados seres inocentes. El año pasado y lo que va de éste ha sido un reflejo de personajes de buena familia, profesionales, devotos de alguna religión, con algún trastorno metal controlado medicamente que toman un arma de fuego, entran tempestivamente a una escuela, cine o lugar público y acaban con la vida de un grupo de personas que jamás pensaron en morir de manera tan vil. Hoy cuando escribo estas líneas veo en la televisión la trágica noticia de que un respetable ciudadano de New York que fue despedido de su trabajo en año pasado, disparó contra su jefe asesinándolo e hiriendo otras nueve personas, luego fue abatido por la policía. Estos hechos no cesarán e irán en aumento porque la sociedad entera ha entrado en una fase de descomposición y locura colectiva. Los libros de autoayuda, las curas de sueño, viajes a lugares sagrados, adoptar una vida de anacoreta, dedicarse al alcohol o las drogas, a las fiestas y parrandas interminables, al sexo incansable, hacer el bien al prójimo sea pobre, enfermo o presidiario, ir a catequizar a los indios o los salvajes de las islas Papúa, a trabajar veinte horas al día, agotarse en el ejercicio físico o los deportes, emprender aventuras riesgosas, escribir libros tontos como éste, pintar cuadros, esculpir, cantar, bailar, actuar y cualquier cosa que se pretenda hacer para salir del hoyo de la depresión, pueden jurar sobre las cenizas de sus ancestros que no les servirá de nada. Puede que alguno sirva para ir tirando solo hasta que los diablillos entran en la mente y el espíritu, todo esfuerzo será inútil.

En cuanto a mi esposa y el afecto que me une a ella es el sentimiento simple por excelencia; durante casi veintidós años la he tenido a mi lado prácticamente sin separarnos. Lo nuestro debe ser amor del puro porque tiene todos los elementos indispensables: dudas, celos, desconfianza, pasión, peleas, separaciones, reconciliaciones, conatos de divorcio, ofensas, odio, envidia, recelos, competencia y el temor de que mañana se extinga y cambie de nombre. Aquello de que amar es sufrir es cuestión de tomarse muy en serio. Muy imbéciles son los que pregonan andar buscando a quien amar, a quien entregarles su vida y amor eterno. En su lugar debieran de rogar porque el amor se mantenga bien lejos de sus vidas para que puedan disfrutar un poco de la desgracia de andar por el planeta, si por mala suerte el amor llega a sus puerta, sépanlo que en ese preciso momento ¡comenzarán sus desdichas! El amor es bonito en las canciones dulzonas y pegajosas de nuestros cantantes pero cuando se toca tierra caemos en cuenta que sus componentes son diabólicos.

El medicamento conocido como *Cymbalta* que de un golpe me sacó de éste mugroso mundo durante varios meses para llevarte a las nubes es una maravilla para cuando todos los recursos, técnicas o experiencias adquiridas durante muchos años no te sirven de nada y logras notar, ser consciente que se ha traspasado la raya amarilla entrando a hacer posible y muy real cualquier locura, desgracia o tragedia. En mi cerebro actuó con tanta fiereza que bajo sus extremos efectos me hizo asistir a misa, voltear impasible la mirada ante una bella mujer, aplacar mis celos, cesar de discutir o polemizar por cosas sin valor o pendejadas, despreocuparme absolutamente de mis deudas, compromisos, trabajo y responsabilidades para con la familia. En síntesis puedo decir que es un milagrode pastillas. Si se quiere vivir permanentemente bajo semejantes condiciones deben tomarse por siempre. Muchos prefieren la vida fácil de las pastillas, implica menos compromisos personales y la carga de nuestra cochina vida se la trasladamos a otros, sea familia, amigos, sociedad o gobierno. Caso contario de dejarlas de consumir como es el mío, en poco tiempo retornas a las subidas y bajadas, muerte y resurrección en cuestión de minutos, maldiciones y bendiciones con todo, odio y amor hacia quienes te rodean, lágrimas y risas, hacer planes y desbaratarlos, repulsión hacia la vida, temor y deseo por la muerte. En fin, vivir en el infierno que muchos bendicen y dan gracias por haber tenido la dicha de caer en él.

# FIN

# Índice

Prólogo ....................................................................7
Capítulo I ...............................................................11
Capítulo II ..............................................................18
Capítulo III .............................................................25
Capítulo IV .............................................................29
Capítulo V ..............................................................46
Capítulo VI .............................................................52
Capítulo VII ............................................................65
Capítulo VIII ...........................................................72
Capítulo IX .............................................................78
Capítulo X ..............................................................87
Capítulo XI .............................................................91
Capítulo XII ............................................................96
Capítulo XIII ...........................................................99
Capítulo XIV .........................................................102
Capítulo XV ..........................................................110
Capítulo XVI .........................................................114
Capítulo XVII ........................................................117
Capítulo XVIII .......................................................120
Capítulo XIX .........................................................123
Capítulo XX ..........................................................125

Capítulo XXI ..............................................................128
Capítulo XXII .............................................................132
Capítulo XXIII ............................................................138
Capítulo XXIV ............................................................144
Capítulo XXV .............................................................152
Capítulo XXVI ............................................................157
Capítulo XXVII ...........................................................167
Capítulo XXVIII ..........................................................216
Capítulo XXIX ............................................................237
Capítulo XXX .............................................................251
Capítulo XXXI ............................................................262
Capítulo XXXII ...........................................................275
Capítulo XXXIII ..........................................................283
Capítulo XXXIV ..........................................................292
Capítulo XXXV ...........................................................295

www.ingramcontent.com/pod-product-compliance
Lightning Source LLC
Chambersburg PA
CBHW060458090426
42735CB00011B/2027